무문관을 사색하다

지은이 박인성

서울에서 태어나 연세대학교 영어영문학과, 동국대학교 대학원 불교학과를 졸업했다. 현재 동국대학교 불교대학 명예교수. 저서로『화두』,『법상종 논사들의 유식사분의唯識四分義 해석』등이 있으며, 철학 역서로『질 들뢰즈의 철학』,『질 들뢰즈의 저작 I: 1953~1969』,『들뢰즈와 재현의 발생』,『생명 속의 마음: 생물학·현상학·심리과학』,『현상학이란 무엇인가: 후설의 후기 사상을 중심으로』,『현상학적 마음: 심리철학과 인지과학 입문』,『유식사상과 현상학: 사상구조의 비교연구를 향해서』,『현상학과 해석학』등이 있고, 불교 역서로『유식삼십송석: 산스끄리뜨본과 티베트본의 교정·번역·주석』,『중中과 변邊을 구별하기: 산스끄리뜨본·현장한역본』,『중변분별론소』,『유식삼십송 풀이: 유식불교란 무엇인가』,『니야야빈두/니야야빈두띠까: 산스끄리뜨본』,『불교인식론 연구: 다르마끼르띠의「쁘라마나바룻띠까」현량론』,『아비달마구사론 계품: 산스끄리뜨본·진제한역본·현장한역본』,『중론: 산스끄리뜨본·티베트본·한역본』,『반야심경찬』등이 있다.

무문과 들뢰즈의
만남을 기리며

무문관을
사색하다

박인성의 사색 —— 1

박인성 지음

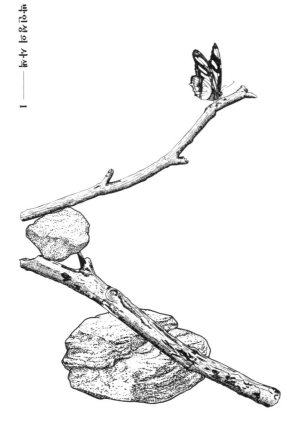

그린비

일러두기

- 이 책은 『대정신수대장경』 48권에 수록된 『선종무문관』禪宗無門關을 저본으로 했다.
- 각 본칙의 한문 제명 옆의 한글 제명은 지은이가 새로 만들어 단 것이다.
  (예) 제1칙 조주구자趙州狗子: 개에게도 불성이 있습니까?
- 단행본이나 정기간행물 등은 겹낫표(『 』)로, 단편이나 논문 등은 홑낫표(「 」)로 표기하였다.
- 외국어 인명, 지명 등 고유명사는 2022년 국립국어원에서 펴낸 외래어표기법에 따라 표기하되, 국내에서 통용되는 관례 및 저자의 요청에 따라 예외를 두기도 하였다.

차례

서문

이 책 『무문관을 사색하다』는 남송南宋 시대의 선승 무문혜개無門慧開(1183~1260)가 지은 『무문관』無門關[1]의 본칙, 평창, 송을 해독하고 해석한 책이다. 『무문관』은 이 이름을 따 「무문관」이라는 영화가나오고 '무문관'이라 불리는 수행처가 생길 정도로 유명한 공안집公案集(화두집)이다. 무문관이 세간에 영화, 수행처, 화두집 가운데 어떤 이름으로 알려져 있든 그 주위에는 『무문관』 제1칙 「조주구자」

---

1   현재 독자들이 흔히 접하는 『무문관』은 ①습암서習庵序, ②표문表文, ③선종무문관禪宗無門關, ④불조기연사십팔칙佛祖機緣四十八則, ⑤후서後序, ⑥선잠禪箴, ⑦황룡삼관黃龍三關, ⑧맹공발孟珙跋, ⑨안만발安晚跋, ⑩제사십구칙어第四十九則語로 이루어져 있다. ①습암서는 습암진구習菴陳塤의 서문, ②표문은 황제 이종理宗의 탄생일을 맞아 바친 글, ③선종무문관은 무문혜개의 서문, ④불조기연사십팔칙은 무문혜개가 선정한 48칙의 공안, 그리고 각 공안에 대한 무문의 평창과 송이다. ⑤후서는 책 끝의 무문혜개의 서문이고, ⑥선잠은 참선하는 이들을 위한 경구警句이다. ⑦은 무량종수無量宗壽가 무문이 무문관을 강석해 준 데 대한 감사의 뜻으로 지은 "황룡삼관", ⑧은 무관 맹공孟珙 무암無庵 거사의 발문이다. ⑨와 ⑩은 문관 안만安晚 거사의 발문과 제49칙이다. 『무문관』의 최초 본은 ①, ③, ④로 구성되어 있었다(1228년). 두 번째 본은 여기에다 ②, ⑤, ⑥이 추가되었고(1229년), 세 번째 본은 여기에다 다시 ⑦, ⑧이 추가되었으며(1245년), 네 번째 본은 여기에다 다시 ⑨와 ⑩이 추가되었다(1246년). 이 책은 『무문관』의 본체인 ④불조기연사십팔칙을 다룬다. 무문혜개 편저, 혜원 역해, 『한 권으로 읽는 무문관』, 김영사, 2023, 해제 참조.

공안의 "무"가 맴돈다. 오늘날 한국, 일본, 대만, 중국 등 동아시아 4개국의 선원에서 불교 수행자들이 간화선看話禪 수행을 할 때 주로 드는 공안, 혹은 가장 먼저 드는 공안이 아마도 이 "무" 자 공안일 것이다. 무문혜개 역시 수년간 "무" 자 공안을 들다가 깨달음을 얻었다 하니 이 공안의 위력이 정말 대단하다 하지 않을 수 없다.

『무문관』 48칙 공안은 이른바 '1,700공안'의 요체를 담고 있고, 또 이 48칙 공안은 "무" 자 공안으로 향한다고 할 수 있다. 필자는 이 책에서 이러한 "무" 자 공안을 위시한 『무문관』 48칙의 위력이 어디에서 비롯되는가를 탐구한다. 그리하여 독자들은 그 위력이 당송대 선사들의 심원한 사유의 힘에서 나온다는 점을 알게 될 것이다. 공안은 당·송대唐宋代 선사들의 심원한 사유의 산물이다. 심원한 사유 없이 공안이라는 사유의 산물이 나올 수 없으며, 또한 심원한 사유 없이는 선사들이 내놓은 사유의 산물을 올바르게 해독하고 해석할 수 없다.

그런데 선사들의 사유는 근본적으로 차이 그 자체에 뿌리를 두기에 공안에도 차이 그 자체가 현성現成하고 있다. 따라서 이 책을 읽는 독자들은 무문혜개의 『무문관』에 '차이'를 향해 나아가는 현대 철학자, 즉 하이데거와 들뢰즈 같은 철학자들의 위대한 사유가 녹아 있음을 발견하게 될 것이다.

공안집(화두집)에는 풀어야 할 문제로 제시된 공안인 본칙本則 (고칙古則)은 물론 본칙을 비평하고 해석하는 평창評唱, 그리고 본칙의 요체를 읊는 송頌이 있다. 『무문관』과 함께 이른바 3대 공안집으로 여겨지는 『벽암록』碧巖錄, 『종용록』從容錄은 본칙을 선정하고 송을 읊은 이와 평창을 단 이가 다르다. 『벽암록』의 저자 원오극근圜悟克勤(1063~1135)은 설두중현雪竇重顯(980~1052)이 선정한 본칙과 설두중현이 지은 송을 해설했고, 『종용록』의 저자 만송행수萬松行秀(1166~1246)는 천동정각天童正覺(1091~1157)이 선정한 본칙과 천동정각이 지은 송을 해설했다. 본칙을 선정하고 송을 읊은 이(설두중현, 천동정각)와, 본칙과 송에 대해 평창을 지은 이(원오극근, 만송행수)가 다른 것이다. 그러나 『무문관』은 무문혜개가 본칙을 선정하고 송을 읊었을 뿐만 아니라 본칙에 대한 평창 또한 직접 작성했다. 그래서 우리는 무문혜개 본인이 쓴 평창을 통해 그가 어떤 생각을 갖고 본칙을 선정하여 어떻게 풀어내고 있는지 간취할 수 있어서, 본칙을 해독하고 해석하기 위한 지침을 얻을 수 있다.

다른 공안집과 마찬가지로 『무문관』 역시 당송대의 속어로 이루어져 있다. 이 책에서 필자는 『무문관』의 본칙, 평창, 송을 오늘날의 일상어와 철학어로 해독하고 해석해 보려 노력했다. 오늘날의 우리 일상어에는 의식, 무의식, 감각, 지각, 영혼, 정신, 물질, 물체 등 철학 언어가 잔뜩 들어와 있다. 일상어로 쓸 때 이런 용어는 의미의 경계가 불분명할 때가 많다. 그래서 특정 철학자의 용어를 써서 이런 일상어의 의미를 정확히 규정할 필요가 있는데, 내가 택한 철학자는 프랑스의 현대 철학자 질 들뢰즈Gille Deleuze(1925~1995)이다. 들뢰즈의 철학을 "차이의 철학"이라 부르는 데서 알 수 있듯이, 들뢰즈는 가우따마 붓다가 이미 2,500여 년 전 자신의 전 사상 체계에서 일관되게 적용한 해체의 방법에 토대를 이루는 차이 개념을 훌륭하게 전개하고 있다. 인도 전통 철학의 이슈와라Īśvara와 아뜨만Ātman의 동일성을 비판하는 붓다의 사상은 서양 전통 철학의 신과 자아의 동일성을 비판하는 하이데거의 차이 개념을 완성한 들뢰즈의 철학에 잘 계승되어 있다.[2]

필자는 『무문관』의 공안들을 해독하고 해석하면서 들뢰즈의 여러 용어를 사용하는데, 그중 독자들이 이 책에서 가장 많이 접하게 될 용어는 무-의미non-sense이다. 이 무-의미는 들뢰즈가 특히 『의미의 논리』에서 자주 언급한 그 무-의미이다. 이 무-의미를 일상에서 흔히 쓰는 말 '무의미하다'의 무의미와 혼동하지 않았으면 한다. 들뢰즈의 용어, 그리고 이 책에서 필자가 쓴 '무-의미'는 의미를 결여함을 뜻하지 않고, 오히려 의미를 생성하게 함을 뜻하기 때문이다. 선불교의 활구活句는 무-의미의 활구와 의미의 활구, 이렇게 둘로 나뉜다. 『무문관』의 공안들은 곧바로 무-의미로 향하는 경우가 많지만, 의미를 거쳐 가는 때도 종종 있다. 이 의미sense 역시 활구이다. 들뢰즈의 "의미"는 의미/사건으로 표현되는 데서 알 수 있듯 순수 생성pure becoming의 사건이기 때문이다. 그러므로 의미는 명제의 뜻meaning과는 구별되어야 한다.

물론 무-의미, 의미, 현시작용manifestation, 지시작용designa-

---

2   하이데거의 "존재와 존재자의 존재론적 차이"는 들뢰즈에 와서 "존재 곧 차이"가 되었다. 물론 하이데거도 『철학에의 기여』에 이르면, "존재 곧 차이"가 된다.

tion, 함의작용signification, 사건event, 사건 그 자체Event, 순수 차이 pure difference, 순수 생성 등 공안을 해독하는 데 동원되는 들뢰즈의 핵심 용어를 숙지한다고 해서 『무문관』의 공안을 모두 정확히 해독할 수 있는 것은 아니다. 분명 이 용어들을 숙지하고 공안을 대한다면 공안을 해독하는 데 도움이 될 터이지만. 공안을 해독해 가는 과정 그 자체는 들뢰즈의 용어를 숙지하는 일과는 다르다. 공안을 있는 그대로 해독해 가는 과정에서 들뢰즈의 용어를 더 잘 이해하게 된다는 것이 오히려 정확한 말일 것이다. 그러므로 공안에 등장하는 인물들이 하는 말을 주의해서 듣고, 분별을 해체하며 무분별로 넘어가는 과정을 조심스럽게 한 단어 한 단어 한 문장 한 문장 톺아 보아야 한다. 모든 화두는, 『무문관』 제1칙 조주의 "무"로 귀결된다 하더라도, "무"로 귀결되는 과정이라는 제각기의 성격을 지니고 있다. 그러므로 화두를 풀 때 "무"로 귀결되는 그 과정을 잘 살펴보아야 한다. 공안을 해독해 가는 이 과정은 우리의 마음을 닦아 가는 수행의 과정이기도 하다.

『무문관』을 처음 접했을 때 필자는 다른 두 공안집을 읽을 때와는 달리 평창과 송을 참고하지 않고 우선은 필자 스스로 본칙을 해독해 보려고 노력했다. 이를 통해 필자 나름의 독특한 해독을 얻기도 했지만, 본칙의 핵심에 다다르지 못한 것은 아닌가 하고 의구심이 일 때도 있었다. 그러면 의구심을 가라앉히고자 무문의 평창과 송을 충실히 읽어 나갔고, 역시 본칙을 해독할 때는 무문의 인도를 받아야 한다는 점을 절실히 깨닫게 되었다. 필자 스스로 미심쩍다고 여겨지는 본칙이 있을 때는 무문의 평창과 송을 통해 확실한 해독을 얻었으며, 이미 명확하게 파악했다고 여긴 본칙이라 할지라도 더 충실한 해독을 얻을 수 있었다. 즉 『무문관』 화두들에 대한 필자의 해독은 무문의 평창과 송까지 화두로 보고 얻은 결과인 것이다. 그렇다면 필자는 48칙을 해독한 것이 아니라, 48 곱하기 3 해서 144칙의 공안을 해독하고 해석한 셈이다.

필자가, 비록 무문의 인도를 받았다 하더라도, 무문의 평창과 송을 그릇되게 또는 애매하게 해독했을 수도 있기 때문에, 독자들은 필자의 해독을 읽기 전에 먼저 『무문관』의 본칙과 평창과 송을 스스로 해독해 보기를 권한다. 화두를 잡고 풀어 가는 과정은 정견正見(올바른 사유)을 얻는 과정이다. 화두를 푸는 만큼 깨달음의 힘을 얻는다. 이런 과정과 결과가 가능한 것은, 화두는 선불교의 위대한 선언인 불립문자不立文字, 교외별전敎外別傳, 직지인심直指人心의 활구를 중심으로 이루어져 있기 때문이다.

제1칙 조주구자趙州狗子

: 개에게도 불성이 있습니까?

[본칙]

조주[3] 화상[4]에게 한 스님이 물었다.

"개에게도 불성이 있습니까?"

조주가 대답했다.

"없다[무無]!"

(趙州和尙, 因僧問"狗子還有佛性也無?", 州云, "無".)

[평창]

①참선參禪할 때는 반드시 조사祖師의 관문을 뚫어야 하고, 오

---

3   조주종심趙州從諗(778~897). 마조도일馬祖道一(709~788)의 법法을 이은 남전보원南泉
     普願의 제자. 박인성,『화두』(경진출판, 2022)에는 마조 공안 7칙, 남전 공안 10칙, 조주 공안
     82칙이 해독되어 있다.

4   화상和尙. "upādhyāya"의 의역. 본래는 수계사授戒師를 의미했으나, 후세에는 덕이 높은 스
     님을 가리키게 되었다.

묘한 깨달음을 얻기 위해 심로心路가 끊어진 경지를 궁구해야 한다. 만약 조사의 관문을 뚫지 못하고 심로를 끊지 못하면, 이런 사람들은 모두 풀에 엉겨 붙어 있고 나무에 달라붙어 있는 정령精靈5일 따름이다. 자, 말해 보아라. 무엇이 조사의 관문인가? 오직 이 한 개의 무無 자야말로 종문宗門의 유일한 관문이니, 이를 일러 선종무문관禪宗無門關이라고 한다. 만약 이 관문을 뚫고 지나갈 수 있다면 조주를 친견親見할 뿐 아니라 역대 조사들과 손을 잡고 함께 걸으며 눈썹을 서로 비벼 가며 그들과 똑같은 눈으로 보고 똑같은 귀로 듣게 될 것이니, 어찌 유쾌하지 않겠는가? ②이 관문을 뚫어 보겠다는 자는 없는가? 360개의 골절과 8만 4,000개의 모공을 갖고서 온몸으로 한 개의 의단疑團을 일으켜 이 한 개의 무無 자를 참구參究하라. 밤이나 낮이나 이를 문제로 내걸되, 허무의 무로 이해하지 말고 유무의 무로 이해하지 말라. 마치 한 개의 뜨거운 쇠구슬을 삼킨 것과 같아서 토해 내고 토해 내려 해도 뱉어 낼 수 없게 되면, 지금까지의 그릇된 앎이나 그릇된 깨달음이 모두 없어지게 된다. 이렇게 오래도록 무르익으면 자연히 안과 밖이 온전히 하나가 되는 경지[타성일편打成一片]에 들게 된다. 마치 벙어리가 꿈을 꾸었으나 자기만 알고 있는 것과 같다. ③돌연히 폭발하면 하늘을 놀라게 하고 땅을 진동시킬 것이다. 마치 관우 장군의 큰 칼을 빼앗아 손에 넣은 것과 같아

---

5   의초부목정령依草附木精靈. 아직 갈 곳이 정해지지 않아서 풀이나 나무에 붙어 있는 영혼. 중음中陰의 상태에 있는 영혼. 해탈을 얻지 못한 영혼. 석지현 역주·해설, 『선시로 보는 무문관』, 민족사, 2023.

서, 부처를 만나면 부처를 죽이고 조사를 만나면 조사를 죽여, 생사의 언덕에서 대자재大自在를 얻고 6도⁶, 4생⁷에서 삼매⁸를 노닐게 될 것이다. 자, 그렇다면 무엇을 문제로 내걸어야 할까? 평생의 기력을 다해 이 한 개의 무 자를 들어 보자. 만약 (그럴 때) 중단되지 않는다면, 법의 초에 한 번에 확 불이 붙는 것과 같다.

(參禪須透祖師關, 妙悟要窮心路絕. 祖關不透, 心路不絕, 盡是依草附木精靈. 且道! 如何是祖師關? 只者一箇無字, 乃宗門一關也. 遂目之曰禪宗無門關. 透得過者, 非但親見趙州, 便可與歷代祖師把手共行, 眉毛廝結, 同一眼見, 同一耳聞, 豈不慶快? 莫有要透關底麼? 將三百六十骨節八萬四千毫竅, 通身起箇疑團, 參箇無字. 晝夜提撕, 莫作虛無會, 莫作有無會. 如吞了箇熱鐵丸相似, 吐又吐不出, 蕩盡從前惡知惡覺. 久久純熟, 自然內外打成一片. 如啞子得夢, 只許自知. 驀然打發, 驚天動地. 如奪得關將軍大刀入手, 逢佛殺佛, 逢祖殺祖, 於生死岸頭得大自在, 向六道四生中, 遊戲三昧. 且作麼生提撕. 盡平生氣力, 擧箇無字. 若不間斷, 好似法燭一)點便著.)

---

6   6道. 6취趣라고도 한다. 이전 생의 업력業力에 따라 받는 여섯 종류의 중생과 기세간器世間(세계), 즉 지옥도, 아귀도, 축생도, 아수라도, 인간도, 천상도. 이 중 아수라도를 빼고 5도道로 부르기도 한다.

7   4生. 윤회하며 생을 받는 네 가지 방식, 즉 태생胎生, 난생卵生, 습생濕生, 화생化生.

8   삼매三昧. "samādhi"의 음역. 의역은 "정"定. 산란함을 가라앉히기 위하여 한 대상에 집중하는 마음의 작용.

[송]

개의 불성이여!

바른 법령을 온전히 내보이니

유와 무에 걸리면

바로 목숨을 잃느니라

(狗子佛性　全提正令

纔涉有無　喪身失命)

『무문관』에는 조주가 등장하는 공안이 가장 많다. 48칙의 공안 중 이 공안을 비롯하여 제7칙「조주세발」, 제11칙「주감암주」, 제14칙「남전참묘」, 제19칙「평상시도」, 제31칙「조주감파」, 제37칙「정전백수」등 일곱 편이다. 이 조주의 "무"자 공안은『무문관』48칙, 나아가 이른바 1,700공안을 대표하는 공안이라 할 수 있다. 무문 본인도 이 "무"를 잡고 대오했다고 하니, 이 공안을 더욱더 깊이 궁구해야 하겠다.

　『무문관』제1칙「조주구자」의 원래 모습은 다음과 같다. 먼저 이것을 다룬 후 다시 무문의 화두로 돌아오겠다.

　①조주에게 한 스님이 물었다.

　"개에게도 불성9이 있습니까?"

9　　불성佛性. 부처가 될 잠재성, 혹은 부처의 성품.

선사가 대답했다.

"있다[유有]!"

스님이 물었다.

"있다면 무엇 때문에 이 가죽 부대 안으로 들어왔습니까?"

선사가 대답했다.

"개가 알면서도 고의로 범했기 때문이다."

②또, 한 스님이 물었다.

"개에게도 불성이 있습니까?"

선사가 대답했다.

"없다[무無]!"

스님이 물었다.

"모든 중생에게 다 불성이 있는데 무엇 때문에 개에게는 없습니까?"

선사가 대답했다.

"개에게는 업식10이 있기 때문이다."

(趙州, 因僧問 "狗子還有佛性也無?" 師云, "有". 僧云, "旣有爲什麽却撞入者个皮袋?" 師云, "爲他知而故犯". 又有僧問, "狗子還有佛性也無?" 師云, "無". 僧云, "一切衆生皆有佛性. 狗子爲什麽却無?" 師云, "爲伊有業識在".)[11]

---

10 업식業識. 전생의 업력이 불러온 현생의 식識.

11 『한국불교전서』 제5책, 동국대학교 출판부, 1983, 347쪽 중단.

이 공안은 전반부와 후반부로 나뉜다. "개에게도 불성이 있습니까?" 하는 똑같은 질문에 조주는 전반부에서는 "있다"고 대답했고 후반부에서는 "없다"고 대답했다. 있다[유有]와 없다[무無]는 똑같은 질문에 대한 대답이니 결국 똑같은 말이 된다. 이 점을 자세히 살펴보겠다. 먼저 전반부를 보자.

①조주에게 한 스님이 물었다.
"개에게도 불성이 있습니까?"
선사가 대답했다.
"있다[유有]!"
스님이 물었다.
"있다면 무엇 때문에 이 가죽 부대 안으로 들어왔습니까?"
선사가 대답했다.
"개가 알면서도 고의로 범했기 때문이다."

전반부에서도, 후반부에서도 스님들은 "개에게도 불성이 있습니까?" 하고 질문한다. 문맥을 들여다볼 때, 두 스님은 모든 중생에게 불성이 있다는 언명을 익히 들어 알고 있는 사람들이다. 그런데 두 스님 모두 고등한 지성을 가진, 인간과 같은 중생에게 불성이 있지 어찌 개와 같은 짐승에게 불성이 있을까 하며 "모든 중생에게 불성이 있다"라는 언명에 여전히 의심을 품은 사람들이다. 그래서 "개에게도 불성이 있습니까?" 하고 조주에게 질문한 것이다. "모든 중

생에게 불성이 있다"라는 언명은 불성이 있는 중생이 불성을 증득證
得[12]하는 일과 직결해 있다. 하지만 불성을 증득하는 일은 "모든 중
생에게 불성이 있다"라는 언명을 따르는가, 따르지 않는가 하는 데
있지 않다. 오히려 이 언명을 올바르게 이해하지 못할 때, 즉 이 언명
이 불성을 증득하는 일과 아직 관련을 맺고 있지 않을 때 "개에게도
불성이 있습니까?" 하는 질문을 하게 된다.

　　"모든 중생에게 불성이 있다"라는 언명은 중생의 불성은 유와
무로 정립될 수 없다는 점을 드러내는 데 그 의의가 있다. 그래서 조
주는 전반부에서 "유"라고 대답했다. 이 대답은 "모든 중생에게 불성
이 있다"라는 언명의 뜻을 수용하는 대답이 아니다. 조주는 불성을
유와 무로 나누어 유로 정립하려는 스님 스스로 자신의 그릇된 판
단을 알아차리도록 하여 유와 무를 벗어난 불성을 깨닫게 하려 하
고 있다. 그런데 전반부에서 조주는 왜 후반부에서처럼 "무"라고 하
지 않고 "유"라고 했는가? 그 이유는 불성을 드러내고자 할 때 어차
피 유는 무와 똑같은 말이 되기 때문이다. 중요한 것은 "유"라고 대
답하고 나서, 어떻게 이 무와 상대되지 않는, 유와 무를 벗어난 불성
이 이후에 전개되는가 보여 주는 데 있다. 그때 조주의 대답 "유"를
듣고 나서 스님은 자신의 의문을 해결하는 것이 아니라 애초의 "개에
게도 불성이 있습니까?" 하는 의문보다 더 깊은 의문에 잠기게 된다.

12　　"증득證得"의 '증證'은 직관을, '득得'은 획득을 뜻한다. 따라서 "깨달음을 얻다", "열반을 얻다"
　　는 "깨달음을 증득하다", "열반을 증득하다"로 바꿔 쓸 수 있다.

그래서 스님은 "있다면 무엇 때문에 이 가죽 부대 안으로 들어왔습니까?" 하고 다시 질문한다. 스님은 유를 무와 상대되는 유로 정립하고 있기 때문에, "개에게도 불성이 있습니까?" 하는 질문의 문장이 분절되어 있는 대로 "개", "불성", "있다"를 분리시키고 있다. 이렇게 개와 불성을 분리시키는 사람은 개의 안과 바깥을 분리시키는 사람이다. 그래서 스님은 자신의 논리에 따라서 당연히 바깥의 불성이 어떻게 개 안으로 들어왔는가 하는 질문을 할 수밖에 없다. "개에게도 불성이 있습니까?" 하는 질문에서처럼 개 바깥의 불성이 어떻게 개 안으로 들어오게 되는가? 하고 의심을 품게 되는 것이다.

이제 조주는 스님의 생각을 그대로 따라가며 스님이 자신의 견해를 깨도록 인도해야 한다. 이런 태도를 "방행"放行이라 한다. 조주는 이미 "유"라고 대답하여 스님을 놓아주지 않고 자신의 유 안에 잡아 두었다. 이를 "파정"把定 혹은 "파주"把住라고 한다. "유"라는 파정의 말로 인해 조주의 울타리 안으로 들어온 스님은 "있다면 왜 이 가죽 부대 안으로 들어왔습니까?" 하고 질문해 온다. 하지만 아직 스님은 조주가 말하는 "유"의 의미를 간취하지 못했기에, 조주는 "유"라는 울타리 안에 가두어 두었던 스님을 스님의 생각에 맞추어 풀어 준다. 즉, 스님의 질문이 "있다면 무엇 때문에 이 가죽 부대 안으로 들어왔습니까?"였으므로, 이에 맞추어 조주는 "개가 알면서도 고의로 범했기 때문이다"라고 대답한다. 이는 개가 자신에게 불성이 있다는 것을 알면서도 가죽 부대 안으로 들어오게 했다는 뜻이다. 이 대답에서 중요한 말은 "고의로"이다. 유와 무를 벗어난 불성을 아는 중생은 굳이 불성을 안으로 들여올 필요가 없다. 만약 들여온다면 의도적으로 들여온 것이 된다. 이 말은 "그대 스님은 불성의 유무에 갇혀서 질문하고 있다. 그렇게 질문한다면, 그것은 작위적인 것이어서 불성 본연의 모습을 보여 주는 것이 아니다"라는 뜻을 담고 있다. 조주는 개의 불성을 지키면서, 개의 불성에서 빠져나가는 스님을 불성 본연의 모습으로 돌아오게 하고 있다.

다음은 후반부.

②또, 한 스님이 물었다.
"개에게도 불성이 있습니까?"
선사가 대답했다.
"없다[무無]!"
스님이 물었다.
"모든 중생에게 다 불성이 있는데 무엇 때문에 개에게는 없습니까?"
선사가 대답했다.
"개에게는 업식이 있기 때문이다."

후반부의 이 스님 역시 모든 중생에게 불성이 있다는 언명을 들어 알고 있는 사람이다. 전반부의 스님처럼 역시 이 언명에 의심을 품고 아직 확실한 결정을 못 내리고 있다. 그래서 조주에게 전반부의 스님처럼 "개에게도 불성이 있습니까?" 하고 묻는다. 전반부를 다룰 때 언급했듯이, "모든 중생에게 불성이 있다"라는 언명은 불성을 상대적으로 정립하는 유와 무를 떠날 때 올바르게 이해될 수 있다. 그런데 이 스님 역시 이 언명의 이러한 점을 모르고, "개에게도 불성이 있습니까?" 하고 질문한다. 조주는 전반부에서는 "유"라고 대답했지만, 이 후반부에서는 "무"라고 대답한다. 이 조주의 "무" 역시 "유"와 상대되는 무가 아니다. 스님의 "유"를 해체시켜 유와 무를 벗어난 불성을 드러내는 무이다. 상대적인 유와 무를 해체시킨다는 점에서 이 "무"는 전반부의 "유"와 똑같은 말이다. 조주의 이 "무"를 듣고 이제 스님은 조주의 울타리 안으로 들어오게 되었다. 다시 말해, 조주는 스님을 무로 잡아 두게 되었다. 전반부의 "유"가 파정이듯이 이 후반부의 "무" 역시 파정이다.

아직 조주의 무를 간파하지 못한 스님은 조주의 울타리 안에서 "모든 중생에게 다 불성이 있는데 무엇 때문에 개에게는 없습니까?" 하고 다시 질문한다. 의문이 근원적 물음 곧 의정疑情으로 고양되는 중이다. 따라서 이어지는 조주의 대답 "개에게는 업식이 있기 때문이다" 역시 전반부처럼 스님의 의중을 먼저 파악하고 이를 따라가며 스님을 깨달음으로 이끌기 위한 방도의 말, 방행이다. 스님은 "개가 업식이 있기 때문에 불성이 없다니? 이는 나도 그렇게 생각해 온 당연한 말 아닌가?" 하고 마음속으로 더 의문을 내게 될 것이다. 조주는 이렇게 해서 스님을 의문의 극한으로 강하게 밀어붙였다. 스님은 조주의 이 대답을 듣고 전에는 충돌하지 않았던 두 어구, "업식의 있음"과 "불성의 없음"을 충돌시키게 될 것이다. 그러면서 업식의 있음과 불성의 없음도 사라지는 자리에 놓여 가게 될 것이다.

전반부의 유와 후반부의 무가 똑같은 말이라면, 왜 굳이 전반부에서는 유라 하고 후반부에서는 무라 하는가? 잡고 있는 스님들을 풀어 주어 스님들의 의문을 있는 그대로 드러내게 하기 위해서이다. 우리는 전반부와 후반부의 이어지는 문답을 통해 각 스님의 생각을 알게 된다. 조주가 "유" 또는 "무"라고 대답했을 때 이후 문답에서 스님들은 조주의 유 또는 무에 기반해 자신의 견해를 드러낸다. 조주는 이렇게 드러내는 견해가 그릇됨을 스님들이 자각하게 하여 그 의정의 힘을 강화하고 있다.

무문의 화두로 돌아와 보자. 무문은 "개에게도 불성이 있습니까?" 하는 한 스님의 질문에 조주가 "무"라고 대답했다고 적고 있다. 무문의 화두는 앞에서 본 화두 후반부의 앞 문답을 그대로 옮긴 것처럼 보인다. 두 문답은 동일하지만, 무문의 의도는 앞의 화두 작성자의 의도와 다르다. 앞의 화두 작성자는 무와 유가 똑같은 말이라는 것을 보여 줌으로써 무는 유를 만나 해체되고 유는 무를 만나서 해체되는 깨달음의 자리로 우리를 이끌었다. 그러나 무문은 무 스스로 해체되어 소멸하는 깨달음의 자리로 우리를 이끈다. 이것이 어떻게 가능한가? 조주의 무를 듣는 순간, 질문한 스님도 이 공안을 읽는 우리들처럼 곧바로 근원적 물음, 곧 의정이 일었을 것이기 때문이다.

이 점을 좀더 생각해 보자. "개에게도 불성이 있습니까?" 하고 물은 스님은 당대當代의 불교가 사람을 비롯한 모든 중생에게 불성이 있다고 선언하고 있기에 이렇게 물었을 터이다. 질문한 스님은 모든 중생에게 불성이 있다고 배워 알고 있는 수행자이다. 하지만 스님은 불성이 있다면 고등한 지력을 지닌 인간한테 있을 텐데 왜 개에게도 불성이 있다고 하는 것일까 하는 의문을 아직 품고 있다. 스님의 질문에 조주는 "없다[무無]!" 하고 대답했다. 스님은 당연히 조주도 개를 비롯한 모든 중생에게 불성이 있다는 것을 알 터인데 왜 없다고 했을까 하는 의정이 일었을 것이다. 만약에 조주가 "있다[유有]!" 하고 대답했다면, 스님은 조주 역시 내가 배워 알고 있는 대로 모든 중생에게 불성이 있다고 생각하는구나 하며 아무런 의정도 일지 않았을 것이다. 즉 "있다"고 대답했다면 의문이 일지 않아 이 화두는 풀어야 할 문제가 되지 않는다. 의문이 일자마자 곧바로 화두는 풀어야 할 문제가 된다.

　권權[방편]과 실實[진실]에 의거하여 말해 본다면, 조주의 "무"는 권이면서 실이다. "무"를 말하는 순간 유와 무의 무가 사라질 뿐 아니라 이 "무"마저 사라진다. 그러면서 동시에 진실眞實이 현현한다. 앞으로 우리가 보게 될 제3칙 「구지수지」, 제6칙 「세존염화」, 제48칙 「건봉일로」 등은 화두의 이런 근본적 성격을 잘 띠고 있는 화두들이다. 구지가 한 손가락을 들자마자, 세존이 꽃을 들자마자, 건봉이 주장자拄杖子로 한 획을 긋자마자 "한 손가락", "꽃을 듦", "주장자로 한 획을 그음"은 사라진다. 그러면서 동시에 진실이 현현한다. 이처럼 모든 것이 일어나자마자 사라지는 자리는 어떠한가? 그것은 가령 제48칙 「건봉일로」 운문의 말에 잘 표현되어 있다.

[평창]

①참선할 때는 반드시 조사의 관문을 뚫어야 하고, 오묘한 깨달음을 얻기 위해 심로가 끊어진 경지를 궁구해야 한다. 만약 조사의 관문을 뚫지 못하고 심로를 끊지 못하면, 이런 사람들은 모두 풀에 엉겨 붙어 있고 나무에 달라붙어 있는 정령일 따름이다. 자, 말해 보아라. 무엇이 조사의 관문인가? 오직 이 한 개의 무無 자야말로 종문의 유일한 관문이니, 이를 일러 선종무문관이라고 한다. 만약 이 관문을 뚫고 지나갈 수 있다면, 조주를 친견할 뿐 아니라 역대 조사들과 손을 잡고 함께 걸으며 눈썹을 서로 비벼 가며 그들과 똑같은 눈으로 보고 똑같은 귀로 듣게 될 것이니, 어찌 유쾌하지 않겠는가?

무문의 평창을 세 부분으로 나누어 살펴보겠다. 먼저 첫째 부분이다. 이 부분에서는 다음과 같은 것을 읽어 낼 수 있다. 첫째로, "무"는 선종의 유일한 관문이기에 조사의 관문을 뚫는다는 것은 이 "무" 자 관문을 뚫는다는 것이다. 둘째로, "무" 자 관문을 뚫는다는 것은 심로가 끊어진 경지, 오묘한 깨달음을 얻는다는 것이다. "무" 자 관문을 뚫어 오묘한 깨달음을 얻는다는 것이 어떤 것인지 알기 위해서는 먼저 이 '심로가 끊어짐'에서 심로가 무엇을 뜻하는지 파악해야 한다. "마음의 길"로 번역될 수 있는 '심로'에서 심心은 무엇을 뜻하는가? 당연히 "직지인심 견성성불"直指人心 見性成佛이라 말할 때의 그 심은 아닐 것이다. 그렇다면 우리는 초기 불교, 아비달마불교, 유식불교에서 언급하는 심이 무엇인지 알아보아야 한다.

심은 초기불교나 아비달마불교에서는 안식眼識, 이식耳識, 비식鼻識, 설식舌識, 신식身識, 의식意識을 뜻한다. 유식불교에서는 이 식들에 더해 제7식인 말나식末那識과 제8식인 아뢰야식阿賴耶識이 있다. 여기서 우리가 이 각 식들의 특징을 살펴보고자 하는 것은 아니므로, 심로가 끊어짐을 이해하기 위해 식들의 공통 특징만을 생각해 보면 된다. 식은 어느 식이 되었든, 보는 쪽 곧 견분見分과 보이는 쪽 상분相分으로 나타난다. 안식(보는 작용), 이식(듣는 작용) 등 마음의 작용이 일어날 때 이처럼 주관과 객관으로 분화되어 나타난다. 그런데 식들이 작용하지 않을 때가 있다. 유식학唯識學에서 논하는 5무심위無心位에서 그러하다. 5무심위는 극민절極悶絶, 극수면極睡眠, 무상정無想定, 무상과無想果, 멸진정滅盡定을 이른다. 뒤의 셋은 깊은 선정 및 그 과보果報와 관련되므로, 이해하기 쉬운 극민절과 극수면을 보겠다.

극민절은 극심한 기절, 극수면은 깊은 수면을 뜻한다. 기절했을 때나 깊이 잠들었을 때는 제6의식意識이 현행하지 않는다. 제6의식이 현행하지 않으므로 안식 등 전5식도 현행하지 않는다. 이렇듯 무상정과 멸진정 같은 깊은 선정에 들었을 때도 전6식이 현행하지 않는다. 깨달음[각覺; 보리菩提bodhi]은 반야[혜慧, prajñā]의 작용인데, 이 반야는 제6의식에 상응하는 심소心所(마음의 작용)이다. 이렇게 보면 심로가 끊어짐은 무상정과 멸진정같이 의식이 현행하지 않을 때 나타나는 현상처럼 생각된다. 그러나 참선할 때 주관과 객관이 사라져 하나가 되는 "타성일편"打成一片을 이루어 의식이 현행하지 않는 것은 깊은 선정에 들었을 때 의식이 현행하지 않는 경우와는 다르다. 의식이 현행하지 않을 때도 의식의 종자種子,bīja가 무의식인 아뢰야식에서 전전展轉하지만, 의식의 내용은 바뀐다. 그러나 참선할 때는 타성일편 속에서 의정이 집중을 형성하고 있으므로, 의식의 내용이 바뀌지 않은 채 아뢰야식에서 전전한다. 이를 선에서는 동정일여動靜一如, 몽중일여夢中一如, 오매일여寤寐一如 등으로 부르기도 한다. 동정일여는 "화두가 한결같이 지속적으로 들리는 것"을, 몽중일여는 "화두가 깨어 있을 때나 꿈꿀 때나 한결같이 들리는 것"을, 오매일여는 "화두가 깨어 있을 때나 깊은 잠을 잘 때나 똑같이 들리는 것"을 뜻한다.[13]

다음으로 둘째 부분을 보자.

②이 관문을 뚫어 보겠다는 자는 없는가? 360개의 골절과 8만 4,000개의 모공을 갖고서 온몸으로 한 개의 의단을 일으켜 이 한 개의 무無 자를 참구하라. 밤이나 낮이나 이를 문제로 내걸되, 허무의 무로 이해하지 말고, 유무의 무로 이해하지 말라. 마치 한 개의 뜨거운 쇠구슬을 삼킨 것과 같아서 토해 내고 토해 내려 해도 뱉어 낼 수 없게 되면, 지금까지의 그릇된 앎이나 그릇된 깨달음이 모두 없어지게 된다. 이렇게 오래도록 무르익으면 자연히 안과 밖이 온전히 하나가 되는 경지[타성일편]에 들게 된다. 마치 벙어리가 꿈을

---

13   대한불교조계종 불학연구소 · 전국선원수좌회, 『간화선』, 조계종출판사, 2005, 338쪽.

꾸었으나 자기만 알고 있는 것과 같다.

    이 부분에는 간화선看話禪 수행의 원리와 과정이 담겨 있다. 즉, 이 부분에서 우리는 한 화두에 계속 집중해 화두삼매를 얻기까지의 과정에 대한 기술을 읽어 낼 수 있다. 한 개의 "무" 자를 참구한다는 것은 "왜 없다고 할까?" 하는 무를 참구한다는 것이다. 이 무는 풀어야 할 문제이다. 오직 이 무라는 문제에 물음을 던지면서 이 물음의 힘으로 집중력을 얻어 가는 과정이 화두삼매를 얻는 과정이다. 이러한 물음은 선불교의 용어로 표현하면 의정疑情이다. 의정이 집중의 힘을 얻으면, 다른 산란한 것들이 마음속으로 들어오지 않아 오직 의문만 있는 "의단"疑團을 형성하게 된다. 이 의단에 일체의 산란함이 끼어들지 않고 완벽하게 형성될 때 그것을 "대의단"大疑團이라고 한다. 이 과정에서 무를 유무의 무, 즉 유와 반대되는 혹은 상대 되는 무로 이해하면 이미 그렇게 판단을 내려 결정한 것이 되어 의정의 힘이 약화하거나 소멸한다. 그렇게 되면 조주의 "무" 자에서 벗어나게 된다. "허무의 무" 역시 "유무의 무"의 경우와 마찬가지다. "유무의 무"와 "허무의 무" 모두 생동하는 의정의 무를 판단의 결정하에 가두어 버린다. 그래서 무문은 유무의 무나 허무의 무로 판단을 내려 의정이 중단되지 않는 상태를 '마치 뜨거운 쇠구슬을 삼켜 버려 토해 내고 또 토해 내려 해도 뱉어 낼 수 없는 것'으로 묘사하고 있다. 이렇게 되면 안과 밖, 견분과 상분, 주관과 객관이 나타나지 않는 "타성일편"을 이루게 된다. 의정의 힘이 최대로 강화되는 것이다.

이러한 의정의 힘은 그동안 우리가 그릇되게 축적해 왔던, 탐貪(탐욕)·진瞋(증오)·치癡(무지) 등 온갖 번뇌에 기반한 앎과 그릇된 깨달음을 삭이게 해 준다. 이것은 꿈과 같다. 왜냐하면 꿈을 깬 후 꿈을 돌아보면 이미 꿈은 사라지고 없기 때문이다. 무문은, 앞으로 본 칙을 분석하면서 보겠지만, 깨달음을 꿈에 비유할 때가 있다.[14] 또한 무문은 벙어리가 깨달음이라는 꿈을 꾸었지만 말을 할 수 없기에 말로 표현할 수 없는 것과도 같다면서, 깨달음의 자내증自內證의 성격을 보여 주고 있다.

다음은 셋째 부분.

③돌연히 폭발하면 하늘을 놀라게 하고 땅을 진동시킬 것이다. 마치 관우 장군의 큰 칼을 빼앗아 손에 넣은 것과 같아서, 부처를 만나면 부처를 죽이고 조사를 만나면 조사를 죽여, 생사의 언덕에서 대자재를 얻고 6도, 4생에서 삼매를 노닐게 될 것이다. 자, 그렇다면 무엇을 문제로 내걸어야 할까? 평생의 기력을 다해 이 한 개의 무 자를 들어 보자. 만약 (그럴 때) 중단되지 않는다면, 법의 초에 한 번에 확 불이 붙는 것과 같다.

---

14 어리석은 자의 면전에서/ 꿈 이야기를 하면 안 될지니./ "달마에게 수염이 없다"란/ 맑은 깨달음에 어리석음을 더하는 것이네.—제4칙 「호자무수」 무문의 송

흰 해 푸른 하늘/ 꿈속에서 꿈을 말하네./ 이상도 하여라, 이상도 하여라./ 온 대중을 속이는구나.—제25칙 「삼좌설법」 무문의 송

의정, 의단, 대의단, 타성일편을 거쳐 이제 무 자 화두를 든 수행자는 은산철벽銀山鐵壁과 마주친다. 은산철벽은 대의단의 절정에서 세간적 반성으로 넘어가기 직전에 일어난다. 이를 무문은 "돌연히 폭발하면 (…) 노닐게 될 것이다"로 묘사하고 있다. 이 은산철벽을 넘으면 생사의 언덕에서 대자재를 얻게 되는 것이다.

무문의 평창에는 이처럼 화두를 참구하며 수행하는 간화선의 원리와 과정이 담겨 있다. 간화선을 통한 깨달음은 "왜 무일까?" 하는 "무"가 갖는 의정의 힘으로 달성되는 것이다. 이 의정은 세속의 현성공안現成公案에 얹는 본참공안本參公案의 의정이다. 다시 말해, 일상생활에서 우리는 이런저런 세속적인 물음에 잠겨 살기도 하고, 또는 불현듯 인생이 무엇일까 하며 세속을 넘어서고자 하는 물음에 잠기기도 한다. 이렇게 물음은 우리의 삶에 이미 현성되어 있는 것이다. 이렇게 이미 현성되어 있는 물음의 힘에 얹되, 그러면서 물음이 깨달음의 물음으로 향할 수 있도록 방향을 잡아 주는 것이 바로 본참공안, 조사들의 공안이다.[15]

이러한 간화선 수행의 물음 성격은 위빠사나 수행과 비교하면 더 정확히 드러난다. 정혜쌍수定慧雙修란 말을 들어 본 적이 있을 것이다. 정혜쌍수란 정定과 혜慧를 함께 닦는다는 뜻이다. 그렇다면 이 말은 정과 혜는 분리될 수 없다는 뜻으로 이해할 수 있다. 정定은

---

15   현성공안에 얹는 본참공안에 대해서는 박인성, 『법상종 논사들의 유식사분의唯識四分義 해석』, 도서출판b, 2015, 380~382쪽을 볼 것.

마음을 한 대상에 집중하는 작용이고, 혜慧는 간택簡擇으로 정의되는 데서 알 수 있듯이 구분해서 보는 작용, 가려 보는 작용이다. 정혜쌍수와 유사한 용어로 지관쌍운止觀雙運이 있다. 지止와 관觀을 함께 운용한다는 뜻이다. 지止는 마음의 산란함을 그치게 하는 능력이고, 관觀은 명료하고 판명한clear and distinct 관찰을 행하는 능력이다. 정혜쌍수와 지관쌍운은 이처럼 유사한 용어이지만, 정혜쌍수의 정과 혜는 마음의 작용(심소心所)이고, 지관쌍운의 지와 관은 수행의 방법이란 점에서 약간 차이가 있다.

불교에서는 수행 방식을 이야기할 때 사마타samatha와 위빠사나vipassanā라는 용어를 사용하는데, 방금 언급한 지관쌍운의 지와 관은 각각 사마타와 위빠사나를 번역한 용어이다. 사마타는 심리학의 심리 치료에서 집중명상concentration meditation으로, 위빠사나는 통찰명상insight meditation으로 번역되는 데서 알 수 있듯이, 사마타 수행은 집중하는 능력을 기르는 수행이고 위빠사나는 관찰하는 능력을 기르는 수행으로, 그 기능이 다르다. 사마타 수행에는 지地, 수水, 화火, 풍風, 청靑, 황黃, 적赤, 백白, 광명光明 중 하나를 지속해서 잡아 가는 까시나kasiṇa 수행 등 여러 방식의 수행이 있다. 위빠사나 수행은 기본적으로 사띠sati[16]에 기반한 수행이다.[17]

『무문관』의 간화선 수행과 비교해야 하기에 이 위빠사나 수행

---

16 "sati"는 팔리어. 산스끄리뜨어로는 "smṛti".

17 까시나 수행과 간화선 수행의 차이에 대해서는 박인성, 앞의 책, 372~375쪽을 볼 것.

에 대해 설명하고 가겠다. 관觀으로 한역되는 위빠사나vipassanā는 "vi" 곧 "나누어서" "passanā" 곧 "봄"이라는 뜻이다. 앞에서 반야慧가 간택으로 정의된다고 했는데 이렇게 보아도 위빠사나는 반야와 통한다는 점을 알 수 있다. 위빠사나 수행의 위빠사나는 동일성을 해체해 가는 차이화의 능력을 가진 작용이라 할 수 있겠다. 그런데 위빠사나 수행에는 관찰 작용만 있는 것이 아니다. 사마타의 계기도 있다. 사띠의 작용이 있기 때문이다.

오늘날 "마음챙김"mindfulness으로 번역되어 사용되는 사띠는 "기억"이라는 뜻을 담고 있다. 8정도 중 정념正念의 "념"念이 바로 사띠이다. 이때의 념은 "생각하다"라는 뜻이 아니고 "기억하다"라는 뜻이다. 념에는 붓다의 말씀들을 잘 기억해서 실행에 옮긴다는 뜻도 담겨 있지만, 기본적으로 기억의 원래 의미가 담겨 있다. 철학과 심리학에서 기억은 1차 기억과 2차 기억으로 나뉜다. 우리가 보통 지난 일, 가령 어렸을 때의 일이나 어제 일어난 일을 기억한다고 할 때는 2차 기억 곧 회상recollection을 의미한다. 그런데 이러한 회상이 가능하려면 한 순간 전에 일어난 일을 기억하는 작용이 먼저 있어야 한다. 이를 현상학에서는 파지retention라 한다. 불교에서 념이라 말할 때는 일반적으로 이 1차 기억을 의미한다. 유식학에서 이러한 념을 "불망실"不忘失 곧 "잊지 않음"으로 정의하는 데서 알 수 있듯이, 위빠사나 수행에서 사띠 곧 념은 "한 순간 전에 일어난 일을 잊지 않음"을 의미한다. 이러한 념의 능력이 지속될 때 다른 마음의 작용, 가령 번뇌들이 끼어들지 않게 된다.

예를 들어 설명해 보겠다. 지금 내가 내 손을 허공에서 움직인다. A 지점에서 E 지점으로 이동한다고 하자. 내 손은 임의의 A, B, C, D, E를 통과할 것이다. A에서 B로 이동할 때 B에서는 A를 잊지 않고, B에서 C로 이동할 때 B를 잊지 않고, (…) D에서 E로 이동할 때 D를 잊지 않음이 바로 사띠의 능력이다. 그럴 때 A, B, C, D, E는 A-B-C-D-E가 된다. 이는 다른 마음의 작용들이 끼어들지 않고 우리의 봄이 중단되지 않고 연속한다는 것을 의미한다. 산란하지 않으니까 사마타가 형성되고, 또 이렇게 사마타가 형성되니까 A, B, C, D, E를 각각 명료하게 보게 된다. A, B, C, D, E를 각각 봄을 "정지"正知; sampajañña 곧 "알아차림"awareness이라 하고, A-B-C-D-E를 연속하게 하는 능력을 사띠라고 한다. 이 경우 알아차림이 위빠사나이고 사띠를 통해 형성되는 것이 사마타이다. 이처럼 사띠 수행에는 위빠사나의 계기와 사마타의 계기가 들어 있다.

말이 나왔으니 좀더 덧붙이겠다. 이러한 사띠를 "알아차림"이라든지 "주의"attention, 또는 "마음챙김"으로 번역하는 것은 적절하지 않다. 사띠 수행 안에는, 이미 보았듯 "알아차림"의 계기와 "기억"의 계기가 있을 뿐 아니라, 또한 기본적으로 주의함 곧 "작의"作意, "의지" 곧 "사"思; cetanā, "노력" 곧 "정진"精進; vīrya의 계기들이 있다. 한 대상에 "주의"를 쏟고, 놓치지 않고 보고자 하는 "의지"가 발동하고, 또 이러한 의지를 지속하려는 "노력"이 있어야 번뇌들이 끼어들지 않는 고요함 곧 사마타를 유지할 수 있고 그때그때 명료하고 판명하게 관觀할 수 있는 것이다. 필자도 할 수 없이 이미 정착된 마음챙김이란 용어를 사용하지만 사띠의 본래 의미가 기억이라는 것을 잊지 말아야겠다. 붓다는 이 기억의 작용을 수행에 활용했다고 할 수 있다. 그런데 이 기억은 주의와 의지와 노력이 함께하는 데서 알 수 있듯이 수동적 의식이 아니라 능동적 의식에서 일어난다. 유식학에서 이 기억 곧 념을 정과 혜와 함께 별경심소[18]로 두는 것도 이 기억이 능동적 의식의 작용이기 때문이다.

간화선 수행과 위빠사나 수행의 차이는 간화선 수행이 물음-문제 복합체[19]인 의정 하나를 잡는 수행이라면, 위빠사나 수행은 그때그때 일어났다 사라지는 몸과 마음의 변화를 관하는 수행이다. 간화선 수행이 어느 쪽으로도 결정을 내리지 못하고 머뭇거리는, 의정의 최종 단계인 은산철벽에서 화두라는 문제를 해결하고 깨달음을 얻은 후 이 깨달음을 강화하기 위해 다시 다른 화두로 전환해 가는 수행이라면, 위빠사나 수행은 4념처念處 중 신념처身念處, 수념처受念處, 심념처心念處에서 일어났다 사라지는 몸과 마음의 변화를 미세하게 관찰하고, 이러한 일어남과 사라짐의 관찰을 토대로 하여 법념처法念處에서 잡념과 청정, 혹은 윤회와 열반의 이중 구조로 된 4성제聖諦 등을 관찰하며 깨달음을 얻는 수행이다.[20]

---

18 별경심소別境心所. 마음이 일어날 때 항상 같이 일어나는 심소(변행심소遍行心所: 촉觸, 작의作意, 수受, 상想, 사思)가 아니라, 특별한 대상(별경別境)에 대해서만 일어나는 심소. 욕欲, 승해勝解, 념念, 정定, 혜慧를 이른다.

19 물음-문제 복합체에 대해서는 대니얼 W. 스미스, 박인성 옮김, 『질 들뢰즈의 철학』, 그린비, 2023, 66~72쪽을 볼 것.

20 다음은 나가르주나Nāgārjuna(용수龍樹, 150?~250?)의 『중론』의 「열반을 관찰함이라는 이

개의 불성이여!

바른 법령을 온전히 내보이니

유와 무에 걸리면

바로 목숨을 잃느니라

"개에게도 불성이 있습니까?" 하는 스님의 질문에 담겨 있는 불성은, 조주가 "무"라고 대답하면서, 국집局執된 유와 무를 벗어난 무

름의 제25장」(관열반품제25觀涅槃品第二十五」) 게송 19, 20이다.

19

na samsārasya nirvānātkim cidasti viśesanam /
na nirvānasya samsārātkim cidasti viśesanam //
윤회는 열반과 어떤 차이도 있지 않네.
열반은 윤회와 어떤 차이도 있지 않네.

20

nirvānasya ca yā kotih kotih samsaranasya ca /
na tayorantaram kim citsusūksmamapi vidyate //
열반의 극한은 윤회의 극한이네.
그 둘 사이에는 극히 미세한 어떤 것도 존재하지 않네.
(나가르주나, 박인성 옮김, 『중론』, 주민출판사, 2001, 19~20쪽)

필자는 나가르주나의 이 게송들이 마조의 "마음이 곧 부처이다"(제30칙 「즉심즉불」; 박인성, 『화두』, 경진출판, 2022, 30쪽), "마음도 아니요, 부처도 아니다"(제33칙 「비심비불」; 박인성, 『화두』, 23쪽), 남전의 "마음도 아니요, 부처도 아니요, 물物도 아니다"(제27칙 불시심불: 박인성, 『화두』, 62쪽), 조주의 "부처가 번뇌이고, 번뇌가 부처이다"(박인성, 『화두』, 161쪽)와 관련지어 해석될 수 있다고 생각한다. 용수 논사가 완전하게 보지 못한 "존재 곧 차이"를 마조 선사, 마조를 잇는 남전 선사, 그리고 남전을 잇는 조주 선사가 완전하게 보기 시작한 것은 아닐까?

가 된다. 이처럼 불성은 유와 무가 개재할 틈이 전혀 없는 무이기에 무문은 첫 행에서 개의 불성이 부처와 조사의 바른 법령 곧 진리를 온전히 내보였다고 말한 것이다. "정령"正令의 "정"正 자와 "전제"全提의 "전"全 자에 방점을 찍고 있다고 할 수 있겠다. "전제"全提의 "전"全은 판단의 참과 거짓이 전혀 개재되지 않는 전全이다.

　　셋째 구의 유와 무는 각각 집착된 유와 집착된 무이다. 그래서 이 유와 무는 유집有執과 무집無執, 혹은 유견有見과 무견無見으로 표현되기도 한다. 이 무는 유와 상대되는 무이지만, 조주의 무는 이러한 유와 무를 초월하는, 혹은 선행하는 무이다. 이 조주의 무가 없다면 상대되는 유와 무는 나타날 수 없다.

제2칙 백장야호百丈野狐

: 인과에 어둡지 않다

[본칙]

①백장²¹ 화상이 설법할 때마다 항상 한 노인이 [수행자] 대중과 더불어 설법을 듣고 있었다. [설법이 끝났을 때] 대중이 물러나면 노인 또한 물러났는데, 돌연 어느 날은 물러나지 않았다.

그래서 선사가 물었다.

"앞에 서 있는 자는 대체 누구인가?"

노인이 대답했다.

"예, 저는 사람이 아니옵니다. 과거 가섭불²² 시대에 이 산에 주

---

21   마조도일의 제자인 백장회해百丈懷海(749~814)를 가리킨다.

22   가섭불迦葉佛. 과거 7불佛 중 여섯 번째 부처. 과거 7불은 ①비바시毘婆尸; vipaśin, ②시기尸棄; śikhi, ③비사부毘舍浮; viśvabhū, ④구류손拘留孫; krakucchanda, ⑤구나함모니拘那含牟尼; kanakamuni, ⑥가섭迦葉; kāśyapa, ⑦석가모니釋迦牟尼; śākyamuni이다. 앞의 셋은 장엄겁莊嚴劫의 부처, 뒤의 넷은 현겁賢劫의 부처. 성成, 주住, 괴壞, 공空 이 네 시기를 대겁大劫이라 하며, 과거의 대겁大劫을 장엄겁莊嚴劫, 현재의 대겁을 현겁賢劫, 미래의 대겁을 성수겁星宿劫이라 한다.

석[23]한 바 있습니다. 그때 어느 학인이 '수행이 깊은 사람도 역시 인과에 떨어집니까?' 하고 묻기에 저는 '인과에 떨어지지 않는다(불락인과不落因果)'라고 대답했습니다. [그 때문에] 저는 오백 생 동안 여우의 몸에 떨어졌습니다. 이제 화상께 청하노니 저를 대신해 일전어—轉語를 하시어 제가 여우 몸에서 벗어나게 해 주옵소서!"

그러고 나서 노인이 물었다.

"수행이 깊은 사람도 역시 인과에 떨어집니까?"

화상이 대답했다.

"인과에 어둡지 않다(불매인과不昧因果)."

노인은 이 말을 듣자마자 크게 깨달아 절을 하고 말했다.

"저는 이미 여우의 몸에서 벗어나 산 뒤쪽에 있습니다. 감히 화상께 고하노니 부디 죽은 승려의 예를 따라 화장을 해 주십시오."

②선사는 유나[24]에게 종을 쳐서[25] 대중에게 "식사 후에 죽은 승려의 장례를 치른다"고 알리도록 했다. 대중은 "온 대중이 모두 건강

현겁의 주겁住劫 때에는 구류손불, 구나함모니불, 가섭불, 석가모니불 등 1천의 부처님이 출현하여 중생을 구제한다고 한다. 현재의 대겁을 "현겁"賢劫이라 칭하는 것은 이렇게 많은 부처님들이 출현하는 시기이기 때문이다.

23   주석駐錫은 선종에서 승려가 입산하여 안주하는 일을 가리킨다.

24   유나維那. 선원의 대중을 통솔하며 기강을 바로잡는 소임을 맡은 스님.

25   백추白槌. "추"槌는 손에 쥘 수 있는 정도의 나무막대를 말하고, "백"白은 알린다는 뜻이다. 따라서 "백추"는 선원에서 유나가 대중에게 모종의 일이 있다는 것을 알리기 위해 사각이나 육각으로 깎은 나무막대를 서로 부딪쳐 '딱!' 소리를 내서 주의를 불러일으키는 일을 가리킨다. 혹은, 망치로 종을 때리거나 목탁을 쳐서 대중에게 알리는 일을 가리킨다. 정성본 역주, 『무문관』, 한국선문화연구원, 2004, 55쪽.

하고, 또 열반당[26]에는 병든 이가 없다. 그런데 왜 이런 말을 할까?"
하고 수군덕거렸다. 식사 후에 선사는 대중을 거느리고 산 뒤쪽의
바위 아래로 가서, 주장자로 한 마리 죽은 여우를 끄집어내어, 죽은
승려의 예를 따라 화장하게 했다.

③선사는 저녁이 되자 법당에 올라 앞서 있었던 인연을 들며
이야기했다.

그러자 황벽이 물었다.

"옛사람은 그릇되게 일전어를 해서 오백 생 동안 여우의 몸에
떨어졌습니다. 한마디 한마디 그릇되지 않게 답했다면 무엇이 되었
겠습니까?"

선사가 대답했다.

"가까이 다가오너라. 그대에게 말해 주겠다."

황벽이 이에 가까이 다가가서 선사를 한 대 때렸다.

선사가 손뼉을 치고 웃으며 말했다.

"달마[27]의 수염이 붉다고 생각했는데 붉은 수염의 달마가 또 있
었구나."

(百丈和尙凡參次, 有一老人常隨衆聽法. 衆人退老人亦退, 忽

---

26   열반당涅槃堂. 늙고 병든 스님들이 거주하며 요양하는 집. 연수당延壽堂이라고도 한다.
27   호胡. 호인胡人. 중국에서 오랑캐를 이르던 말. 진秦·한漢 시기에는 흉노를, 당唐 시기에는
      서역의 여러 민족을 일컬었다. 원문의 "赤鬚胡"는 붉은 수염을 한 오랑캐라는 뜻으로, 여기
      서는 달마達磨를 가리킨다. 달마, 곧 보리달마Bodhidharma는 선종의 초조로 520년쯤 중국
      에 들어와 528년에 입적했다.

一日不退. 師遂問, "面前立者復是何人?"老人云, "諾, 某甲非人也. 於過去迦葉佛時, 曾住此山. 因學人問, '大修行底人還落因果也無?'某甲對云, '不落因果'. 五百生墮野狐身. 今請和尚代一轉語, 貴脫野狐!"遂問, "大修行底人還落因果也無?"師云, "不昧因果". 老人於言下大悟, 作禮云, "某甲已脫野狐身, 住在山後. 敢告和尚, 乞依亡僧事例". 師令維那白槌告衆, 食後送亡僧. 大衆言議, "一衆皆安, 涅槃堂又無人病. 何故如是?"食後只見師領衆, 至山後巖下, 以杖挑出一死野狐, 乃依火葬. 師至晚上堂, 擧前因緣. 黃蘗便問, "古人錯祇對一轉語, 墮五百生野狐身. 轉轉不錯, 合作箇甚麼?"師云, "近前來! 與伊道". 黃蘗遂近前, 與師一掌. 師拍手笑云, "將謂胡鬚赤, 更有赤鬚胡".)

[평창]

'불락인과'라 했을 때 왜 여우의 몸에 떨어졌는가? '불매인과'라 했을 때 왜 여우의 몸에서 벗어났는가? 만일 여기에서 일척안一隻眼을 얻는다면, 이전 백장이 풍류의 오백 생을 누렸다는 것을 알게 되리라.

(不落因果, 爲甚墮野狐? 不昧因果, 爲甚脫野狐? 若向者裏著得一隻眼, 便知得前百丈贏得風流五百生.)

[송]

불락과 불매,

한 번 던지기에 두 눈금이네.

불매라 하거나 불락이라 한다면,

천 번 그릇되고 만 번 그릇되다네.

(不落不昧　兩采一賽

　不昧不落　千錯萬錯)

이 공안은 세 부분으로 나눌 수 있다. 첫째 부분은 노인이 백장과 대화하는 부분이고, 둘째 부분은 노인의 부탁대로, 백장이 여우의 몸으로 죽어 있는 노인의 주검을 발견하여 화장을 하는 부분이다. 셋째 부분은 황벽이 백장에게 질문하고 백장은 대답하는 부분이다.

먼저 첫째 부분부터 분석해 보자. 노인이 백장산에서 주석하고 있을 때 한 학인이 "수행이 깊은 사람도 역시 인과에 떨어집니까?" 하고 묻자 노인은 "인과에 떨어지지 않는다"고 대답했다. "수행이 깊은 사람은 인과에 떨어지지 않는다"라는 대답이 학인을, 그리고 이 공안을 읽는 우리를 과연 깨달음으로 이끌 수 있을까? 대답을 듣고자 하는 학인에게나 이 공안을 읽는 우리에게나 "인과에 떨어지지 않는다"라는 말은 예상되는 상식적인 대답이기에 아무런 의정을 일으키지 않는다. 우리는 보통 수행이 깊은 사람은 해탈한 사람이고 따라서 윤회전생에서 벗어난 사람이라고 생각하기 때문이다.

그러므로 이 공안은 이어지는 말과 관련해서 "인과에 떨어지지 않는다"라는 말을 이해해야 한다. "인과에 떨어지지 않는다"不落因

果라는 대답을 한 탓에 노인은 여우의 몸으로 오백 생을 살게 되었다. 윤회전생하게 된 것이다. 즉, 인과에 떨어지게 된 것이다. 따라서 노인의 "인과에 떨어지지 않는다"라는 말은 그릇된 일전어이다. 자신이 여우의 몸에 떨어졌으니 질문한 학인을 깨달음으로 인도하지 못한 것은 두말할 나위가 없겠다. 노인은 인과에 떨어지지 않는다고 대답했다가 인과에 떨어졌다.

노인 곧 이전 백장은 백장의 법문을 들어 왔고, 백장과 대면할 기회가 생기자 한 학인과 있었던 이런 사연을 말하고, 여우의 몸에서 벗어나기 위해 백장에게 일전어를 부탁한다. "일전어"→轉語란 문답을 나누는 상대편을 단번에 확 깨달음으로 전환하게 해 주는 말이다. 노인은 학인이 자신에게 질문했던 것과 똑같이 "수행이 깊은 사람도 역시 인과에 떨어집니까?" 하고 백장에게 묻는다. 백장이 "인과에 어둡지 않다(불매인과不昧因果)"라고 대답하자 그 즉시 노인은 대오하게 된다. "인과에 어둡지 않다"라는 백장의 말은 "인과에 밝다"는 뜻이다. 그런데 왜 "인과에 밝다"고 하지 않고 "인과에 어둡지 않다"고 말했을까? 인과에 어둡다는 것은 "인과에 떨어지지 않는다"라는 한 극단이나 "인과에 떨어진다"라는 다른 한 극단에 사로잡혀 있다는 의미이다. 인과에 어둡지 않기에 백장은 그런 양 극단에서 벗어나 있다. 노인은 백장의 이 말을 듣고 자신이 한 극단에 사로잡혀 대답했기에 오백 생 동안 여우의 몸에 떨어져 있었던 것임을 알게 되었다. "인과에 떨어지지 않는다"는 양 극단 중 한 극단을 잡고 있기에 그릇된 대답이었던 것이다.

다음은 두 번째 부분. 여우는 노인의 모습을 하고 나타나 백장 앞에서 질문했다. 노인은 백장의 "인과에 어둡지 않다"라는 말을 듣는 순간 대오하며 사라지고 여우로 남게 되는데, 이 여우는 죽은 여우이다. 대오하는 순간은 윤회전생하는 여우의 몸에서 벗어나는 순간이고, 여우의 몸을 받은 노인이 죽는 순간이다. 이 두 번째 부분에서 주목해야 할 것은 백장의 대답을 듣고 대오한 후 "죽은 승려의 예를 따라 화장해 달라"는 노인의 말, 그리고 백장이 주장자로 죽은 여우를 끌어내 죽은 승려의 예를 따라 화장을 한 행동이다. 이 노인의 말과 백장의 행동으로 인해, 백장 앞에서 질문을 한 노인은 윤회하는 생의 여우이지만, 백장이 죽어 있는 여우를 승려의 예를 따라 장례를 치른 후의 노인은 윤회하는 여우의 생을 마감한, 여우의 생과 사를 초월한 경지에 놓이게 된다. 여기서 백장의 주장자는 백장의 말 "인과에 어둡지 않다"와 같은 기능을 하고 있다.

　　다음은 세 번째 부분. 황벽은 "옛사람은 그릇되게 일전어를 해서 (…) 여우의 몸에 떨어졌습니다. 만약 한마디 한마디 그릇되지 않게 답했다면 무엇이 되었겠습니까?" 하고 스승 백장에게 질문한다. 황벽은 백장을 시험하고 있다. 노인은 백장의 말을 듣자마자 대오하고 산 뒤편에 묻힌 죽은 여우로 남게 되었다. 그런데 만약 노인이 "수행이 깊은 사람도 역시 인과에 떨어집니까?" 하는 학인의 질문을 받고, 자신이 백장의 "인과에 어둡지 않다"라는 말을 듣고 깨달은 것처럼 학인한테 그렇게 대답했다면 무엇이 되었겠는가 하는 질문이다. 즉, "인과에 떨어지지 않는다고 말했다가 여우의 몸에 떨어졌는데, 만약 인과에 어둡지 않다고 대답했다면 무엇이 되었겠는가?" 하는 질문인 것이다.

"인과에 어둡지 않다"는 "인과에 떨어지지 않는다"라는 한 극단과 "인과에 떨어진다"라는 다른 한 극단을 벗어나는 것이기에, 노인이 "인과에 떨어지지 않는다"고 대답했다가 여우가 되듯 다른 무엇이 되는 것이 아니다. 백장이 노인의 질문에 "인과에 어둡지 않다"고 대답했을 때 백장은 다른 무엇이 되지 않았다. 노인한테 질문을 받기 전이나 질문을 받고 대답한 후나 지금 황벽의 질문을 받을 때나 그대로 백장이다. 이 질문에는 아무런 대답도 할 수 없다. "인과에 어둡지 않다"라는 말을 통하여 말과 생각이 끊어진 공성空性의 장으로 들어가는 것이기 때문이다.

그런데 아무런 대답도 할 수 없는 질문을 황벽이 던지자 백장은 "가까이 다가오너라. 그대에게 말해 주겠다"고 응답한다. 그러나 백장의 이 말은 그 자체가 공허한(빈) 말이다. 백장 역시 황벽의 질문 또한 "아무런 대답도 할 수 없는 자리"를 표명하고 있다는 걸 잘 알고 있다. 황벽이 다가와 백장의 뺨을 때렸을 때 백장이 황벽이야말로 달마 대사와 다를 바 없구나 하는 걸 보면 백장은 황벽의 의도를 충분히 간파하고 있었음을 알 수 있다. 황벽 역시 백장의 말이 공허한 말이라는 걸 알고 백장의 뺨을 때린다. 황벽이 백장의 뺨을 때리는 사건은 자신의 공허한 질문도, 백장의 공허한 대답도 모두 공성의 장으로 되돌리기 위한 방편이다.

여기서 우리는 제자가 감히 스승의 뺨을 때리다니 하며 뺨을 때리고 뺨을 맞는 사태에 집착하기 쉽다. 그러나 제자가 스승의 뺨을 실제로 때렸느냐, 그렇지 않았느냐는 중요하지 않다. 만약 그런 식으로 집착한다면, 제자는 제자의 자성[28]으로, 스승은 스승의 자성으로 남아 있게 될 것이다. 백장의 마지막 말은 이 모든 법거량의 과정이 공성의 장으로 회귀한다는 걸 보여 주고 있다. 뺨을 때리고 뺨을 맞는 사건은 때리고 맞는 주체와 객체가 무화되는 자리이다.

[평창]

'불락인과'라 했을 때 왜 여우의 몸에 떨어졌는가? '불매인과'라 했을 때 왜 여우의 몸에서 벗어났는가? 만일 여기에서 일척안을 얻는다면, 이전 백장이 풍류의 오백 생을 누렸다는 것을 알게 되리라.

"일척안"은 글자 그대로는 한쪽이 먼 눈 곧 애꾸눈을 뜻하지만, 여기서는 두 쪽의 눈 중 한쪽이 멀고 한쪽이 멀지 않은, 혹은 어느 한쪽으로 그 기능이 기울어진 육안을 벗어난 눈, 곧 심안心眼, 깨달음의 눈을 뜻한다.

범부의 두 눈으로 본다면 "인과에 떨어지지 않는다"라는 뜻의 불락인과와, "인과에 어둡지 않다"라는 뜻의 불매인과는 양 극단이다. 불락인과와 불매인과는 사구死句로서 서로 대립하고 배척한다.

---

28 자성自性; svabhāva. 이 "자성"은 선불교의 자성이 아니라 중관불교의 자성이다. 자성의 반대어는 "타성"他性; parabhāva이다. 자성은 자기의 동일성, 타성은 타자의 동일성으로 번역될 수 있다. 선불교의 자성은 유식불교의 원성실자성(원성실성) 곧 진여에 해당한다.

그러나 성자의 일척안으로 보면 불락인과와 불매인과는 각각 활구
活句로서 동일하다. 그렇기 때문에 노인은 여우의 몸으로 오백 생을
살아왔다고 했지만, 이는 무문이 말하는 대로 풍류의 오백 생을 살
아온 것과 다름없다. "풍류의 오백 생을 얻다"는 제1칙 「조주구자」
의 평창에 나오는 "대자재를 얻다", "삼매를 노닐다"라는 뜻을 담고
있다.

　　그렇다면 어떻게 사구이던 불락인과와 불매인과가 활구가 되
는가? 노인이 한 학인으로부터 수행이 깊은 사람도 인과에 떨어지
는가 하는 질문을 받았을 때 "인과에 떨어지지 않는다"고 대답했다
가 즉시 여우의 몸을 받는 인과에 떨어졌다. 수행자의 몸이 여우의
몸으로 바뀐 것이다. "인과에 떨어지지 않는다"라는 말은 "인과에 떨
어지지 않음"이라는 사태를 지칭하지 않게 되어, 빈말을 지시하는
활구活句가 되었다. 노인이 학인처럼 백장에게 "수행이 깊은 사람도
역시 인과에 떨어집니까?" 하고 질문했을 때 백장은 "인과에 어둡
지 않다"고 대답했다. 백장은 자신 같으면 "인과에 떨어지지 않는다"
고 대답하지 않는다는 것을 이렇게 표현했다. 하지만 "인과에 떨어
진다", "인과에 떨어지지 않는다" 하고 대답하지 않고 "인과에 어둡
지 않다"고 말하여 적극적으로 무언가를 단정하지 않았다. 무언가
를 단정하여 지칭하지 않았기에 백장의 이 말 역시 빈말을 지시하
는 활구가 되었다. 그러므로 노인은 여우의 몸으로 오백 생을 살아
왔지만, 백장을 말을 듣는 순간 백장의 "인과에 어둡지 않다"와 자신
의 "인과에 떨어지지 않는다"에서 활구를 얻은 노인은 이제 풍류의

오백 생을 살아온 셈이 된다.

"수행이 깊은 사람도 역시 인과에 떨어집니까?" 하는 물음에 이전 백장은 "인과에 떨어지지 않는다"고 대답했다가 인과에 떨어졌다. "인과에 떨어진다"고 대답했다면 어떻게 됐을까? 역시 인과에 떨어졌을 것이다. "인과에 떨어짐"이라는 또 다른 한 극단을 잡고 있기 때문이다. 인과에 떨어지지 않는다고 말해도, 인과에 떨어진다고 말해도 인과에 떨어진다. 그렇다면 인과에 떨어짐을 지시한다는 점에서 "인과에 떨어지지 않는다"와 "인과에 떨어진다"는 같은 말이 된다. 그러면서 모두 "인과에 떨어짐"이라는 빈말을 지시하는 활구가 된다.

백장의 "불매인과" 곧 "인과에 어둡지 않다"라는 말을 듣고 이전 백장은 바로 깨달음을 얻는다. 인과에서 벗어나게 된다. "불매인과"란 "인과에 어둡지 않다", "인과를 명료하게 안다"라는 뜻이다. 거듭 말하지만, "불매인과"라는 말은 "인과에 떨어지지 않음"과 "인과에 떨어짐"이라는 양 극단에 걸려 있지 않다는 점이 중요하다. 따라서 불매인과 역시 빈말을 지시하는 활구이다. 이제 불락인과와 불매인과는 같은 말이 된다. 불락인과와 불매인과는 무문이 아래 송에서 읊고 있는 양채일새兩采一賽 곧 한 주사위의 양면 눈금이다.

[송]

불락과 불매,

한 번 던지기에 두 눈금이네.

불매라 하거나 불락이라 한다면,

천 번 그릇되고 만 번 그릇되다네.

　"일새"一賽는 "한 주사위"를 뜻하기도 하고 "한 번 주사위를 던지기"를 뜻하기도 한다. "양채"兩采는 주사위 양면의 눈금이다. 그래서 "양채일새"란 한 주사위의 양면을 뜻한다. 동전의 양면과 같은 뜻이라 볼 수 있다. 불락(인과에 떨어지지 않음)과 불매(인과에 어둡지 않음)는 한 주사위의 양면에 새겨진 눈금과 같은 것이다. 그렇다면 한 주사위는 무엇일까? 역시 불락과 불매이다. 정확히 말하면, 불락이나 불매라는 말을 통해 들어가게 되는 공성이다. 공성으로 들어갈 때 곧 주사위를 던질 때 불락이든 불매든 활구가 되지만, 공성에서 나올 때 즉 주사위가 바닥에 떨어졌을 때 불락과 불매는 가설假設; prajñapti인 사구가 된다. 그런데 만약 불락과 불매가 한 주사위의 양면, 혹은 한 주사위 던지기에 나타나는 양면이라는 것을 모르고 이 둘을 분리해서 본다면 "천 번이고 만 번이고 그릇되다"고 무문은 읊고 있다.

제3칙 구지수지俱胝豎指

: 한 손가락을 세우다

[본칙]

구지[29] 화상은 질문을 받을 때마다 단지 한 손가락을 들 뿐이었다.

후에 한 동자가 곁에 있었는데, 바깥의 사람들이 "화상은 어떤 법요를 설하는가?" 하고 물으면, 동자도 또한 손가락을 세웠다.

구지가 이 말을 듣고는 마침내 칼로 그 손가락을 잘라 버렸다. 동자가 너무나 아파 큰 소리로 울며 나가려 하는데, 구지가 다시 동자를 불렀다. 동자가 머리를 돌려 뒤돌아보자 바로 구지가 손가락을 세웠다. 동자는 홀연히 깨달았다.

구지는 죽음에 임박해 대중들에게 말했다.

"나는 천룡의 한 손가락 선을 얻어 일생 동안 누려 왔지만 다 누릴 수 없었다."

---

29   금화구지金華俱胝. 생몰 연대는 밝혀져 있지 않다. 마조도일의 4대 법손.

말을 마치자 세상을 떠났다.

(俱胝和尙凡有詰問, 唯擧一指. 後有童子, 因外人問, "和尙說
何法要?"童子亦豎指頭. 胝聞, 遂以刃斷其指. 童子負痛號哭而去,
胝復召之. 童子迴首, 胝卻豎起指. 童子忽然領悟. 胝將順世, 謂衆
曰, "吾得天龍一指頭禪, 一生受用不盡". 言訖, 示滅.)

[평창]

구지와 동자가 깨달은 곳은 손가락에 있는 것이 아니다. 만일
이 점을 볼 수 있다면, 천룡과 구지와 동자와 자기가 한 꼬챙이에 꿰
이게 될 것이다.

(俱胝幷童子悟處不在指頭上. 若向者裏見得, 天龍同俱胝幷
童子與自己一串穿卻.)

[송]

구지는 천룡 노장을 바보로 여기고
예리한 칼로 단번에 내걸어 동자를 시험했네.
거령[30]이 손을 들어 올려 별일 아니라는 듯
천만 겹의 화산華山을 나누어 버렸듯이.

---

30 거령巨靈. 거령신. 중국의 천지창조 신화에 나오는 신. 옛날 황하의 물길이 동명산東溟山에
   막혀 물줄기가 흐르지 못하자 거령이 동명산에 올라가 손으로 밀어내어 산을 두 동강이 냄
   으로써 하나는 화산華山, 하나는 수양산首陽山으로 쪼개졌다고 한다. 안재철·수암, 『무문
   관』, 운주사, 2014, 68쪽; 석지현 역주·해설, 앞의 책, 44쪽.

(俱胝鈍置老天龍　利刃單提勘小童

巨靈擡手無多子　分破華山千萬重)

　　이 공안을 풀려면 구지가 "한 손가락一指을 들었다(또는 세웠
다)"라는 말을 주의 깊게 살펴보아야 한다. 한 손가락을 들었다는 말
을 들을 때 우리는 보통 검지 하나를 세운 모습을 떠올린다. 그러나
이 공안의 작자는 한 손가락을 들었다고 했을 뿐 어느 손가락을 어
떻게 들었는지 말을 하지 않았다. 한 손가락을 들었다 해도, 엄지를
들었을 수도, 검지를 들었을 수도, 중지를 들었을 수도, 약지를 들었
을 수도, 계지(새끼손가락)를 들었을 수도 있다. 각각 손가락을 든 의
미가 다르다.

　　가령 엄지를 들었을 때는 칭찬을, 중지를 들었을 때는 욕을, 약
지를 들었을 때는 반지를, 계지를 들었을 때는 약속을 의미할 수 있
다. 특히 검지를 들었을 때는 우리 앞의 무언가를 가리키고 우리의
시선은 다른 손가락을 들었을 때와는 달리 손가락 쪽이 아니라 검
지가 가리키는 쪽을 향한다. 그리고 손가락을 어떻게 드느냐에 따
라서도 손가락을 든 의미가 다르다. 가령 엄지를 위로 추켜세웠을
때는 칭찬이지만, 아래로 내리눌렀을 때는 살해를 의미할 수 있다.
공안의 작자가 어느 손가락을 어떻게 들었는지 말하지 않고 오직
한 손가락을 들었을 뿐이라고 말했기에, 우리는 이 모든 "손가락을
듦"이라는 의미가 삭제되었다는 것을 알게 되고, 오직 한 손가락의
"하나"에 주의를 보내게 된다. 그렇다면 이 공안은 "손가락을 듦"의

모든 의미가 삭제되었으니 이제 이 "하나"에 주목하라고 지시하는 걸까? 하나는 철학의 언어로 말하면 "일자"이다.[31]

『벽암록』(제19칙)과 『종용록』(제84칙)의 이 공안은 여기까지로 되어 있기에, 『무문관』을 읽을 때도 이 공안은 모든 것이 삭제되어 일자로 귀결하라는 메시지를 던지고 있는 것처럼 보인다. 그런데 『무문관』의 이 공안은 이어서 동자 이야기가 나온다. 동자는 절 바깥의 사람들에게서 "구지는 어떤 법문을 설하는가?" 하는 질문을 받았을 때 구지를 따라 손가락을 세웠다(여기서는 한 손가락을 세웠다 하지 않고, 손가락을 세웠다고 했다. 이 공안의 향방이 일자에 있지 않다는 것을 여기서 미리 감지할 수 있다). 동자는 사람들이 구지가 어떤 법문을 설하느냐고 묻기에, 자기가 보던 대로 구지가 손가락을 드는 모습을 따라했을 뿐이다. 구지가 손가락을 드는 것이 무엇을 의미하는지 아직은 모르지만——뒤에 손가락이 잘렸을 때 깨달았

---

31 "일자"에 대해서는 대니얼 W. 스미스, 박인성 옮김, 「시론2: 일의성 — 일의성 이론: 들뢰즈의 내재 존재론」, 『질 들뢰즈의 철학』, 그린비, 93~104쪽을 볼 것. 특히 101쪽. "유출적 인과성에서, 일자One은 존재Being의 '근본적 원인'이지만, 원인(일자)은 자신의 결과(존재) 너머에 머물러 있다. 일자는 존재를 산출하기 위해서 그 자신으로부터 나오지 않는다. 왜냐하면 만약 그 자신으로부터 나온다면 일자는 둘이 되고 말기 때문이다. 이것이 플로티노스의 선물 개념의 의미이다. 즉, 존재는 일자의 선물 혹은 선사이지만, 일자는 반드시 존재 너머에 머물러 있다. 일자는 '존재하지 않는다'. 존재론적으로, 우주는 이런 방식으로 위계적으로 만들어져 있다. 존재자들은 초월적인 최초의 원리인 일자와 얼마나 떨어져 있느냐, 혹은 얼마나 가까우냐에 따라서 더 혹은 덜 실재를 가진다('존재의 광대한 연쇄'). 도덕적으로, 일자는, 존재 그 자체보다 더 높은 권위가 있기 때문에, 존재가 판단되는 것을 허용한다('판단의 체계'). 따라서 일자는 원인의 탁월성을 유지하기 위해 요구되는 부정 신학 또는 유비의 방법과 분리될 수 없다."

다 했기 때문이다——구지가 한 대로 손가락을 세웠을 뿐이다. 동자
는 정직하다. 그러나 이 정직함 탓에 동자는 손가락이 잘렸다. 구지
는 동자의 손가락을 왜 잘랐을까? 네가 감히 내 법문을 따라할 만큼
내가 손가락을 든 의미를 아느냐?, 내가 이 한 손가락을 듦의 의미를
어떤 수모를 겪고 얻은 것인지 모르느냐? 등이 이유가 될 수도 있겠
다. 하지만 구지의 진짜 의중을 파악하려면, 이 화두의 기원으로 거
슬러 올라가, 손가락을 듦의 화두를 어떻게 얻었는지 알아낼 필요가
있다. 다음은 『전등록』에 실린 내용이다. 이 내용은 특히 무문이 평
창에서 "천룡과 구지와 동자와 자기가 한 줄에 꿰이게 된다"고 말한
것을 이해하기 위해서도 읽을 필요가 있다.

> 처음에는 암자에 살았는데, 실제實際라 부르는 비구니가 삿갓
> 을 쓰고 주장자를 들고 와서 대사를 세 번 돌고 난 뒤에 말했다.
> "바로 말하면 삿갓을 벗으리라."
> 이렇게 세 번 물었으나 대사가 모두 대답하지 않으니, 비구니
> 가 그대로 떠났다. 이때에 대사가 말했다.
> "해가 이미 저물었으니 하룻밤 묵어가라."
> "바로 말하면 자고 가겠소."
> 대사가 또 대답이 없으니, 비구니가 떠났다. 대사가 탄식하였다.
> "나는 비록 대장부의 형체를 갖추었으나 대장부의 기개가 없다."
> 그러고는 암자를 버리고 여러 지역으로 참문參問을 떠나려 하
> 니, 그날 밤에 산신이 나타나서 말했다.

"이 산을 떠나지 마시오. 오래지 않아 큰 보살이 와서 화상께 설법을 해 주실 것이오."

과연 열흘 뒤에 천룡天龍 화상이 암자에 오니, 대사가 나가 맞이하고서 앞의 일을 자세히 이야기하였다. 그러자 천룡이 한 손가락을 세워서 보였는데, 이에 대사가 곧바로 크게 깨달았다. 이로부터 배우는 스님이 오면 대사는 오직 손가락 하나만을 세울 뿐 따로 법을 제창하는 일이 없었다.

동자 하나를 데리고 있었는데, 밖에 나갔다가 남들이 "화상께서는 어떻게 법의 요체를 말씀하시던가?"라는 힐문을 받고, 동자가 손가락을 세우고는, 돌아와서 있었던 일을 대사에게 말하니, 대사가 칼로 그의 손가락을 끊었다. 동자가 펄펄 뛰면서 달아나는 것을 대사가 한마디 부르자, 동자가 머리를 돌렸다.

대사가 손가락을 세우니, 동자가 활연히 깨달았다.

대사가 세상을 떠나려 할 때에 대중에게 말했다.

"내가 천룡의 한 손가락 선禪을 얻고서 일생 동안 썼어도 다하지 않았다."

말을 마치고 열반에 들었다.[32]

동자가 구지를 따라서 손가락을 드는 순간, 구지의 손가락은 원본(모본)이 되고 즉 원본으로 나타나고(현상하고), 동자의 손가락은

---

32 김월운 옮김, 『전등록 1』, 동국역경원, 2008, 758~759쪽.

복제본(사본)이 된다. 동자가 손가락을 들기 전에는 구지의 손가락
은 원본이 아니었다. 이제 원본과 복제본의 위계가 성립한다. 구지
와 동자 사이에 부정적 차별이 성립한다. 구지는 동자의 손가락을
잘라 버림으로써, 복제본도 원본도 없는 원래의 모습으로 돌아가게
한다. 손가락을 듦은 앞에서 본 대로 어느 손가락을 어떤 식으로 듦
이 아니기에(손가락을 들면 그것은 곧 특정 손가락을 어떤 방식으로
드는 건데도), "손가락을 듦"은 "손가락을 들지 않음"과 같다. 구지는
원본과 복제본의 위계적 차별을 삭제함으로써 "손가락을 듦"은 물
론 "한 손가락을 듦"을 삭제하고 원래의 공성으로 돌아가게 한 것
이다.[33]

[평창]

구지와 동자가 깨달은 곳은 손가락에 있는 것이 아니다. 만일
이 점을 볼 수 있다면, 천룡과 구지와 동자와 자기가 한 꼬챙이에 꿰
이게 될 것이다.

구지는 천룡의 손가락을 보고, 동자는 구지의 손가락을 보고 깨
달았다. 그러나 그들이 깨달은 곳은 손가락에 있는 것이 아니다. 천
룡과 구지가 손가락을 들었을 때 어떤 손가락도 어떤 식으로 든 것

---

[33] 원본과 복제본의 관계에 대해서는 대니얼 W. 스미스, 「시론 1: 플라톤주의 — 시뮬라크르
개념: 들뢰즈와 플라톤주의의 전복」, 『들뢰즈의 철학』, 47~66쪽을 볼 것.

이 아니기 때문이다. 그러므로 천룡과 구지가 "손가락을 듦"은 "손가락을 들지 않음"과 같다. 손가락을 듦은 손가락 중 하나, 즉 엄지, 검지, 중지, 약지, 계지 중 한 손가락을 위나 아래로 또는 앞이나 뒤로 들었을 때 손가락을 든 것이다. 이렇게 되면 천룡과 구지, 구지와 동자 사이에 위계적 차별이 생기게 된다. 그러나 "손가락을 듦"이 "손가락을 들지 않음"과 같기에, 천룡과 구지와 동자, 그리고 천룡과 구지가 깨달은 곳이 손가락에 있지 않음을 본 사람은 한 줄에 꿰이게 된다. 평등하게 된다. 모든 사람이 "손가락을 듦"이 "손가락을 들지 않음"과 같은 곳에 있기 때문이다. 여기서 원문의 "자기"란 천룡과 구지가 깨달은 곳이 손가락에 있지 않음을 본 사람이다. 이 사람은 이 공안을 읽은 우리들일 수 있다.

[송]

구지는 천룡 노장을 바보로 여기고
예리한 칼로 단번에 내걸어 동자를 시험했네.
거령이 손을 들어 올려 별일 아니라는 듯
천만 겹의 화산을 나누어 버렸듯이.

구지는 천룡이 한 손가락을 듦을 보고 깨달았다. 그런데 무문은 왜 구지가 천룡을 바보로 보았다고 하는가? 동자가 천룡처럼 손가락을 들었는데도 그 손가락을 단번에 칼로 잘라 버렸기 때문이다. 그리하여 구지의 "손가락을 듦"은 동자가 자신의 손가락을 듦을 모방하여 손가락을 듦과 같이 천룡의 "손가락을 듦"을 모방한 것이 아님을 표방하게 된다.

구지가 동자의 손가락을 벤 행동은 거령이 수월하게 천만 겹의 화산을 나누어 버리는 것과 같은 거대한 사건이다. 모든 것을 단번에 휩쓸어 안고 공성으로 돌아가게 하기 때문이다.

제4칙 호자무수胡子無鬚

: 달마에게는 왜 수염이 없는가?

[본칙]

혹암³⁴이 말했다.

"서천의 달마³⁵에게는 어찌하여 수염이 없는가?"

(或庵曰, "西天胡子, 因甚無鬚?")

[평창]

참구할 때는 반드시 진실을 참구해야 하고, 깨달을 때는 반드시 진실을 깨달아야 한다.³⁶ 이 이방인을 반드시 한 번 직접 보아야 한

---

34 혹암사체或庵師體(1108~1179). 원오극근의 법을 이은 호국경원護國景元의 제자. 송대 임제종 선승.

35 원문의 "西天胡子"의 "서천"西天은 인도이다. 따라서 "서천호자"는 인도에서 온 이방인이라는 뜻으로, 달마를 가리킨다.

36 원문의 "參須實參, 悟須實悟"는 보통 "참구할 때는 반드시 진실하게 참구해야 하고, 깨달을 때는 반드시 진실하게 깨달아야 한다"로 번역되지만, 여기서는 다음에 나오는 문장의 의미들과 연계하기 위해 "실"實을 "진실"tattva의 준말로 보고, "참구할 때는 반드시 진실을 참구

다. [그러나] 직접 본다고 말하면, 벌써 둘이 되어 버린다.

(參須實參, 悟須實悟. 者箇胡子直須親見一回始得. 說親見,
早成兩箇.)

[송]

어리석은 자의 면전에서

꿈 이야기를 하면 안 될지니.

"달마에게 수염이 없다"란

맑은 깨달음에 어리석음을 더하는 것이네.

(癡人面前　不可說夢

　胡子無鬚　惺惺添懵)

이 공안은 제1칙 「조주구자」와 유사하다. 제1칙을 다시 적어 보
겠다.

조주 화상에게 한 스님이 물었다.

"개에게도 불성이 있습니까?"

조주가 대답했다.

"무!"

해야 하고, 깨달을 때는 반드시 진실을 깨달아야 한다"로 번역했다.

조주의 대답 "무"는 혹암의 질문 "서천의 달마에게는 어찌하여 수염이 없는가?"이다. 혹암의 이 화두를 듣는 사람들은 제1칙 「조주구자」처럼 "있는데 왜 없다고 할까?"라는 의정이 일어나기 때문이다. 제1칙에서는 "개에게도 불성이 있는데 왜 없다고 할까?"라는 의정이, 이 제4칙에서는 "달마에게 수염이 있는데 왜 없다고 할까?"라는 의정이 일어나지만, 개의 불성과 달마의 수염이라는 차이는 이 공안들을 해결해 나가는 데 중요한 것이 아니다.

혹암의 "서천의 달마에게는 어찌하여 수염이 없는가?"로 인해 의정이 일어나는 사람은 이 공안을 읽는 우리처럼 달마에게 수염이 있다고 들어 알고 있고, 또 그림으로 본 적도 있는 사람이다. 이러한 사실이 전제되어 있지 않으면 이 공안은 성립하지 않는다. 그렇기에 이러한 사실을 알고 있으면서 이 공안을 읽는 사람은 "있는데 왜 없다고 할까?"라는 의정이 일어날 수밖에 없다. 이렇게 알고 있는 유有로 향해 있지만 새롭게 들은 무無로 인해 유有라는 단정은 흔들리기 시작한다. 무엇이 이 유有라는 단정을 흔들어 놓는 것일까? 무엇이 유와 무를 흔들어 놓는 것일까? "서천의 달마에게 어찌하여 수염이 없는가?"라는 혹암의 말일까? 그렇겠지만 혹암의 말은 단지 방아쇠일 뿐이다. 혹암의 말을 듣기 전에 쉼 없이 활동해 오는 무가 없다면 의정이 일어나는 사람은 처음에는 유에 더 경도되어 있지만 나중에는 무에 더 경도되어 있는 식으로, 아니면 유와 무 사이에서 어느 한쪽으로도 경도되지 않은 채 머뭇거리는 식으로 유와 무 사이에서 흔들리지 않을 것이다. 무는 이처럼 유와 무에 각각 일정한 강도를 부여하면서 유와 무를 휘젓고 다닌다.

이러한 무는 우리가 『반야심경』 같은 경전에서 읽은 바 있는 바로 그 "공"空이다. 이 무는 무문이 제1칙 「조주구자」 평창에서 말했듯 유와 무의 무가 아니다. 오히려 무는 유와 무를 해체해 들어가는 공이다. 이 무는 이렇게 유와 무를 흔들면서 해체해 들어가지만 궁극의 무엇을 찾아 들어가는 무가 아니다. 우리가 만약 무를 그렇게 이해한다면 우리는 무를 다시 유와 무 같은 존재자로 만드는 것이다. 이 무는 국집된 유와 무에 기반한 모든 것을 흔들어 놓기 때문에, 모든 것이 유와 무처럼 상대적 대립이 없이 동시에 평등하게 공존하도록 하는 무이기도 하다.

모든 것을 흔들어 놓는 무는 이 무를 화두로 잡아 마음을 닦아 갈 때 우리에게 선禪의 힘을 주면서 번뇌들을 삭여 놓게 한다. 언젠가 잡은 "무"라는 화두가 터질 때, 화두를 해결한 나는 내가 모든 것 중의 하나로서 다른 모든 것과 더불어 평등하게 존재한다는 것을 깨닫게 된다. 또, 이렇게 모든 것 중의 하나로서 존재하는 나는 각자에게 유일한 나이다. 이 유일한 나는 그 누구에게도 개념화될 수 없다. 개념화되는 자리는 평등과 불평등의 대립을 조장할 뿐이기에, 개념화 이전에 평등하게 모든 것이 공재하는 자리와 함께할 수 없는 것이다.

[평창]

참구할 때는 반드시 진실을 참구해야 하고, 깨달을 때는 반드시 진실을 깨달아야 한다. 이 이방인을 반드시 한 번 직접 보아야 한다. [그러나] 직접 본다고 말하면, 벌써 둘이 되어 버린다.

"진실眞實; tattva을 참구한다", "진실을 깨닫는다"라는 말은 다음 문장의 "달마를 직접 한 번 본다"와 같은 말이다. "달마를 직접 한 번 본다(친견일회親見一回)"라는 것은 달마의 얼굴을 직접 만나서 본다는 뜻일까? 아니다. 그렇다면 달마를 대상화하는 것이 된다. "달마를 직접(친親) 한 번(일회一回) 만난다"라는 것은 달마가 깨달음을 얻듯이 화두를 참구하는 내가 깨달음을 직접 한 번 얻는 일을 가리킨다. 그러나 "직접 본다"고 말하면, 내가 달마의 얼굴을 직접 만나서 보듯이 내가 "직접 봄"을 반성하는 것이 되기 때문에, 다시 말해 "직접 봄"이 내 반성의 대상이 되기 때문에, 반성하는 순간 직접 봄은 사라져 버리고 만다. 그래서 무문은 직접 한 번 보아야 한다고 말해 놓고 바로 이어서 "직접 본다고 말하면 둘이 되어 버린다"고 말한 것이다. 여기서 둘은 반성하는 나와 반성되는 대상이다. 깨달음의 경지인 진여는 반성하는 나와 반성되는 대상에 결코 정착하는 법이 없다.

[송]

어리석은 자의 면전에서
꿈 이야기를 하면 안 될지니.
"달마에게 수염이 없다"란

맑은 깨달음에 어리석음을 더하는 것이네.

"달마에게 수염이 없다"라는 말을 들으면 "있는데 왜 없다고 하는가?" 하는 의정이 일어나게 된다. 이 잘 일어난 물음을 두고 만약 "있다"고 국집한다면 이 물음은 힘을 잃는다. 우리가 얻어야 할 힘은 이 "있음"을 의정을 통해 해체할 수 있는 힘이다. 그런 점에서 일어난 물음을 잘 간직하고 계속 물어 가면서 힘을 얻어 간다는 것은 깨달음을 얻기 위해 매우 중요한 일이다. 만약 "없다"고 하면 이미 알고 있던 유에 매이게 되거나 아니면 이 유에 상대되는 무로 향하기에, 무문은 흑암의 "없다"라는 말이 오히려 어리석은 범부로 하여금 맑은 깨달음[성성惺惺]에 어리석음을 더하게 한다고 읊고 있다.

아직 깨달음을 얻지 못한 범부에게 이 깨달음은 꿈이다. 유와 무가 모두 스러져 가게 하는 꿈이다. 꿈에서 깨어났을 때 범부는 유다, 무다 하며 국집하기 때문이다.

제5칙 향엄상수香嚴上樹

: 입에 나무의 가지를 물고 매달리다

[본칙]

향엄[37] 화상이 말했다.

"가령 어떤 사람이 나무에 올라 입으로 나무의 가지를 물고는 손으로 나무의 가지를 붙잡지 않고 발로는 나무를 딛고 있지 않을 때, 나무 아래에서 한 사람이 '무엇이 조사가 서쪽에서 온 뜻인가?' 하고 물을 경우, 만약 대답하지 않는다면 그 사람의 물음을 피하는 것이 될 것이요, 대답한다면 (나무에서 떨어져) 목숨을 잃게 될 것이다. 바로 이와 같을 때 어떻게 대답해야 하겠는가?"

(香嚴和尙云, "如人上樹, 啣樹枝, 手不攀枝, 脚不踏樹, 樹下有人問'西來意', 不對卽違他所問, 若對又喪身失命. 正恁麼時, 作麼生對?")

---

37   향엄지한香嚴智閑(?~898). 백장회해의 법을 이은 위산영우潙山靈祐(771~853)의 제자.

설령 폭포수 같은 웅변이 있다 하더라도 전혀 쓸모를 이루지 못할 것이다. 대장경[38]을 설할 수 있다 하더라도 또한 아무 쓸모를 이루지 못할 것이다. 만일 여기에서 대답할 수 있다면, 지금까지 죽음의 길이었던 것을 살리고, 지금까지 삶의 길이었던 것을 죽이게 될 것이다. 혹 그렇지 못하다면, 그대로 미래를 기다려 미륵[39]에게 물어보라.

(縱有懸河之辨, 總用不著. 說得一大藏敎, 亦用不著. 若向者裏對得著, 活卻從前死路頭, 死卻從前活路頭. 其或未然, 直待當來, 問彌勒!)

[송]

향엄의 말은 참으로 두찬杜撰 같고
악독하기가 한이 없구나.
납승[40]의 입을 벙어리의 입으로 만들어 버리니

---

38 일대장교一大藏敎. 경經, 율律, 논論 세 장藏을 가리킨다.

39 미륵彌勒. "maitreya"의 음역. 의역은 "자씨"慈氏. 미륵은 현재 도솔천에서 천인들을 교화하는 보살이지만, 석가모니불 입멸 후 56억 7,000만 년이 지나 인간 세상에 내려와 용화수龍華樹 아래에서 성불하여, 석가모니불이 제도하지 못한 모든 중생을 제도한다고 한다. 의역 "자씨"慈氏에 사랑 "자"慈가 들어가는 이유는 "maitreya"의 어원 "maitri"가 "loving-kindness"라는 뜻을 담고 있기 때문이다.

40 납승衲僧. 납자衲子. 납의衲衣를 입은 승려라는 뜻으로, 선승을 가리키는 말. 납의는 누더기 옷을 말한다.

온몸에 귀안鬼眼이 솟아나는구나.

(香嚴眞杜撰　惡毒無盡限

啞卻衲僧口　通身迸鬼眼)

　　이 공안을 읽는 이들은 향엄이 말하는, 나무에 올라 이 나무의 가지 하나를 입에 물고 공중에 매달린 어떤 이의 모습을 어렵지 않게 상상할 수 있을 것이다. 이렇게 나무의 가지 하나를 입으로 물고 매달려 있는 사람은 나무 아래에서 어떤 사람이 "무엇이 조사가 서쪽에서 온 뜻인가?" 하고 물을 때 아무 대답도 할 수 없다. 나무의 가지를 입에 물고 있는 사람에게 닥칠 수 있는 상황을, 향엄은 친절하게도 대답하는 경우와 대답하지 못하는 경우, 이렇게 양변兩邊에 걸어 놓고 어느 경우로도 해결될 수 없음을 보여 준다. 그렇다면 향엄의 이 공안에는 이미 답이 들어 있는 셈이다. "무엇이 조사가 서쪽에서 온 뜻인가?"라는 물음에는 아무런 답이 없다는 것이다. 향엄이 설정한 대로 대답하려고 입을 열면 떨어져 죽고, 대답을 하지 않는다면 묻는 자의 물음을 피해 가는 것이 되기 때문이다.

　　"무엇이 조사가 서쪽에서 온 뜻인가?"라는 질문에 대한 선사들의 답을 직접 들어 보면 이 공안을 해결하는 열쇠를 더 얻을 수 있을 것이다. "무엇이 조사가 서쪽에서 온 뜻인가?"라는 질문에 선사들이 대답하는 공안은 매우 많은데, 우리가 지금 읽고 있는 이 『무문관』에도 한 편이 나와 있다.

조주에게 한 스님이 물었다.

"무엇이 조사가 서쪽에서 온 뜻입니까?"

조주가 대답했다.

"뜰 앞의 잣나무!"

(趙州, 因僧問, "如何是祖師西來意?" 州云, "庭前柏樹子!")

―― 제37칙「정전백수」

"무엇이 조사가 서쪽에서 온 뜻입니까?"라는 스님의 질문에 대한 조주의 대답은 그 유명한 "뜰 앞의 잣나무"이다. 우리는 여기서 입에 나무의 가지를 물고 매달린 사람을 보는 스님을 조주의 "뜰 앞의 잣나무"를 들은 스님으로 생각해 볼 수 있다. 나중에 제37칙 공안을 해독하며 더 자세히 보겠지만, "뜰 앞의 잣나무"는 질문하는 스님과 조주의 눈앞에 보이는 뜰 앞의 잣나무를 지칭하지 않는다. 스님은 조주의 "뜰 앞의 잣나무"라는 대답을 들었지만, 눈앞에 있는 뜰 앞의 잣나무로 나아갈 수 없는 상황에 처하게 된다. 그렇다고 해서 뜰 앞의 잣나무를 벗어날 수 있는 상황도 아니다. 이는 마치 입에 나무의 가지를 물고 매달린 사람이 입을 열 수도 닫을 수도 없는 상황에 처한 것과 같다. 『선문염송설화』禪門拈頌說話 남전 편에는 다음과 같은 공안이 있다.

남전에게 육긍 대부가 물었다.

"옛 사람이 병 속에다 거위 한 마리를 길렀는데, 거위가 점점

자라서 병에서 나올 수 없게 되었습니다. 지금 병을 깨뜨릴 수
도 없고, 거위를 죽일 수도 없으니, 어찌해야 거위를 꺼내겠습
니까?"

선사가 불렀다.

"대부!"

대부가 응답하자, 선사가 말했다.

"나왔다."[41]

(南泉因陸亘大夫問云, "古人瓶中養一鵝, 鵝漸長大, 出瓶不
得. 如今不得毀瓶, 不得損鵝 作麼生出得?" 師召曰, "大夫!"
大夫應諾, 師曰, "出也".)[42]

입에 나무의 가지를 물고 매달려 있는 사람이 "무엇이 조사가
서쪽에서 온 뜻인가?"라는 질문에 답해야 하는 상황은 병 속에 있는
거위를 병을 깨지 않고 꺼내야 하는 남전 선사의 상황과 같다. 남전
이 "대부" 하고 부르자 대부는 "예" 하고 응답했다. 남전이 이어 바로
"나왔다"라고 말했을 때 남전은 대부가 낸 문제를 해결해서 제시한
것처럼 보인다. 그러나 그렇지 않다. 문제를 제기한 대부가 잠시 자
신이 낸 문제 상황에서 벗어났을 뿐 거위는 병 속에서 아직 자라고
있기 때문이다. 이 공안은 문제와 해답은 다른 수준에 있음을 보여

41   혜심·각운, 김월운 옮김, 『선문염송·염송설화 3』, 동국역경원, 2005, 115~116쪽.

42   『한국불교전서』 제5책, 230쪽 하단. 이 공안은 박인성, 『화두』, 65~67쪽에 분석되어 있다.

주는 것이지, 문제가 궁극적으로 해결되었다는 것을 보여 주는 것은 아니다. 그렇듯 향엄이 낸 문제는 궁극적으로 해결되지 않는다.[43]

향엄이 낸 문제 속의 "나무의 가지를 입에 물고 있는 사람"은 말을 할 수도 없고 말을 안 할 수도 없다. 입을 열 수도 닫을 수도 없다. 열음과 닫음이 불가능하다. 열면 말이요 닫으면 침묵이다. 이렇게 향엄은 우리를 말도 아니고 침묵도 아닌 자리에 들어가게 한다. 이 자리에서 말함과 말하지 않음, 입을 열음과 입을 닫음은 팽팽하게 맞서 있다. 말함이 말하지 않음으로, 말하지 않음이 말함으로 환원되지 않는다. 서로 반대되는 것이 팽팽하게 맞설 뿐 서로 배제하거나 배척하지 않는다.

[평창]

설령 폭포수 같은 웅변이 있다 하더라도 전혀 쓸모를 이루지

---

43 문제의 해결 불가능성에 대해서는 대니얼 W. 스미스 「시론 17: 알랭 바디우—수학과 다양체 이론: 들뢰즈와 바디우 재고」, 『들뢰즈의 철학』, 727~730쪽을 볼 것. 또는 존 로페, 박인성 옮김, 『질 들뢰즈의 저작 I: 1953~1969』, 도서출판b, 2023, 304~306쪽을 볼 것. 특히 305쪽. "이 모든 것은 무엇을 의미하는가? 이성의 이념들과 지평 간의 유비를 다시 생각해 보자. 이 창문 바깥으로, 건너편 다 타 버린 집으로, 이어서 갈라진 참나무로, 이어서 하늘과 땅이 만나는 선으로 내다볼 때마다 유의미한 전체가 생산된다. 하지만 대신에 만약 내가 일어나서 부엌 창문 바깥을 내다본다면, 동일한 일이 다시 일어나게 되어 있다. 내가 세계를 볼 때마다 지평은 내가 나의 지각 장을 통일하도록 허용한다. 이 별개의 모든 사물들을 '해결하기' 위하여, 나는 한 전체a whole를 들여다볼 수 있다. 하지만 지평 그 자체는 결코 소진되는 법이 없다. 이 점을 다른 방식으로 말할 수 있다. 즉, 내가 창문 바깥을 내다볼 때마다 지평이라는 '문제'는 개별적 사물들의 개별적인 조직화에 의해 해결되지만, 내가 한 번 더 볼 때까지 오직 순간적으로만 '해결될' 뿐이다."

못할 것이다. 대장경을 설할 수 있다 하더라도 또한 아무 쓸모를 이루지 못할 것이다. 만일 여기에서 대답할 수 있다면, 지금까지 죽음의 길이었던 것을 살리고, 지금까지 삶의 길이었던 것을 죽이게 될 것이다. 혹 그렇지 못하다면, 그대로 미래를 기다려 미륵에게 물어보라.

깨달은 자가 깨달음에 대해, 정연한 이치를 갖춘 언어(教敎)로 우리에게 말해 준다 해도 우리가 그러한 언어를 통해 깨달을 수 있는 것이 아니다. 우리를 깨달음으로 인도하기 위해 폭포수 같은 웅변으로 붓다의 가르침을 설한다 해도, 또 붓다의 가르침을 모두 담고 있는 대장경을 설한다 해도, 그것은 教敎이다. 그래서 무문은 이 공안을 읽어 깨달음을 얻는 데에는 아무 쓸모가 없다고 말하고 있다. 그러나 이 공안을 해독할 수 있다면, 종전의 사로死路를 살리고 종전의 활로活路를 죽인다고 말한다. 여기서 사로와 활로는 사死와 활活이 구분되어 있는 길이다. 그러나 깨달음의 길은 사로와 활로 어느 한쪽을 향해 가지 않는다. 그 두 길을 넘어서 있다. 미륵이 출세할 때까지 기다릴 수도 없거니와 미륵이 출세하여 이 공안에 대한 답을 준들 이 공안의 문제를 풀 수 있을까? 이 공안의 문제는 궁극적으로 아무런 답이 없기 때문이다. 답이 있다면 그것은 일시적 해결일 뿐이다.

[송]

향엄의 말은 참으로 두찬 같고
악독하기가 한이 없구나.
납승의 입을 벙어리의 입으로 만들어 버리니
온몸에 귀안이 솟아나는구나.

첫째 구 "향엄의 말은 참으로 두찬 같고"에서 "두찬"杜撰은 "격식에 맞지 않게 제멋대로 말하거나 행동함"을 뜻한다. 두찬이 이런 뜻을 갖게 된 것은 송宋의 두묵杜黙이라는 이가 운율의 격식을 지키지 않고 시를 지은 데에서 비롯했다고 한다.[44] 향엄의 말씀은 격외格外의 말씀이다. 격식을 굳건하게 지키고자 하는 사람에게 부단히 격외로 확산해 가는 문제를 제시하는 사람의 말은 두찬 같을 수밖에 없다. 이어서 무문은 둘째 구에서 "악독하기가 한이 없구나" 하고 읊는다. 무문은 왜 이렇게 읊는가? 향엄이 제시한 문제는 궁극적으로 해결될 수 없는 것이기 때문이다. 해결된다 하더라도, 일시적으로 해결될 뿐이기 때문이다.

셋째 구 "납승의 입을 벙어리의 입으로 만들어 버리니"에서 납승은 향엄의 말씀을 듣고 있는 스님이다. 스님은 향엄이 제시한 문제를 풀어야 하지만 말할 수 있는 입이 있어도 아무 해답을 내놓을

---

44 무문해개, 김태완 역주, 『무문관: 달을 보면 손가락을 잊어라』, 침묵의 향기, 2015, 57쪽 각주 113; 정성본 역주, 『무문관』, 78~79쪽.

수 없기에 말을 할 수 없다. 입이 있어도 말을 할 수 없는 벙어리와 같다. 그러나 이렇게 아무 말도 할 수 없는 처지에 있기에 스님은 온 몸에 "귀안"이 솟아나게 된다. 귀안鬼眼은 은밀한 것을 꿰뚫어 알 수 있는 귀신의 눈을 뜻한다.[45] 혹은, 정법을 볼 수 있는 안목으로, 정문안頂門眼, 일척안一隻眼을 뜻한다.[46] 무문은 아무 말도 할 수 없는 그 곳에서 전적으로 깨달음을 얻게 된다는 것을, 넷째 구에서 이렇게 "온몸에 귀안이 솟아나는구나"로 읊고 있다.

---

45   김태완 역주, 위의 책, 57쪽 각주 115. 김태완은 "귀안"의 세 가지 뜻을 열거하고, 이 송의 "귀
      안"을 세 번째 뜻 귀안정鬼眼睛 혹은 사안死眼과 같은 말로 본다. 그에 따르면, 귀안정 혹은
      사안은 귀신의 눈 또는 죽은 사람의 눈이란 뜻으로, 그릇된 안목 즉 잘못된 견해를 가리킨
      다. 그러나 필자는 그 가운데 첫 번째 뜻을 택했다.

46   정성본 역주, 『무문관』, 79쪽.

제6칙 세존염화世尊拈花

: 꽃을 들어 보이다

[본칙]

①세존[47]께서 옛날 영산[48] 회상會上에서 꽃을 들어 대중들에게 보이셨다. 그때 대중들은 모두 잠잠히 말이 없었지만 오직 가섭[49] 존자만이 얼굴을 활짝 펴고 빙긋이 웃었다.

②세존께서 말씀하셨다.

---

47   세존世尊. "bhagavat"의 의역. 음역은 "바가범"婆伽梵. 부처님의 열 가지 호칭[10호十號] 중 하나. 세상 모든 이의 존중을 받으므로 "세존"世尊이라 한다. 부처님의 10호는 여래如來, 응공應供, 정변지正遍知, 명행족明行足, 선서善逝, 세간해世間解, 무상사無上士, 조어장부調御丈夫, 천인사天人師, 불세존佛世尊이다.

48   영산靈山. 영취산靈鷲山의 준말. "gṛdhrakūṭa"의 의역. 음역은 "기사굴산"耆闍崛山. 고대 인도 마가다국(Magadha國)의 수도 라자그리하Rājagṛha(왕사성王舍城) 부근에 있는 산으로, 세존께서 대중들 앞에서 꽃을 들어 가섭에게 진리를 전한 곳이다. 이 산의 봉우리는 정상에 있는 검은 바위가 마치 독수리가 날개를 접고 앉아 있는 것처럼 보이기 때문에 "독수리산(영취산靈鷲山)"이라는 이름이 붙었다.

49   가섭迦葉. Kāśyapa. 마하가섭(대가섭)Mahākāśyapa. 석존釋尊의 10대 제자 중 으뜸이 되는 인물. 원래 바라문이었으나 석존의 가르침을 듣고 석존에게 귀의했다. 석존 입멸 후 아난阿難, 우바리優波離 등 500명의 아라한과 함께 경經과 율律을 결집했다. 선가에서는 가섭을 석존의 정법안장正法眼藏을 부촉받은 제1조祖로서 받들고 있다.

"나에게 정법안장, 열반묘심, 실상무상이라는 미묘한 법문法門이 있다. 불립문자, 교외별전으로 이를 마하가섭에게 부촉하노라."

(世尊昔在靈山會上, 拈花, 示衆. 是時衆皆默然, 惟迦葉尊者破顏微笑. 世尊云, "吾有正法眼藏·涅槃妙心·實相無相微妙法門. 不立文字·敎外別傳, 付囑摩訶迦葉.")

[평창]

①황면의 구담[50]은 곁에 아무도 없다는 듯 제멋대로 양민을 억눌러 천민으로 삼고 양의 머리를 내걸고 개고기를 팔고 있구나. 무언가 특출한 것이 있다고 생각했었는데! ②그런데 만약 당시에 대중들이 모두 웃었다면 정법안장이 어떻게 전수되었겠는가? 만일 가섭이 웃지 않았다면 정법안장이 또 어떻게 전수되었겠는가? ③만일 정법안장이 전수되었다고 말한다면, 황면의 노인은 여염집 사람들을 속인 것이다. 만일 전수되지 않았다고 말한다면, 왜 가섭만을 인정했는가?

(黃面瞿曇, 傍若無人, 壓良爲賤, 懸羊頭賣狗肉. 將謂多少奇特! 只如當時大衆都笑, 正法眼藏作麼生傳? 設使迦葉不笑, 正法眼藏又作麼生傳? 若道正法眼藏有傳授, 黃面老子誑謼閭閻? 若道

---

50 구담瞿曇. 황면구담黃面瞿曇은 곧 석가모니불(석존釋尊)을 가리킨다. "구담"瞿曇은 석존의 성姓인 "gotama"의 음역. 석존의 얼굴이 황금빛을 띤다고 여겨 석존을 "황면의 구담"이라 부른 게 아닌가 싶다. 아니면, 석존의 탄생지인 카필라바스투kapilavastu가 황적색의 성城이므로, 석존을 "황면의 구담"이라고 부른 것일까?

無傳授, 爲甚麽獨許迦葉?)

[송]

꽃을 들어 올리자
꼬리가 이미 드러났도다.
가섭은 빙긋이 웃었으나
인간과 천신은 어찌할 줄 몰랐네.
(拈起花來　尾巴已露
迦葉破顔　人天罔措)

이 공안은 두 부분으로 나눌 수 있다. 첫째 부분은 세존이 대중들에게 꽃을 들어 보이고 가섭이 빙긋이 웃은 일을 묘사하고 있고, 둘째 부분은 세존이 자신의 정법안장을 가섭에게 부촉한다는 세존의 말씀으로 되어 있다. 사실 이 공안은 둘째 부분이 생략되어도 성립할 수 있다. 왜냐하면 세존이 꽃을 듦에 호응하여 가섭이 웃음을 지었기 때문이다. 평창을 해독할 때 보겠지만, 무문은 세존과 가섭의 이러한 호응을 "만약 당시에 대중들이 모두 웃었다면 정법안장이 어떻게 전수되었겠는가? 만일 가섭이 웃지 않았다면 정법안장이 또 어떻게 전수되었겠는가?"라는 문구로 보여 주고 있다. 그런데 이러한 호응은 세존이 대중을 깨달음으로 이끌기 위해 법문을 펴는 대중 집회에서 일어나는 것이므로, 이 호응의 성격을 무문은 분명히 말할 필요가 있었다.

둘째 부분에서 세존은 "나에게 정법안장, 열반묘심, 실상무상이라는 미묘한 법문이 있다"고 말하고 이 정법안장 등을 불립문자不立文字, 교외별전敎外別傳으로 가섭에게 부촉한다고 말한다. 정법안장正法眼藏, 열반묘심涅槃妙心, 실상무상實相無相은 깨달음의 경지를 지시하는 동의어들이다. 정법안장은 정법을 보는 안목이 함장含藏되어 있음을 뜻한다. 열반묘심은 번뇌가 없는 경지의 오묘한 마음을 뜻한다. 실상무상은 변계소집遍計所執의 상이 없는, 진실의 상을 뜻한다. 둘째 부분에서 공안의 작자가 제시하고 싶어하는 것은 자내증自內證한 이 정법안장을 어떻게 가섭에게 전수할 수 있느냐 하는 것이다. 즉, 세존 자신에게 있는 정법안장을 어떻게 가섭에게 전달해 가섭이 또 다른 이들에게 전달할 수 있느냐 하는 것이다. 세존 자신이 얻은, 자신에게 있는 정법안장을 가섭에게 전달하고자 할 때 정법안장은 이미 정법안장이 아니기 때문이다. 그러므로 불립문자, 교외별전이라는 용어가 중요해진다.

세존이 가섭에게 자신의 정법안장을 부촉한다 했을 때, 사실 이는 자신의 정법안장을 전달하는 일을 말하는 것이 아니라, 자신이 정법안장을 얻었듯 가섭도 가섭대로 정법안장을 얻은 일을 말하는 것이다. 세존과 가섭 둘 사이의 호응은 말이 매개되어 있지 않은, "꽃을 듦"과 "빙긋이 웃음"일 뿐이다. 세존의 "꽃을 듦"과 가섭의 "빙긋이 웃음"이 곧 불립문자, 교외별전이다. 그러므로 "꽃을 듦"을 꽃을 듦으로, "빙긋이 웃음"을 빙긋이 웃음으로 보고 둘 사이의 관계를 찾는다면 세존과 가섭 둘 모두의 정법안장에서 멀어진다. "꽃을 듦"

은 꽃을 듦이 아니고, "빙긋이 웃음"은 빙긋이 웃음이 아니기 때문이다. 세존의 정법안장은 "꽃을 듦"으로 나타나고, 가섭의 정법안장은 "빙긋이 웃음"으로 나타나지만, 정법안장은 세존의 "꽃을 듦"도 아니고 가섭의 "빙긋이 웃음"도 아니다.

[평창]

①황면의 구담은 곁에 아무도 없다는 듯 제멋대로 양민을 억눌러 천민으로 삼고 양의 머리를 내걸고 개고기를 팔고 있구나. 무언가 특출한 것이 있다고 생각했었는데! ②그런데 만약 당시에 대중들이 모두 웃었다면 정법안장이 어떻게 전수되었겠는가? 만일 가섭이 웃지 않았다면 정법안장이 또 어떻게 전수되었겠는가? ③만일 정법안장이 전수되었다고 말한다면, 황면의 노인은 여염집 사람들을 속인 것이다. 만일 전수되지 않았다고 말한다면, 왜 가섭만을 인정했는가?

이 평창은 세 부분으로 나누어 해석할 수 있다. ①에서 무문은 붓다가 꽃을 들어 보인 행동을 "곁에 아무도 없다는 듯 제멋대로 양민을 억눌러 천민으로 삼고 양의 머리를 내걸고 개고기를 팔고 있구나" 하고 표현한다. 붓다의 행동에 아무런 호응도 하지 않고 묵묵히 있던 대중을 낮추어 보고, "꽃을 들어 보임"이라는 양의 머리를 내걸었지만 그것이 실은 개고기를 파는 행동에 불과하다고 빈정대고 있다. 꽃을 들어 보였을 때는 무언가 특출한 것이 있다고 생각했는데 이처럼 특별한 게 아니라는 것이다. 무문은 붓다의 "꽃을 들어 보임"을 보고 "저게 뭐 특별한 것이냐?" 하고 생각하는 대중들 입장에서 이런 말을 하고 있다.

그러나 이 말 이후 ②에서 그런 대중을 달래듯, 세존처럼 대중을 깨달음으로 이끌기 위해 말을 확 전환하고 있다. 대중은 잠자코 있었고, 오직 가섭만이 빙긋이 웃었기에, 가섭의 이 웃음이야말로 붓다의 "꽃을 들어 보임"이라는 정법안장에 호응하는 행동이라는 점을, 무문은 "만약 당시에 대중들이 모두 웃었다면 정법안장이 어떻게 전수되었겠는가? 만일 가섭이 웃지 않았다면 정법안장이 또 어떻게 전수되었겠는가?"라는 말로 보여 주고 있다. 붓다의 정법안장은 가섭이 웃음으로 호응했기에 가섭에게 전달되었다.

그러나 무문은 여기서 그치지 않고 ③으로 나아간다. 붓다는 "나에게 정법안장이 있다"고 했으므로, 자신에게 있는 정법안장을 어떻게 가섭에게 전수할 것인가 하는 문제가 생긴다. 만약 붓다 자신에게 있는 정법안장을 가섭에게 전수했다고 한다면, 이는 자내증自內證한 정법안장이 자신을 떠나 남에게 전달되는 것이므로, 이미 정법안장이 아니다. 그런 점에서 붓다는 세상 사람들을 속인 셈이 된다. 그러나 붓다는 가섭만을 인정하고 그에게 정법안장을 부촉한다고 했으므로 정법안장을 가섭에게 전수한 것이다. 붓다가 꽃을 들어 보였을 때 오직 가섭만이 빙긋이 웃어 호응했기 때문이다. 이러한 호응은 붓다의 정법안장이 그대로 가섭에게 전달되어 이루어진 것이 아니라, "꽃을 들어 보임"이라는 붓다의 정법안장에 "빙긋이 웃음"이라는 가섭의 정법안장이 응하여 이루어진 것이다.

[송]

꽃을 들어 올리자
꼬리가 이미 드러났도다.
가섭은 빙긋이 웃었으나
인간과 천신은 어찌할 줄 몰랐네.

이 송에서 우리가 집중하게 되는 단어는 단연 "꼬리"이다. 꼬리는 정법안장, 열반묘심, 실상무상이라는 미묘한 법문이다. 줄여서, 꼬리는 정법안장이다. 어떻게 꼬리가 정법안장이 되는가? 이 점을 파악하려면 우리는 제38칙「우과창령」을 미리 엿보아야 한다.

오조가 말했다.
"예를 들어 물소가 격자창을 통과하는 것과 같다. 머리도 뿔도 네 발굽도 모두 통과하는데, 왜 꼬리는 통과할 수 없는가?"
(五祖曰, "譬如水牯牛過窓櫺. 頭角四蹄都過了, 因甚麽尾巴過不得?")

머리가 격자창을 통과한다면 꼬리는 당연히 통과해야 한다. 꼬리는 머리보다 작기 때문이다. 큰 것은 작은 것을 포섭한다. 그런데 오조는 꼬리는 통과할 수 없다고 말한다. 왜 그런가? 작은 것이 큰 것을 포섭하기 때문이다. 즉, 꼬리가 머리 등을 포섭하기 때문이다. 더 나아가, 꼬리는 그 어떤 것에도 포섭되지 않고, 그 어떤 것도 포섭하지 않기 때문이다. 꼬리는 조주의 "무"다!

제7칙 조주세발趙州洗鉢

: 발우를 씻어라!

[본칙]

조주에게 한 스님이 물었다.

"저는 이제 막 총림[51]에 들어왔습니다. 부디 선사께서 가르침을 주십시오."

조주가 물었다.

"죽을 먹었는가?"

스님이 대답했다.

"죽을 먹었습니다."

조주가 물었다.

"발우를 씻었는가?"

이에 스님이 깨달았다.

---

51 총림叢林. "vindhyavaṇa"의 의역. 승려들이 함께 거주하며 수행하는 장소. 이 장소를 나무가 우거진 숲에 비유해 "총림"이라고 부른 것이다.

(趙州, 因僧問, "某甲乍入叢林. 乞師指示". 州云, "喫粥了也
未?" 僧云, "喫粥了也". 州云, "洗缽盂去!" 其僧有省.)

조주는 입을 열어 쓸개를 내보이고 심장도 간장도 훤히 드러냈
다. [그런데도] 이 스님은 있는 그대로 들어 받아들이지 못하고 종을
항아리라고 불렀다.

(趙州開口見膽, 露出心肝. 者僧聽事不眞, 喚鐘作甕.)

[송]

너무나도 분명하기 때문에

도리어 얻는 바가 늦도다.

등불이 곧 불이라는 것을 일찍 알아차렸다면

이미 한참 전에 밥이 다 되었을 텐데.

(只爲分明極　翻令所得遲

　早知燈是火　飯熟已多時)

이제 막 수행처인 절에 들어온 스님이 조주에게 찾아와 깨달음
을 얻기 위한 가르침을 달라고 청한다. 조주는 스님에게 "죽을 먹었
는가?" 하고 묻는다. 이 공안은 여기에서 끝날 수 있다. 왜냐하면 스
님이 절실히 가르침을 청했고 조주가 이에 분명하게 응답했기 때문
이다. 눈이 밝은 이라면 조주의 이 말에 즉각 깨달아야 한다. 그러면

이 공안에서도 다음 공안(제8칙)에서처럼 무문은 "눈은 유성과 같고, 기機는 번개와 같다"를 평창이나 송에 담았을 것이다.

절에서는 아침에 죽을 먹는다. 그러니 조주의 "죽을 먹었는가?" 하는 말을 우리는 세간 사람들이 "아침을 했는가?"라는 의례적으로 하는 말로 받아들일 수 있다. 죽을 먹는 일은 절에서 역시 의례적으로 매일같이 행하는 일상사이기에 스님은 "죽을 먹었습니다"라고 대답했다. 조주는 스님이 깨달음을 얻기 위해 가르침을 청하기에 "죽을 먹었는가?" 하고 물은 것인데, 즉 "죽을 먹었는가?"는 깨달음을 얻기 위한 가르침인데, 그러나 스님은 자신이 조주한테 가르침을 청했다는 사실을 잊고 "죽을 먹었습니다" 하고 의례적으로 대답했다. "죽을 먹다"는 그토록 평상시에 자주 반복되는 일이기 때문에 그렇게 대답했을 것이다. 만약 스님이 죽을 먹지 않아 "죽을 먹지 않았습니다" 하고 대답해도 역시 의례적으로 대답한 셈이다. 조주는 절에서 평상시에 일어나는 일의 말을 써서 스님을 깨달음으로 인도하고자 한 것인데, 스님은 이 점을 간취하지 못하고 "죽을 먹었습니다"라고 대답한 것이다. 조주의 "죽을 먹었는가?"와 스님의 "죽을 먹었습니다" 모두 절에서 일상적으로 일어나는 일을 두고 한 말이지만, 두 말의 성격은 아주 다르다. 스님은 아침에 죽을 먹은 일이 너무나도 자주 일어나는 일이기에 평상시의 일에 매여 있지만 조주는 평상시의 일을 넘어서고 있다.

그래서 조주는 스님이 아직 자신의 말의 진의를 간취하지 못하기에, "죽을 먹었는가?"의 진의를 보여 주기 위해, 다시 "발우를 씻어라!" 하고 말한다. "발우를 씻어라!" 역시 "죽을 먹었는가?"와 마찬가지로 절에서 일상적으로 일어나는 일을 두고 한 말이지만, 일상적인 일을 넘어서는 말이다. 이에 스님이 만약 "죽을 먹었습니다"라고 했듯이, "그러겠습니다"라고 대답했다면, 가르침을 청해 훌륭한 응답을 들었는데도 이에 부응하지 못한 것이다. 그러나 스님은 조주의 "발우를 씻어라!"라는 말을 듣고 깨달음을 얻은 것으로 되어 있다. "발우를 씻어라!"라는 조주의 말을 듣고 깨달음을 얻은 스님은 이 말이 죽을 먹고 나서 발우를 씻는다는 사태를 넘어서는, 또는 선행하는 "발우를 씻음"이라는 사건을 드러낸 말임을 깨달은 것이다.

"죽을 먹었는가?"에 "죽을 [이미] 먹었다", "[아직] 먹지 않았다"라는 대답은 사구死句, "죽을 먹었는가?"는 이러한 긍정과 부정을 넘어서 있는 활구活句이다. 조주의 말들은 절에서 일어나는 일상사를 두고 물은 말이지만, 일상사를 지칭하면서 동시에 이러한 일상사를 초월하는 의미의 활구이자 무-의미의 활구이다. 조주는 마조馬祖의 평상심 곧 평상시의 마음이 이러한 평상시의 일을 지칭하면서 동시에 초월하는 마음임을 잘 알고 있었던, 깊은 깨달음을 얻은 자이기에 평상심으로 스님을 깨달음으로 인도할 수 있었다.

[평창]

조주는 입을 열어 쓸개를 내보이고 심장도 간장도 훤히 드러냈다. [그런데도] 이 스님은 있는 그대로 들어 받아들이지 못하고 종을 항아리라고 불렀다.

"조주는 입을 열어 쓸개를 내보이고 심장도 간장도 훤히 드러냈다"는 "가르침을 주십시오" 하는 스님의 청에 조주가 응답한 "죽을 먹었는가?"를 두고 하는 말이다. 그렇기에 이 공안은 조주의 이 물음에서 끝날 수 있다. 그러나 조주의 이 물음을 듣고 스님은 "죽을 먹었습니다" 하고 대답했다. 조주의 "죽을 먹었는가?" 하는 말이 진실眞實을 내보인 말임을 몰랐던 것이다. 무문은 스님의 이 말을 "이 스님은 있는 그대로 들어 받아들이지 못하고 종을 항아리라고 불렀다"고 평했다. 항아리의 모양은 종을 거꾸로 세운 모양이다. 조주의 "죽을 먹었는가?" 하는 활구를 스님이 "죽을 먹었습니다"라는 사구로 뒤바꾼 모습을 무문이 이렇게 평한 것이다.

[송]

너무나도 분명하기 때문에
도리어 얻는 바가 늦도다.
등불이 곧 불이라는 것을 일찍 알아차렸다면
이미 한참 전에 밥이 다 되었을 텐데.

"죽을 먹었는가?"는 "죽을 먹다"와 "죽을 먹지 않다"를 넘어서는 너무나 분명한 초월성을 내보인 말이기에, 가르침을 청한 스님으로서는, 혹은 이 공안을 읽은 우리들로서는 이 말이 깨달음으로 인도하는 말이라는 것을 알기에는, 얻기에는 늦는다고 무문은 앞 두 구에서 읊고 있다.

셋째 구 "등불이 곧 불이라는 것을 일찍 알아차렸다면(조지등시화부知燈是火)"은 다음과 같은 중국의 고사를 따와 읊은 것이다. "한 농부의 아내가 저녁이 되어 밥을 지으려고 부엌에 들어가 보니 불씨가 꺼져 있었다. 그녀는 등불을 밝혀 들고 멀리 떨어진 이웃집까지 가서 불씨를 빌려 왔다. 그 광경을 지켜본 어린 딸아이가 의아한 표정을 지으며 물었다. '어머니, 등불을 가지고 불을 붙이면 되는데, 뭐 하러 그 멀리까지 갔다 오세요?' 농부의 아내는 속으로 탄식했다. '아뿔싸! 등불도 불임을 더 일찍 알았더라면.'"[52] "죽을 먹었는가?" 하는 조주의 말을 들었을 때 스님은 이 말이 밥을 짓기 위해 지필 불이었음을 모르고, 조주의 다음 말 "발우를 씻었는가?"를 듣고 뒤늦게 깨달았다. "죽을 먹었는가?" 하는 말을 듣자마자 깨달아야 했지만, 이 말이 너무나 분명히 깨달음을 내보이는 말이기에 오히려 스님은 곧바로 알아들을 수 없었다.

---

52   김태완 역주, 앞의 책, 70쪽 각주 154.

제8칙 해중조차奚仲造車

: 수레의 굴대를 떼어 내다

[본칙]

월암53 화상이 한 스님에게 물었다.

"해중은 수레 일백 대를 만들었는데 양쪽 바퀴를 들어내고 굴대를 떼어 냈다. 이는 어떤 일을 밝히고 있는가?"

(月庵和尙問僧, "奚仲造車一百輻, 拈卻兩頭去卻軸. 明甚麼邊事?")

[평창]

만일 곧바로 밝힐 수 있다면, 눈은 유성과 같고 기機는 번개와 같다.

(若也直下明得, 眼似流星, 機如掣電.)

---

53   월암선과月庵善果(1079~1152). 임제종 양기파 오조법연五祖法演(?~1104)의 법손.

기機의 바퀴가 굴러가는 곳은

통달한 자도 알지 못하니

사유[54], 상하,

남북, 동서이네.

(機輪轉處　達者猶迷

四維上下　南北東西)

　이 공안의 문제는 겹으로 되어 있다. 최초에 해중이 낸 문제가
있고, 문제를 받아 월암이 한 스님에게 낸 문제가 있다. 해중이 낸 문
제와 월암이 낸 문제는 같은 문제이다. 이 공안이 이렇게 겹으로 문
제를 내는 형식을 취하는 이유는 월암이 해중이 낸 문제를 푼 사람
이기에 "어떤 일을 밝히고 있는가?" 하며 해중이 낸 문제를 다시 낼
능력이 있는 사람이라는 것을 보여 주기 위해서이다. 혹은, 자신이
밝힌 문제를 다시 밝히기 위해서이다. 해중이 낸 문제와 월암 자신
이 낸 문제 사이에는 아무런 틈이 없다. 그러니 월암은 참문하러 온
스님이나 이 공안을 읽는 우리도 아무런 틈 없이 이 공안을 풀어 보
라는 메시지를 전달하고 있다. 그러므로 이 공안에서 우리는 무문
의 평창과 송에서 언급하는 눈[안眼]과 기機 개념을 다루지 않을 수
없다.

54　사유四維. 서북, 서남, 동북, 동남의 네 방위를 이르는 말.

해중奚仲은 중국에서 최초로 수레를 발명한 사람이라고도 하고, 또는 최초로 우마가 수레를 끌게 한 사람이라고도 한다. 아무튼 해중은 수레를 만드는 명인이었다.[55] 해중은 수레를 만들고 나서 양쪽 바퀴와 굴대를 제거했던 모양이다(월암의 설정일 수도 있다). 애당초 수레를 만들 때 양쪽 바퀴를 꿰는 굴대가 없는 수레를 만들면 되지, 왜 굳이 수레를 만들고 나서 양쪽 바퀴와 굴대를 제거했는가? 바퀴와 굴대가 있는 수레는 나아가는 방향이 정해져 있다. 앞이나 뒤로만 움직일 수 있다. 양쪽 바퀴를 제어하는 굴대가 있기 때문에, 정면으로 나아갈 때는 말할 나위도 없고, 오른쪽이나 왼쪽으로 갈 때도 오른쪽이나 왼쪽으로 틀고 나서 앞이나 뒤로 나아가야 한다. 그러므로 양쪽 바퀴와 굴대를 제거한 수레는 굴대가 있는 수레처럼 앞이나 뒤로 나아갈 수 없을 뿐 아니라, 당최 어느 쪽으로도 움직일 수 없다. 나아가는 기능이 없으니 수레라고 부를 수도 없다. 수레라고 부르고자 한다면 망가진 수레라고 불러야 한다. 과연 망가진 수레도 수레일까? 해중은 양쪽 바퀴와 굴대를 제거한 수레로 무엇을 보여 주고자 한 것일까?

수레의 본질은 동일성에 있지 않다. 이 공안의 의의는 동일성으로서의 수레의 본질이 어떻게 발생하는지를, 그러한 수레의 본질이 발생하는 과정을 보려면 아무런 동일성도 지니지 않는 "차이 그

---

55   추월용민·추월진인, 혜원 옮김,『무문관으로 배우는 선어록 읽는 방법』, 운주사, 1995, 73쪽.

자체"(즉자적 차이)로 회귀해야 한다는 것을 보여 주는 데 있다.[56]

만일 곧바로 밝힐 수 있다면, 눈은 유성과 같고 기機는 번개와
같다.

"만일 곧바로 밝힐 수 있다면"은 본칙의 "어떤 일을 밝히고 있는
가?"에 이어지는 말로, "해중이 수레 일백 대를 만들어 놓고 양쪽 바
퀴를 들어내고 굴대도 떼어 낸 일을 곧바로 밝힐 수 있다면"을 뜻한
다. 이 문구에서 중요한 용어는 "곧바로"로 번역된 "직하"直下이다.
"직하"는 "말이 떨어지기가 무섭게 조금도 머뭇거리지 않고"를 뜻한
다. 이 말에서 우리는 현장성과 즉흥성을 읽어 낼 수 있다. 선문답이
이루어지는 현장에서 즉흥적으로 대응하려는 자는 오랜 수행을 거
쳐 깨달음을 얻는 자이므로, 문답 상대자가 아직 깨달음을 얻지 못
했다면 그를 깨달음으로 이끄는 자이고, 혹은 문답 상대자가 깨달음
을 얻은 자라면 자신이 그 사람 못지않게 깨달은 자라는 것을 보여
주어야 한다. 무문은 이 점을 "눈은 유성과 같고 기는 번개와 같다"

---

56 "차이 그 자체"에 대해서는 "강도"를 논하는, 존 로페, 『질 들뢰즈의 저작 I: 1953~1969』,
322~334쪽을 볼 것. 특히 326~329쪽. "강도는 차이 그 자체이고 부등성 그 자체로 이루어
지므로, 강도는 차이를 긍정한다. 강도는 차이를 긍정의 대상으로 만든다." "그래서 강도
는 강도적 차이들의 산물인 번개가 아니라, 이 차이가 형성되는 구름, 대기 일반, 그리고 결
국 모든 것이다. 실존하는 모든 것은 강도량들 혹은 즉자적 차이들의 상호 작용에서 생겨
난다."

로 묘사하고 있다. "눈[안眼]"은 깨달음의 눈이고, "기"機는 깨달음을 전하는 기기機이다. 보통 눈은 안목으로, 기는 선기禪機 또는 기봉機鋒으로 번역된다.[57]

우리말에 "견기"見機라는 단어가 있다. "낌새를 알아채다"라는 뜻이다. 이 단어에서 우리는 기機가 "낌새"를 뜻한다는 것을 알 수 있다. "기미機微 채다"라는 단어도 있는데, 이 단어 역시 "낌새를 알아채다"는 뜻이다. "낌새를 알아채다", "기미채다" 이 두 말에서 우리는 낌새와 기미가 동의어라는 것을 알 수 있다. 그런데 낌새는 활동이기에 낌새를 뿜어내는 쪽이 있고, 낌새를 빨아들이는 쪽이 있다. 곧 보게 될 『무문관』 제10칙 「청세고빈」 평창의 용어로 말하자면, 낌새를 뿜어내는 활동은 "수기"輸機이고, 낌새를 빨아들이는 활동은 "내기"來機이다. 이 공안에서는 월암이 기미(낌새)를 내뿜고 있고, 이 공안을 읽는 우리가 직하에 이 기미를 밝히고 있다. 즉, 선기를 빨아들이고 있다. 한 스님을 깨달음으로 이끌어 주려고 기미를 발하는 활동(여기서는 문제를 내는 일)도 선기이고 기봉이지만, 이 문제를 직하에 푸는 활동도 선기, 기봉이다. 월암이 낸 문제의 본질을 알아채는 일은 눈[안眼]이고, 이렇게 알아챈 것을 말이나 행동으로 드러내는 일은 기기機이다.

---

57   혜원 역해, 『한 권으로 읽는 무문관』, 81쪽. "'기'는 '근기'根機, '선기'禪機, '기봉'機鋒과 같은 말이다."

[송]

기機의 바퀴가 굴러가는 곳은
통달한 자도 알지 못하니
사유, 상하,
남북, 동서이네.

수레에서 바퀴를 제거했으니 수레는 굴러가지 않는다. 그러나
해중은, 수레에 바퀴가 달려 있을 때는 일정한 방향으로만 가도록
되어 있지만, 바퀴가 제거되었을 때 수레는 모든 방향으로 나아갈
수 있다는 것을 보여 주고자 했다. 그 모든 방향은 동서, 남북, 사유,
상하 시방十方이다. 이러한 시방은 아무런 방향의 제한이 없는 공간
이다. 이제 이렇게 제한이 없는 공간을 누빌 수 있는 바퀴는 수레의
바퀴가 아니라 기機의 바퀴이다. 이러한 기機의 바퀴가 어디로 굴러
갈지는 통달한 자, 즉 깨달음을 얻은 자도 알 수 없다. 통달한 자, 통
달한 주체 역시 기機의 바퀴가 굴러가는 대로 생각하고 말하고 행동
하기 때문이다.

제9칙 대통지승大通智勝

: 그가 성불하지 않았기 때문이다

[본칙]

흥양의 청양[58] 화상에게 한 스님이 물었다.

"'대통지승불은 10겁[59] 동안 도량[60]에 앉아 있었지만 불법이 현전하지 않아 불도를 이룰 수 없었다'고 하는데 이러한 때는 어떻습

---

58   흥양청양興陽淸讓. 백장회해의 5대 법손. 위산영우, 앙산혜적, 남탑광용, 파초혜청이 순차적
      으로 청양의 법을 이었다.

59   겁劫. "kalpa"의 음역. 인간의 연월일로는 헤아릴 수 없는 아득히 긴 시간 단위. 보통 개자芥
      子(겨자씨)와 불석拂石이라는 두 가지 비유를 들어 겁을 표현한다. "개자겁"芥子劫이란 둘
      레 40리 되는 성 안에 겨자씨를 가득 채워 놓고, 장수천(장수천長壽天; 색계 제4선의 무상천
      無想天. 이 천天에 사는 천인들의 수명은 5백 대겁을 살 만큼 대단히 길다)의 천인이 3년마다
      한 개씩 가지고 가서, 죄다 없어질 때까지의 기간을 말한다. "불석겁"拂石劫이란 둘레 40리
      되는 돌을 천인이 무게 3수銖 되는 천의天衣로 3년마다 한 번씩 스쳐 그 돌이 닳아 없어질
      때까지의 기간을 말한다. 겁에는 대, 중, 소 3종이 있다. 둘레 40리 되는 성 또는 돌을 위와
      같이 하는 것을 1소겁, 둘레 80리를 위와 같이 하는 것을 1중겁, 120리를 위와 같이 하는 것
      을 1대겁이라 한다. 성겁成劫, 주겁住劫, 괴겁壞劫, 공겁空劫이 각각 20중겁이고, 이를 합한
      80중겁을 1대겁이라 한다.

60   도량道場. 불교 수행자들이 수행하는 장소.

니까?"

청양이 대답했다.

"질문이 정곡을 찔렀구나."

스님이 물었다.

"이미 도량에 앉아 있었거늘 어찌하여 불도를 이룰 수 없었습
니까?"

청양이 대답했다.

"그가 성불하지 않았기 때문이다."

(興陽讓和尙, 因僧問, "大通智勝佛十劫坐道場, 佛法不現前,
不得成佛道, 時如何?" 讓曰, "其問甚諦當". 僧云, "旣是坐道場,
爲甚麼不得成佛道?" 讓曰, "爲伊不成佛".)

[평창]

①늙은 이방인의 지혜를 인정할 뿐, 늙은 이방인의 분별은 인정
하지 않는다. ②범부라도 만약 지혜가 있다면 성인이요, 성인이라도
만약 분별이 있다면 범부이다.

(只許老胡知, 不許老胡會. 凡夫若知卽是聖人, 聖人若會卽是
凡夫.)

[송]

몸을 아는 일이 어찌 마음을 아는 일에 비하겠는가?

마음을 알 수 있다면 몸은 시름겨워하지 않는다.

만약에 몸과 마음을 모두 뚜렷이 안다면
신선이니 어찌 다시 제후로 봉할 필요가 있겠는가?
(了身何似了心休　了得心兮身不愁
若也身心俱了了　神仙何必更封侯)

무문은 『법화경』 제7 「화성유품」化城喩品에 나오는 이야기를
공안으로 만들었다. 『법화경』에서 석가모니불은 제6 「수기품」授記
品 끝에서 "나와 너희들의 숙세宿世의 인연을 말하겠다" 하고, 이와
관련하여 다음 품인 「화성유품」에서 대통지승불에 대해 송을 읊는
다. 송이 끝난 후 다음과 같은 이야기가 나온다.

①부처님이 비구들에게 이르셨다. "대통지승불大通智勝佛의
수명은 540만 억 나유타[61] 겁이다. 그 부처님이 본래 도량에 앉
아 마군을 깨부수고 무상정등각[62]을 얻게 되실 참이었으나 막
상 제불의 법은 현전하지 않았다. 이렇듯 1소겁에서 10소겁에
이르도록 결가부좌하여 몸과 마음이 움직이지 않았으나, 제불
의 법은 여전히 현전하지 않았다. ②그때 도리천의 천신들이
먼저 부처님을 위해 보리수 아래에 높이 1유순[63]의 사자좌師子

---

61 나유타那由他. "nayuta"의 음역. 인도에서 아주 큰 수의 단위를 표시할 때 사용하는 이름.

62 아뇩다라삼막삼보리阿耨多羅三藐三菩提. "anuttara-samyak-saṃbodhi"의 음역이며, 의역은
"무상정등각"無上正等覺. 더는 그 위가 없는 바른 깨달음을 이른다.

63 유순由旬. "yojana"의 음역. 인도의 이수里數(거리를 이里의 단위로 나타낸 수). 성왕聖王의 하

座를 펼쳐 놓았으니, 부처님이 이 자리에 앉아 무상정등각을 얻게 하기 위함이었다. (…) 비구들이여! 대통지승불은 10소겁이 지난 후 제불의 법이 현전하여 무상정등각을 이루었다."

(佛告諸比丘. "大通智勝佛壽五百四十萬億那由他劫. 其佛本坐道場破魔軍已, 垂得阿耨多羅三藐三菩提, 而諸佛法不現在前. 如是一小劫乃至十小劫, 結跏趺坐, 身心不動, 而諸佛法猶不在前. 爾時忉利諸天, 先爲彼佛, 於菩提樹下, 敷師子座, 高一由旬. 佛於此座, 當得阿耨多羅三藐三菩提. (…) 諸比丘! 大通智勝佛, 過十小劫, 諸佛之法乃現在前, 成阿耨多羅三藐三菩提.")[64]

무문은 대통지승불이 성불하는 둘째 부분은 제쳐 놓고, 성불하지 못하는 첫째 부분만을 따와 공안으로 만들었다. 아마도 이 점은 다음과 같은 대통지승불에 대한 임제의 생각을 전하기 위한 것이리라.

묻습니다. "'대통지승불은 10겁 동안 도량에 앉았어도 불법이 현전하지 않아 불도를 이룰 수 없었다.' 이것은 무엇을 뜻하는지요? 선사의 가르침을 청합니다." 선사가 답한다. "'대통'大通이란—자기가 도처에서 그 만법의 무성無性, 무상無常을 통달

루 동안 행정行程(멀리 가는 길). 대략 40리(혹 30리)에 해당.

64 『대정신수대장경』 9권, 2022, 22쪽 중하단.

함을 대통이라 한다. '지승智勝'이란──모든 곳에서 의심 없이는 한 법도 얻지 않음을 지승이라 한다. '불佛'이란──심心의 청정한 광명이 법계에 투철함을 말한다. '10겁 동안 도량에 앉았다'란, 10바라밀[65]을 뜻한다. '불법佛法이 현전하지 않았다'란, 불佛은 본래 불생이고, 법法은 본래 불멸인데 어찌 다시 현전하는 일이 있겠는가 하는 뜻이다. '불도를 이룰 수 없었다'란 부처가 다시 부처가 되지 않는다는 뜻이다. 고인이 이르기를, '부처는 항상 세간에 있지만 세간의 법에 물들지 않는다'라고 했다."

(問: "大通智勝佛, 十劫坐道場, 佛法不現前, 不得成佛道. 未審此意如何? 乞師指示." 師云: "'大通'者, 是自己, 於處處達其萬法無性無相, 名爲大通. '智勝'者, 於一切處不疑不得一法, 名智勝. '佛'者, 心淸淨光明透徹法界, 得名爲佛. '十劫坐道場'者, 十波羅密是. '佛法不現前'者, 佛本不生, 法本不滅, 云何更有現前? '不得成佛道'者, 佛不應更作佛. 古人云, '佛常在世間, 而不染世間法.'")[66]

---

65 10바라밀十波羅密. "10가지 덕목을 완전하게 성취함"이라는 뜻. 보시布施, 지계持戒, 인욕忍辱, 정진精進, 선정禪定, 반야般若, 방편方便, 원願, 역力, 지智바라밀을 이른다. 뒤의 4바라밀은 바로 앞의 반야바라밀이 분화된 것. 이 중 방편은 보시, 지계, 인욕바라밀을, 원은 정진바라밀을, 역은 선정바라밀을, 지는 반야바라밀을 강화하도록 돕는다. 바라밀은 산스끄리뜨어 "pāramitā"의 음역이고, 의역은 "저쪽 언덕에(pāram) 도달함(itā)"이라는 뜻의 "도피안"到彼岸이다.

66 『대정신수대장경』47권, 2022, 502쪽 상중단; 『임제록』臨濟錄 「시중」示衆.

스님의 질문 중 대통지승불은 "불법이 현전하지 않아 불도를 이룰 수 없음"과 충돌한다. 불법이 현전하지 않아 불도를 이룰 수 없다면 "불"佛이라 호칭할 수 없다. 그런데도 불이라 호칭한다면, 호칭하자마자 대통지승불은 불도를 이룰 수 없음과 충돌하여 소멸하고 만다. 대통지승불이 소멸하는 자리는, 임제에 따르면, 불법이 현전하지 않는 자리이고, 불도를 이룰 수 없는 자리이다. 왜 그런가? 불법은 본래 불생불멸이어서 다시 현전하는 일이 없기 때문이고, 부처가 다시 부처가 되는 일은 없기 때문이다.

스님이 질문하자 청양은 "질문이 정곡을 찔렀구나" 하고 대답한다. 청양의 이 대답은 의미심장하다. 스님의 질문 안에 이미 답이 들어 있다는 것을 암시하기 때문이다. 그러나 스님은 이를 알아차리지 못하고 다시 "이미 도량에 앉아 있었거늘 어찌하여 불도를 이룰 수 없었습니까?" 하며 앞에서 한 질문을 반복한다. 청양의 암시적인 대답을 듣고 이를 간파하지 못한 스님의 의문이 더 강화되었다. 스님의 의문이 강화되었으니, 청양 역시 자신의 대답을 강화해서 스님을 깨닫도록 인도해야 한다. 그 대답은 "그가 성불하지 않았기 때문이다"이다. 여기서 "그"는 대통지승불이다. 청양 역시 스님의 질문의 구도와 같은 방식으로 대답했다. "대통지승불"은 "성불하지 않음"과 충돌하고, 충돌하자마자 소멸한다. 이렇게 하여 청양과 무문은 임제의 불법, 불생불멸, 불도를 잘 보여 주었다.

①늙은 이방인의 지혜를 인정할 뿐, 늙은 이방인의 분별은 인정하지 않는다. ②범부라도 만약 지혜가 있다면 성인이요, 성인이라도 만약 분별이 있다면 범부이다.

먼저 원문의 "지"知와 "회"會를 어떻게 이해할까 생각해 보아야 한다. 여기서 지知와 회會는 서로 대비가 되는 용어이지만, 모두 지혜를 뜻한다. 지知는 성자의 지혜, 회會는 범부의 지혜를 가리키므로, 지는 무루無漏의 지혜, 회는 유루有漏의 지혜로 보는 게 좋겠다. 무루, 유루의 루漏는 번뇌를 의미하므로, 무루의 지혜는 번뇌가 없는 지혜, 유루의 지혜는 번뇌가 있는 지혜이다.

그런데 회會를 분별分別로 번역할 때 이를 사유의 분별로 이해해야지 인식의 분별로 이해해서는 안 된다. 성자도 범부처럼 인식의 분별을 행하기 때문이다. 내 눈앞에 있는 탁상 위의 붉은 사과를 보는(지각하는) 경험은 분별이다. 성자도 범부처럼 이 붉은 사과를 본다. 따라서 깨달음의 지혜는 이 붉은 사과를 보는 인식을 말하는 것이 아니다.

한편, ①에서 원문의 노호老胡, 곧 늙은 이방인은 달마를 가리킨다. 그렇다면 ①은 "달마의 지혜를 인정할 뿐, 달마의 분별은 인정하지 않는다"로 바꾸어 볼 수 있다. 이 공안에서 달마의 지혜는 청양의 대답에 나타나 있다. 그것은, 임제의 해설에 따르면, 불생불멸을 보는 지혜, 부처가 다시 부처가 되지 않음을 보는 지혜, 곧 무분별지無

分別智이다. 이러한 지혜는 어떻게 나타나는가? ②에 답이 있다.

②에서 무문은 스님의 질문 "이미 도량에 앉아 있었거늘 어찌하여 불도를 이룰 수 없었습니까?"와 청양의 대답 "그가 성불하지 않았기 때문이다"와 같은 구도로 성인과 범부가 모두 소멸하는 모습을 보여 주고 있다. 범부는 지혜가 없고 성인은 분별이 없는 법인데, '범부는 지혜가 있다면' 이라고 가정하여 범부를 지혜가 있음과 충돌시키고, '성인은 분별이 있다면' 하고 가정하여 성인을 분별이 있음과 충돌시키기 때문이다.

[송]

몸을 아는 일이 어찌 마음을 아는 일에 비하겠는가?
마음을 알 수 있다면 몸은 시름겨워하지 않는다.
만약에 몸과 마음을 모두 뚜렷이 안다면
신선이니 어찌 다시 제후로 봉할 필요가 있겠는가?

몸을 아는 것, 마음을 아는 것이 무엇을 뜻할까? 그리고 몸을 아는 것, 마음을 아는 것이 이 공안과 무슨 관련이 있는 걸까? 우리가 이 송에서 확실히 발견하는 것은 몸의 현상과 마음의 현상은 다르다는 점이다. 둘째 구에서 "마음을 알 수 있다면 몸은 시름겨워하지 않는다"고 했기 때문이다. 그렇다면 우리는 몸과 마음을 어떻게 구별 지워 아는가? 평창이 전해 주는, 성자와 범부의 위계적 차별을 지움을 감안해 이 송을 해독하자면, 우리가 성자와 범부라는 개념과 언어로 성자와 범부를 분별하듯이 몸과 마음을 분별해서는 몸과 마음 각각의 특성을 뚜렷이 구별할 수 없다는 것이리라.

그런데 왜 무문은 첫째 구에서 "몸을 아는 일이 어찌 마음을 아는 일에 비하겠는가?" 하고 읊었는가? 아마도 여기서 마음은 몸[유근신有根身]이 안근, 이근 등으로 활동하기 전에 이미, 혹은 활동하고 있을 때 동시에 몸을 감지하는 아뢰야식이기 때문일 것이다. 혹은, 위에서 언급한 임제의 불법, 불생불멸, 불도이기 때문일 것이다.

제10칙 청세고빈清稅孤貧

: 외롭고 가난합니다

[본칙]

조산[67] 화상에게 한 스님이 물었다.

"저 청세는 외롭고 가난합니다. 부디 선사께서 저에게 베풀어 주시길 바랍니다."

조산이 "세稅 사리[68]!" 하고 불렀다.

청세가 "예!" 하고 대답했다.

조산이 말했다.

"청원의 백가주[69]를 석 잔이나 마셔 놓고는 '아직 입술도 적시지 않았다'라고 하는구나."

---

67   조산본적曹山本寂(840~901). 동산양개洞山良价의 법을 이어서, 후에 동산과 함께 조동종
     을 열었다.

68   사리闍梨. "ācārya"의 음역인 "아사리"阿闍梨의 준말. 제자를 지도하여 교정해 주는, 사범師範
     이 되는 스님.

69   청원백가주靑原白家酒. 청원은 청원행사靑原行思의 청원으로 보는 게 좋을 듯하며, 백가주
     는 술의 한 종류가 아닌가 싶다.

(曹山和尚, 因僧問云, "淸稅孤貧. 乞師賑濟!" 山云, "稅闍梨!"
稅應"諾". 山曰, "靑原白家酒三盞喫了, 猶道未沾脣?")

[평창]

청세가 보내는 기[70]는 어떤 마음의 작용[71]인가? 조산은 안목을
갖추었기에 오는 기를 깊이 변별할 수 있었다. 비록 그렇다 하더라
도, 자, 말해 보아라! 어디가 세稅 사리가 술을 마신 곳인가?

(淸稅輪機是何心行? 曹山具眼, 深辨來機. 然雖如是, 且道. 那
裏是稅闍梨喫酒處?)

[송]

가난하기는 범단[72]과 같고,

70 기機. 필자는 "수기"輪機를 이어지는 "내기"來機와 짝을 이룬다고 보고, 이를 "보내는 기機"로
    번역했다. 청세는 기를 보내고, 조산은 기를 받기에, 각각 수기와 내기이다. 혜원은 다른 역
    주자들과는 달리 "수기"輪機를 "윤기"輪機로 읽고 이 단어가 겸손, 겸양을 뜻한다고 보았다
    (혜원, 앞의 책, 93쪽). 청세가 스스로 외롭고 가난하다고 말했기 때문에 이렇게 본 것 같다.
    야마다도 이와 비슷하게 "아부하다"라는 뜻의 "obsequious"로 영역했다(Kōun Yamada, The
    Gateless Gate, p.53). 필자 생각에, 수輪의 뜻을 "지다"로 본다면, 수기는 "지는 척하면서 이기
    려 하는 태도"를 뜻하는 것으로 볼 수 있을 것 같다.
71 심행心行. 대상으로 향하는 "마음의 작용"을 뜻한다. 산스끄리뜨어 "citta-carita", cit-
    ta-pracāra, citta-vicāraṇa 등의 번역인 듯하다. Akira Hirakawa, A Buddhist Chinese-Sanskrit
    Dictionary, Tokyo: The Reiyukai, 1997, p.461.
72 범단范丹. 후한 말의 인물로 범염范冉이라고도 한다. 마융馬融(79~166)의 문하에서 배웠
    고, 환제桓帝 때에 내무萊蕪의 장관을 지냈다. 당고지화黨錮之禍(중국 후한後漢 말기에 사대
    부 출신 관료 세력과 환관 세력이 충돌하여, 환관 세력이 사대부 세력의 인물 다수를 금고禁錮에
    처해 탄압한 사건)가 일어나자 은퇴했다. 은퇴한 후에는 점을 치면서 객사에 빌붙거나 나무

기개는 항우[73]와 같도다.
살아갈 계책은 없을지라도
과감히 함께 부를 다투는구나.
(貧似范丹　氣如項羽
活計雖無　敢與鬪富)

청세는 조산을 만나 뵙고 "저 청세는 외롭고 가난합니다. 부디 선사께서 저에게 베풀어 주시길 바랍니다"라고 말했다. 선사를 참문하는 자는 당연히 선사가 자신을 깨달음으로 이끌 수 있도록 법문을 해 주길 바란다. 그러니 청세가 "저 청세는 외롭고 가난합니다"라는 말을 하지 않고, 오직 "부디 선사께서 저에게 베풀어 주시길 바랍니다"라는 말만 했다면, 이 공안은 공안으로 성립하기 어려울 것이다. 그러므로 이 공안이 전개되도록 하는 핵심어는 "외로움과 가난함"이다. 선사를 찾아와 청을 했으니, 청세의 외로움과 가난함은 물질적 외로움과 가난함이 아닐 터, 문제는 청세가 외로움과 가난함

아래에서 노숙하거나 끼니를 거르며 가난하게 살았다. 그러면서도 평생 청렴하게 살았기에 세상 사람들은 그를 정절선생貞節先生이라 불렀다고 한다.

73　항우項羽. BC 232~BC 202. 중국 진나라 말기의 무관. 초나라 귀족 출신으로, 진秦나라에 끝까지 저항한 초나라 명장 향연項燕의 후손이었다. 초나라 부흥 운동의 선봉장으로서 초楚나라의 패왕을 자칭하며 한漢의 유방劉邦과 천하의 패권을 두고 자웅을 다투었다. 일흔 번 넘는 승리를 거둔, 마지막을 제외한 모든 전투에서 패배한 적이 없는 난세의 영웅이었다. 팽성彭城 전투에서는 60만 명의 한나라 군을 단 3만의 초나라 군으로 거의 전멸시키기도 했다. 그러나 해하垓下에서 사면초가에 몰려 한나라 왕 유방에게 패배하자 스스로 목숨을 끊었다.

이라는 말로 감추고 있는 것을 드러내는 일이다. 그러므로 이 공안을 읽는 우리는 조산이 이 외로움과 가난함이라는 말을 어떻게 해체하여 감추어진 의미를 드러내는가 주의해서 살펴보아야 한다.

베풀어 달라는 청세의 청을 들은 조산은 "세 사리!" 하고 불렀다. 이 부름에 청세는 "예" 하고 응답했다. 청세가 이렇게 "예" 하고 응답하는 순간, 그는 조산이 이어서 무슨 말을 할까 하고 주목하게 된다. 청세는 조산의 부름의 힘에 이끌리게 된다. "저 청세는 외롭고 가난합니다. 부디 선사께서 저에게 베풀어 주시길 바랍니다"라는 청세의 말은 이제 새로운 의미를 띨 수 있도록 기다리지 않으면 안 된다. 청세가 던진 말의 의미가 잠시 보류되는 것이다. 조산의 "세 사리"라는 부름과 청세의 "예"라는 응답은 새로운 관계의 도래를 알리는 공성이다. 다시 말해, 조산과 청세는 이전의 말과 행동을 떠나 새로운 말과 행동으로 공성의 장에 놓이게 된다.

조산은 이어서 "청원의 백가주를 석 잔이나 마셔 놓고는 '아직 입술도 적시지 않았다' 라고 하는구나"라고 말하는데, 이 말은 청세가 외로움과 가난함이라는 말로 감추고 있던 깨달음의 풍요로움을 드러나게 한다. 외로움과 가난함이라는 말은 물질적 외로움과 가난함이 아니라 깨달음의 풍요로움을 의미하는 것으로 바뀌게 된다. 이처럼 조산은 청세의 청대로 청세에게 베풂을 행한 것이다.

[평창]

청세가 보내는 기機는 어떤 마음의 작용인가? 조산은 안목을

갖추었기에 오는 기機를 깊이 변별할 수 있었다. 비록 그렇다 하더라도, 자, 말해 보아라! 어디가 세稅 사리가 술을 마신 곳인가?

"수기"輪機는 "보내는 기"이고, "내기"來機는 "오는 기" 곧 "받는 기"이다. 수기輪機의 "수"輪는 신호를 발함 곧 발신이고 내기來機의 "내"來는 신호를 받음 곧 수신이다. 무문이 "청세가 보내는 기機는 어떤 마음에서 나왔는가?" 하고 이 공안을 읽는 우리에게 물었을 때 "그대 독자들은 청세의 도전에 어떻게 대응하겠는가? 청세의 수기를 알아챘는가?" 묻는 것이다. 도전하는 자의 낌새[기機]를 알아채야 우리는 이에 맞추어 적확하게 응전할 수 있다.

"안목을 갖추었기에 오는 기를 깊이 변별할 수 있었다"라는 무문의 말에서, "안"眼의 번역어인 "안목"은 내기來機를 직감할 수 있는 능력이다. 안목이 있는 자는 말과 행동으로 자신의 기미를 발할 수 있을 뿐 아니라 역으로 상대방에게서 오는 기機를 아무런 개념적 매개 없이 알아챌 수 있다. 그러므로 여기서 "변별하다"로 번역된 "변"辨은 "알아채다"의 의미이다. 조산은 청세의 기미(낌새)를 알아챌 수 있는 눈(안목)이 있었기에 "세 사리!" 하고 부를 수 있었고, 이 부름에 청세는 "예" 하고 바로 대답했다. 무문은 평창의 끝에 가서 "어디가 세稅 사리가 술을 마신 곳인가?" 하고 우리에게 물었는데, 청세의 응답 "예"가 세 사리가 술을 마신 곳이다.

조산은 자신이 "세 사리!" 하고 불렀을 때, 청세가 "예" 하고 응답하자, "청원의 백가주를 석 잔이나 마셔 놓고는 '아직 입술도 적시지 않았다'라고 하는구나" 라고 말했다. 이 말에는 다음과 같은 조산의 의중이 담겨 있다. "청원행사靑原行思의 법통을 이어받은 자신의 부름에 응답했으니, 그대 청세도 나 조산만큼 고양되어 있는 것이다. 그대 청세가 외롭고 가난하니 베풀어 달라고 하지만, 그대는 이미 내가 베풀어 줄 것이 없는 경지에 도달해 있다. 그대가 외롭고 가난하다는 말을 사용하지만 나는 그 말이 깨달음의 부유함을 누리고 있음을 표현한다는 점을 잘 알고 있다. 이제 그대는 나와 함께 있어 외롭지 않다."

[송]

가난하기는 범단과 같고,
기개는 항우와 같도다.
살아갈 계책은 없을지라도
과감히 함께 부를 다투는구나.

무문은 평창에서는 조산을 높였지만 송에서는 청세를 높이고 있다. 셋째 구의 "살아갈 계책"이 없다는 말은 청세가 물질적으로 가난하다는 것을 가리킨다. 그러나 청세는 조산에 도전해 깨달음의 부유함을 다투고 있기에, 무문은 넷째 구 "과감히 함께 부를 다투는구나"로 표현하고 있다. 여기서 "함께"는 "조산과 함께"이다.

제11칙 주감암주州勘庵主

: 계십니까, 계십니까?

[본칙]

조주가 한 암주庵主의 처소에 이르러 물었다.

"계십니까? 계십니까?"

암주가 주먹을 세웠다.

조주는 "물이 얕아서 배를 댈 만한 곳이 못 되는군" 하고는 곧 가 버렸다.

또, 한 암주의 처소에 이르러 물었다.

"계십니까? 계십니까?"

이 암주 역시 주먹을 세웠다.

조주는 "놓아줄 수도 빼앗을 수도 있고, 죽일 수도 살릴 수도 있구나" 하고는 곧 절을 했다.

(趙州到一庵主處問. "有麼? 有麼?" 主豎起拳頭. 州云, "水淺, 不是泊舡處", 便行. 又到一庵主處云, "有麼? 有麼?" 主亦豎起拳頭. 州云, "能縱能奪, 能殺能活", 便作禮.)

똑같이 주먹을 세웠는데, 왜 하나는 긍정하고 하나는 긍정하지 않았는가? 자, 말해 보라! 말을 삼가지 않아 그르치게 된 곳은 어디인가? 만일 여기서 일전어를 내릴 수 있다면, 조주의 혀에 뼈가 없어서, 붙들어 일으키는 일도 놓아서 넘어지게 하는 일도 매우 자재롭다는 것을 알게 될 것이다. 설령 그렇다 하더라도, 조주가 도리어 두 암주에게 감파勘破당한 것을 어찌하겠는가? 만일 두 암주에게 우열이 있다고 말한다면 선을 닦고 도를 배우는 안목을 아직 갖추지 못한 것이다. 만일 우열이 없다고 말한다면, 이 또한 선을 닦고 도를 배우는 안목을 아직 갖추지 않은 것이다.

(一般豎起拳頭, 爲甚麼肯一箇不肯一箇? 且道! 諙訛在甚處? 若向者裏, 下得一轉語. 便見趙州舌頭無骨, 扶起放倒得大自在. 雖然如是, 爭奈趙州卻被二庵主勘破? 若道二庵主有優劣, 未具參學眼. 若道無優劣, 亦未具參學眼.)

[송]

눈은 유성 같고,

기機는 번개 같네.

사람을 죽이는 칼이요,

사람을 살리는 검이로다.

(眼流星　機掣電

　殺人刀　活人劍)

이 공안을 읽을 때 우리는 이 공안 역시 선문답이라는 점을 잊지 말아야 한다. "계십니까?"는 사람을 방문할 때 의례적으로 하는 말이다. 이 의례적인 말에, 사람이 있을 때는 보통 "예, 나갑니다" 하고 대답한다. 조주는 "계십니까?"라는 의례적인 말을 사용하여 자신이 방문하는 암주의 도력을 시험하는 중이다. 즉, 조주와 암주는 법전을 벌이고 있다. 조주의 "계십니까?"는 자신과 암주의 법전에 동력을 불어넣는다. 조주의 "계십니까?"에 두 암주가, 우리가 보통 그렇게 하듯이, "예, 나갑니다" 등으로 대답했다면 활발발하게 다그치는 "계십니까? 계십니까?"에 활발발하게 대답한 것이 아니다. 그래서 암주는 조주의 "계십니까?"에 활발발하게 대응하고자 주먹을 세웠다. 이에 조주는 "물이 얕아서 배를 댈 만한 곳이 못 되는군" 하고는 떠나 버린다. 조주는 암주의 "주먹을 세움"이 자신의 "계십니까?"라는 말에 부합하는 행동이 아니라고 보고, 이를 부정한 것이다.

또 다른 암주를 찾아가서 조주는 역시 앞 암주에게 했던 대로 "계십니까? 계십니까?" 하고 묻는다. 이 암주 역시 앞 암주처럼 주먹을 세운다. 그런데 조주는 이번에는 "놓아줄 수도 빼앗을 수도 있고, 죽일 수도 살릴 수도 있구나" 하고는 절을 한다. 암주의 "주먹을 세움"이 자신의 "계십니까?"에 부합하는 행동이라고 보고, 이를 긍정한 것이다.

조주는 앞 암주의 "주먹을 세움"은 부정하고 뒤 암주의 "주먹을 세움"은 긍정했지만, 우리가 여기서 생각해 보아야 할 것은 두 암주 모두 똑같이 주먹을 세웠다는 점이다. 조주가 앞 암주를 먼저 방문했고, 뒤 암주를 나중에 방문했기 때문에, 두 암주 사이에는 시간의 격차가 있다. 하지만 주먹을 세운 두 암주의 행동에는 아무런 차이가 없다. 우리는 이 두 암주의 "주먹을 세움"에 아무런 차이가 없다는 점에 주목해야 한다.

그러면 우리는 조주가 똑같은 "주먹을 세움"에 한 번은 부정적인 말을 했고 한 번은 긍정적인 말을 했으므로, 부정적인 말은 그 부정 성격을 잃게 되고 긍정적인 말은 그 긍정 성격을 잃게 된다는 점을 알아차리게 된다. 다시 말해, 공안을 읽는 우리가 볼 때, 앞의 부정적인 말과 뒤의 부정적인 말은 같은 말이 되면서, 각각의 부정 성격과 긍정 성격을 잃어 해체된다. 이는 마치 우리가 제1칙 「조주구자」의 옛 형태의 공안에서 유와 무가 같은 말이 되어, 그 각각의 의미가 해체되는 것과 같다.[74]

[평창]

똑같이 주먹을 세웠는데, 왜 하나는 긍정하고 하나는 긍정하지 않았는가? 자, 말해 보라! 말을 삼가지 않아 그르치게 된 곳은 어디인가? 만일 여기서 일전어를 내릴 수 있다면, 조주의 혀에 뼈가 없어서, 붙들어 일으키는 일도 놓아서 넘어지게 하는 일도 매우 자재롭다는 것을 알게 될 것이다. 설령 그렇다 하더라도, 조주가 도리어 두 암주에게 감파당한 것을 어찌하겠는가? 만일 두 암주에게 우열

---

74   이 공안은 "강도"의 관점에서 분석될 수도 있다. 박인성, 『화두』, 174~176쪽을 볼 것.

이 있다고 말한다면 선을 닦고 도를 배우는 안목을 아직 갖추지 못한 것이다. 만일 우열이 없다고 말한다면, 이 또한 선을 닦고 도를 배우는 안목을 아직 갖추지 않은 것이다.

    무문은 "말을 삼가지 않아 그르치게 된 곳[효와諝訛]은 어디인가?" 하고 우리에게 묻지만, 이 문장 바로 앞에서 이미 스스로 대답을 제시했다. 조주가 말을 삼가지 않아 그르치게 된 곳은 바로 조주가 한 암주의 주먹을 세움에 대해 "물이 얕아서 배를 댈 만한 곳이 못 되는군"이라 말하고, 다른 한 암주의 주먹을 세움에 대해서는 "놓아줄 수도 (…) 살릴 수도 있구나" 하고 말한 데 있다. 똑같은 "주먹을 세움"에 대해 이렇게 하나는 부정하고 다른 하나는 긍정한 것을 두고 무문은 "말을 삼가지 않아 그르치게 된 곳"이라 평하고 있다. 그러나 이 "말을 삼가지 않아 그르치게 된 곳"이 없다면, 똑같은 "주먹을 세움"을 두고 이렇게 구별 지어 말할 필요가 없게 되고, 깨달음의 자리에 들어가는 방편을 잃게 된다. 결국 무문의 이 말은 다음에 오는 문장 "만일 여기서 일전어를 내릴 수 있다면, 조주의 혀에 뼈가 없어서, 붙들어 일으키는 일도 놓아서 넘어지게 하는 일도 매우 자재롭다는 것을 알게 될 것이다"를 의미하는 것이다. 조주는 혀에 뼈가 없어서, 즉 양변에 매이지 않고 자재롭게 말할 수 있어서, 한 암주는 붙들어 일으키고 다른 한 암주는 놓아서 넘어지게 할 수 있었다.
    조주가 이렇게 양변에 매이지 않고 자재롭게 말할 수 있었던 것은 두 암주가 각각 주먹을 세웠기 때문이다. 두 암주의 똑같은

"주먹을 세움"은 조주로 하여금 한 암주의 "주먹을 세움"에 대해서는 "물이 얕아서 배를 댈 만한 곳이 못 된다"라고, 다른 한 암주의 "주먹을 세움"에 대해서는 "놓을 수도 (…) 살릴 수도 있다"라고 자재롭게 말할 수 있게 했다. 그러므로 무문은 조주가 두 암주한테 감파당했다고 말하는 것이다. 조주가 두 암주의 "주먹을 세움"을 통해 두 암주를 감파했듯이, 두 암주는 각각 조주의 말을 통해서 조주를 감파한 것이다. 어떻게 이런 일이 가능할까? 조주, 두 암주 모두 깨달음의 자리에 있기 때문이다. 깨달음의 자리는 이처럼 고요히 생동하는 자리이다.

이어 무문은 두 암주에게 우열이 있다고 말해도, 우열이 없다고 말해도, 선을 닦고 도를 배우는 안목[참학안參學眼], 즉 참선하며 진리를 탐구하는 안목을 갖추지 못한 것이라고 말한다. 처음 이 공안을 접할 때 우리는 조주가 앞 암주에게는 부정적인 말을 하고, 뒤 암주에게는 긍정적인 말을 했기에, 뒤 암주가 우등한 위치에 있고, 앞 암주가 열등한 위치에 있다고 생각하게 된다. 그러나 곧 우리는 이 긍정적인 말과 부정적인 말이 똑같은 "주먹을 세움"에 대해 한 말이기에 똑같은 말이라는 점을 알게 된다. 그래서 우리는 두 암주에게 우열이 있다고 말할 수 없다는 점을 알게 된다. 그러므로 두 암주의 "주먹을 세움" 사이에는 우열이 없다고 말해서도 안 되고 우열이 있다고 말해서도 안 된다. 우는 열이고 열은 우이므로, 이렇게 해서 우도 열도 삭제된다.

[송]

눈은 유성 같고,
기機는 번개 같네.
사람을 죽이는 칼이요,
사람을 살리는 검이로다.

이 송은 누구의 어떤 말, 어떤 행동을 두고 누구에게 노래하는 것일까? 앞 두 구 "눈은 유성 같고, 기機는 번개 같네"는 안목과 선기가 순식간에 아무런 개념적 매개 없이 일어나는, 마음의 사건을 보여 주고 있다. 앞의 평창을 분석할 때 우리가 이 공안을 처음 접하며 일반적으로 겪게 되는 마음 과정을 보여 준 바 있다. 처음에는 두 암주의 "주먹을 세움"에 대한 조주 각각의 말이 다르다고 생각했다. 그러다가 나중에 두 암주의 "주먹을 세움"이 똑같음을 알아차리고, 조주의 두 말이 똑같다는 것을 알게 되었다. 두 암주의 "주먹을 세움"이 똑같음을 알고서야 조주의 두 말이 똑같음을 알게 된 것이다. 안목이 유성 같고 선기가 번개 같다면 공안을 다 읽는 순간, 유와 무가 똑같은 말이듯 조주의 두 말이 똑같은 말이라는 것을, 곧바로 알아채는 것이다. 그래서 평창에서 무문은 "만일 여기서 일전어를 내릴 수 있다면, 조주의 혀에 뼈가 없어서, 붙들어 일으키는 일도 놓아서 넘어지게 하는 일도 매우 자재롭다는 것을 알게 될 것이다"라고 말한 것이다. 혀에 뼈가 있는 사람은 없다. 그런데 왜 조주의 혀에 뼈가 없다고 말한 것일까? 무문은 조주가 암주의 "주먹을 세움"에 대해 양변에 매이는 개념적 과정에 휩쓸리지 않고 순식간에 반응하여 [기機] 적확한 말을 한 것을 두고 이렇게 말한 것이다.

셋째 구의 살인도는 조주가 앞 암주의 "주먹을 세움"에 대해 한 말을, 넷째 구의 활인검은 뒤 암주의 "주먹을 세움"에 대해 한 말을 가리킨다. 사람을 죽이는 칼 곧 살인도殺人刀는 앞 암주를 살렸고, 사람을 살리는 검 곧 활인검活人劍은 뒤 암주를 죽였다. 조주는 살인도와 활인검을 사용하여 이처럼 유가 무이고 무가 유인 자리를 생동하게 하고 있다.

제12칙 암환주인巖喚主人

: "주인공!" 하고 부르다

[본칙]

서암언[75] 화상은 매일 스스로 "주인공!" 하고 부르고는 다시 스스로 "예!" 하고 응답했다. 그러고는 "깨어 있어라! 예! 다른 날에도 남에게 속지 마라! 예! 예!" 하고 응답했다.

(瑞巖彦和尙, 每日自喚"主人公", 復自應"諾". 乃云, "惺惺著! 喏. 他時異日, 莫受人瞞. 喏, 喏".)

[평창]

서암 노친네는 스스로 사고 스스로 팔면서, 많은 신두神頭와 귀면鬼面을 만들어 내는 장난을 하고 있다. 무엇 때문인가? 보라! 하나는 부르는 자, 하나는 응답하는 자, 하나는 깨어 있는 자, 하나는

---

75 서암사언瑞巖師彦(850~910?). 석두계 암두전활巖頭全豁(828~887)의 법을 이었다. 청원青原의 6대 법손.

남에게 속지 않는 자이다. 종전대로 인정하면, 역시 옳지 않다.[76] 만일 그를 흉내 낸다면, 이는 꼭 여우의 견해이리라.

(瑞巖老子自買自賣, 弄出許多神頭鬼面, 何故? 謈! 一箇喚底, 一箇應底, 一箇惺惺底, 一箇不受人瞞底. 認著依前, 還不是. 若也傚他, 總是野狐見解.)

[송]

도를 배우는 사람이 진실을 알지 못하는 것은
단지 예전대로 분별의 자아를 인정하기 때문이네.
무량한 겁 이래 생사의 뿌리이거늘
어리석은 사람은 이를 본래인이라 부르네.
(學道之人不識眞　　只爲從前認識神[77]
無量劫來生死本　　癡人喚作本來人)

부르고 응답하는 두 경우를 생각해 볼 수 있다. 첫째 경우는, 내가 남을 부르거나 남이 나를 부르는 경우다. 이 경우 부르는 사람이 따로 있고 대답하는 사람이 따로 있다. 부르는 사람과 대답하는 사

76　"인착의전환불시"認著依前還不是의 '인착의전'認著依前은 송의 "지위종전인식신"只爲從前認識神의 '종전인'從前認이다. 따라서 "인착의전환불시"認著依前還不是는 "종전대로 인정하면, 이는 옳지 않다"로 번역된다. 이 말은 주인공을 부르는 자, 응답하는 자, 깨어 있는 자, 남에게 속지 않는 자 등으로 인정하면 옳지 않다는 뜻이다.

77　"식신"識神의 '신'神은 산스끄리뜨어 "puruṣa"의 한역어 "신아"神我 또는 "신"神에서 온 말일 터이고, '식'識은 분별을 뜻하므로, 식신은 "분별의 자아"로 번역될 수 있다.

람이 다르다. 이 경우 부르는 사람은 대답하는 사람에게 청하거나 부탁한다. 둘째 경우는, 내가 나를 부르는 경우이다. 이 경우는 내가 나에게 다짐하는 경우이다. 내가 내 이름을 부르고 내가 응답한다. "예" 하고 응답하지 않을 수 없다. 그리고 다짐을 한다. 남이 나를 부를 때 응답하고 이어서 어떤 말이 나올까 기다린다. 응답했는데도 부른 이가 아무 말이 없으면 "왜 불렀지?" 하고 묻게 된다. 그러나 내가 나를 불렀을 때는 내가 나를 부른 의도를 알기 때문에 "왜 불렀지?" 하고 묻지 않는다. 그러므로 내가 나를 부를 때는 다짐을 할 때이다.

서암 화상의 부르고 응답하는 경우는 두 경우 모두에 해당하지 않는다. 내가 나를 부르는 경우로 생각해 볼 수 있겠지만, 그러나 그 경우 나는 내 이름을 부르지, "주인공!" 하고 부르지는 않는다. 그러므로 "깨어 있어라! (…) 남에게 속지 마라"는 일견 내가 나를 부르고 응답할 때처럼 다짐을 하는 말처럼 보이지만, 다짐을 하는 말이 아니다. 앞에 나오는, 부르고 응답하는 "주인공!"과 "예!"처럼 주인공의 활동을 보여 주는 말이다. 모두 무-의미의 활구들이다.

누가 "주인공!" 하고 불렀는가? "예!" 하고 대답한 사람이다. "예!" 하고 대답한 사람은 누구인가? "주인공!" 하고 부른 사람이다. 그렇다면 "주인공!" 하고 부른 사람과 "예!" 하고 대답한 사람은 같은 사람인가? 만약 서암이 "주인공!" 하고 불렀다면 서암은 "예!" 하고 대답할 수 없다. 서암은 "주인공!" 하고 부른 사람이지 "예!" 하고 대답한 사람은 아니기 때문이다. 본래면목, 무위진인이 "주인공!" 하고 부른 사람, "예!" 하고 응답한 사람으로 나타났을 뿐이다.

　　주인공은 우리가 익히 들어 알고 있는, 본래면목本來面目, 무위진인無位眞人이다. 볼 수 없는 것을 면목面目, 진인眞人으로 표현해서 볼 수 있는 것으로 만들고 있다. 혹은 볼 수 있는 것을 본래本來, 무위無位로 표현해서 볼 수 없는 것으로 만들고 있다. 본래와 무위는 각각 면목과 진인으로 나타나고, 면목과 진인은 각각 본래와 무위로 숨어들고 있다. 본래면목과 무위진인은 숨은 것의 나타남이자 나타남의 숨은 것이다.

　[평창]

　　서암 노친네는 스스로 사고 스스로 팔면서, 많은 신두와 귀면을 만들어 내는 장난을 하고 있다. 무엇 때문인가? 보라! 하나는 부르는 자, 하나는 응답하는 자, 하나는 깨어 있는 자, 하나는 남에게 속지 않는 자이다. 종전대로 인정하면, 역시 옳지 않다. 만일 그를 흉내 낸다면, 이는 꼭 여우의 견해이리라.

　　"스스로 사는 것"은 본래면목을 "주인공!" 하고 부르는 것을, "스스로 파는 것"은 "깨어 있어라! (…) 남에게 속지 마라" 등으로 명하는 것을 뜻한다. 잡극[78]에서 등장인물들이 신神과 귀鬼의 가면을 쓰고 나오듯 주인공은 부르는 자, 응답하는 자, 깨어 있는 자, 남에게

78　잡극雜劇. 중국의 전통 연극.

속지 않는 자로 나타나고 있다. 이러한 자들은 잡극의 등장인물인 신두와 귀면 같기에 주인공처럼 실제로 존재하는 것이 아니다. 만약 이러한 자들이 실제로 존재한다고 여긴다면, 이는 여우의 견해, 곧 진실한 견해가 아니다.

[송]

도를 배우는 사람이 진실을 알지 못하는 것은
단지 예전대로 분별의 자아를 인정하기 때문이네.
무량한 겁 이래 생사의 뿌리이거늘
어리석은 사람은 이를 본래인이라 부르네.

첫 행의 "진"眞은 "진실"眞實; tattva의 준말로 보아야 하니, 서암이 "주인공!" 하고 부를 때의 그 "주인공"을 가리킨다. 서암이 "주인공!" 하고 부를 때 주인공은 "'주인공!' 하고 부르는 자"로 나타나는 것이지 주인공이 직접 나타나는 것은 아니다. 서암이 "주인공!" 하고 부르고 나서 "깨어 있어라!" 하고 명하고 "예!" 하고 응답했기 때문에, 주인공이 나타났다고 생각한다면 이는 주인공을 분별의 자아(식신識神)로 인정하는 것이다. 그래서 무문은, "무량한 겁 이래 생사의 뿌리인데도 어리석은 사람은 이를 본래인本來人이라" 곧 주인공이라 부른다고 읊고 있다.

제13칙 덕산탁발德山托鉢

: 발우를 받쳐 들고 가다

[본칙]

①덕산[79] 화상은 어느 날 발우[80]를 받쳐 들고 [방장에서] 식당으로 내려가다가, 설봉[81]이 "노스님, 종도 북도 울리지 않았는데 발우를 받쳐 들고 어디로 가시는 겁니까?" 하고 묻자, 덕산은 바로 방장[82]으로 되돌아갔다.

②설봉이 암두[83]에게 이 일을 들어 말했다.

암두가 말했다.

79 　덕산선감德山宣鑑(782~865). 청원행사계 용담숭신龍潭崇信의 제자. 덕산이 스승 용담을 만나 깨달음을 얻는 이야기가 제28칙 「구향용담」에 나온다.

80 　발우鉢盂. 승려의 공양(식사) 그릇.

81 　설봉의존雪峰義存(822~908). 덕산선감의 제자.

82 　방장方丈. 사방으로 1장丈(약 3미터)이 되는 방. 유마힐 거사가 사방 10척 되는 방에 3만 2,000 사자좌師子座를 벌려 놓았다는 데에서 비롯되었다. 송대 선원에서는 주지의 거실을 뜻했으나, 오늘날은 총림의 조실祖室이 머무는 처소를 가리킨다.

83 　암두전활巖頭全豁(828~887). 덕산선감의 제자.

"덕산같이 대단한 분도 아직 말후구末後句를 알지 못하는군."

③덕산은 이 말을 듣고, 시자에게 암두를 불러오게 해서 물었다.

"너는 이 노승을 수긍하지 않느냐?"

암두는 넌지시 자신의 뜻을 사뢰었고, 덕산은 이에 그만두었다.

④다음 날 덕산이 법좌에 올랐을 때 과연 평소와는 달랐다.

암두는 승당[84] 앞에 가서 손뼉을 치고 크게 웃으면서 말했다.

"어떻든 기뻐해야 할 일이니, 덕산 노장께서 말후구를 아시게 되었다. 금후 천하의 누구도 저분을 어떻게 하지 못하리라."

(德山一日托鉢下堂, 見雪峰問者, "老漢! 鐘未鳴鼓未響, 托鉢向甚處去?", 山便回方丈. 峰擧似巖頭. 頭云, "大小德山未會末後句". 山聞, 令侍者喚巖頭來, 問曰, "汝不肯老僧那?" 巖頭密啓其意, 山乃休去. 明日陞座, 果與尋常不同. 巖頭至僧堂前, 拊掌大笑云, "且喜得老漢會末後句. 他後天下人不奈伊何?")

[평창]

만일 말후구라면, 암두와 덕산 모두 아직 꿈속에서도 보지 못했다. 잘 살펴보면, 그들은 마치 한 무대 위의 꼭두각시들과 같다.

(若是末後句, 巖頭德山俱未夢見在. 撿點將來, 好似一棚傀儡.)

[송]

최초구를 알면
말후구를 아네.
말후구이든 최초구이든
이 일구가 아니네.
(識得最初句　便會末後句
　末後與最初　不是者一句)

이 화두는 네 장면으로 나뉠 수 있다. 우선 첫 번째 장면.

①덕산 화상은 어느 날 발우를 받쳐 들고 [방장에서] 식당으로 내려가다가, 설봉이 "노스님, 종도 북도 울리지 않았는데 발우를 받쳐 들고 어디로 가시는 겁니까?" 하고 묻자, 덕산은 바로 방장으로 되돌아갔다.

절에서는 식사 때가 되면 식사 하러 오라고 대중에게 종을 치거나 북을 쳐서 알린다. 덕산은 종을 치지 않았는데도 발우를 들고 방장에서 나와 식당으로 향하고 있다. 굳이 설봉이 아니더라도 덕산의 이런 행동을 본 사람이라면 누구든 의아하게 여길 것이다. 덕산의 행동을 의아하게 여기는 사람들은 덕산이 발우를 들고 식사하러 식당으로 간다고 단정하는 사람들이다. 그러나 발우를 들고 식당으로 향하는 덕산의 행동은 식사를 하기 위해 식당으로 가는 행동이 아니다. 덕산이 만약 설봉의 말을 듣고도 개의치 않고 계속해서 식당을 향해 걸었다면 우리는 그의 행동을 식사 때를 기다리지 못할 만큼 배가 고파서 한 행동으로 읽을 수도 있을 것이다. 그러나 "노스님, 종도 북도 울리지 않았는데 발우를 받쳐 들고 어디로 가시는 겁니까?"라는 설봉의 말에 덕산은 바로 다시 자기가 나온 방장으로 향한다. 설봉의 말이 "식당으로 향함"과 "방장으로 향함" 사이의 전환점이 되었다. 애초 덕산의 행동은 "식당으로 향함"을 지시하지 않았었는데 이제 방장으로 향함과 맞물려 "식당으로 향함"의 의미를 띠게 되었다. 설봉의 말은 식당으로 향함을 지시하기도 하고 지시하지 않기도 하는 전환점이 된 것이다.

다음은 두 번째 장면.

②설봉이 암두에게 이 일을 들어 말했다. 암두가 말했다. "덕산 같이 대단한 분도 아직 말후구를 알지 못하는군."

설봉은 자신을 깨달음으로 이끌려는 덕산의 행동을 알아채지 못했다. 종이 치지 않았는데 식당으로 향하는 덕산의 행동도 이해할 수 없었지만, 이 모습을 보고 자신이 종도 치지 않았는데 왜 식당으로 가느냐 하니 덕산이 바로 방장으로 돌아가는 행동도 이해할 수 없었다. 그래서 설봉은 사형 암두에게 이런 일이 있었다고 전하며 암두의 생각을 듣고 싶어한다. 암두를 통해 스승 덕산의 행동을 읽고자 했던 것이다. 아마도 설봉은 덕산의 행동이 자신을 즉각 깨달음으로 이끄는 최후의 말 한마디 곧 말후구末後句라고 여겼을지도 모른다. "종도 북도 울리지 않았는데 발우를 받쳐 들고 어디로 가시는 겁니까?" 하고 물을 때와는 다르다. 덕산의, 말없이 방장으로 되돌아가는 행동에서 무언가 덕산이 던지는 메시지를 읽었어야 하는데 아직 못 읽었다는 자괴감이 들었을지도 모른다.

그런데 뜻하지 않게 암두는 "덕산같이 대단한 분도 아직 말후구를 알지 못하는군" 하고 말한다. 덕산의 행동은 말후구가 아니라는 말이다. 암두의 이 말을 듣고 설봉은 어떤 생각을 했을까? 아마도 '덕산의 행동은 말후구 같은데 왜 사형 암두는 말후구가 아니라고 말하는 것일까?'일 것이다. 설봉은 계속 의문에서 벗어나지 못하게 된다. 왜 덕산은 식사 때가 아닌데도 발우를 들고 식당으로 향한 것일까? 왜 덕산은 자신의 말을 듣자마자 바로 방장으로 돌아간 것일까? 왜 암두는 자신이 전하는 말을 듣고 덕산의 행동이 말후구가 아니라는 것일까? 이와 같이 계속 의문이 진행되고 있다.

다음은 세 번째 장면.

③덕산은 이 말을 듣고, 시자에게 암두를 불러오게 해서 물었다.
"너는 이 노승을 수긍하지 않느냐?"
암두는 넌지시 자신의 뜻을 사뢰었고, 덕산은 이에 그만두었다.

덕산은 암두가 설봉에게 덕산은 말후구를 모른다고 했다는 말을 전해 듣고 암두를 오게 해서 "너는 이 노승을 수긍하지 않느냐?"

하고 다그친다. 덕산의 "너는 이 노승을 수긍하지 않느냐?" 하는 말은 자신이 종이 치지 않았는데도 발우를 들고 식당으로 향한 행동이 설봉을 깨달음으로 인도하기 위한 말후구였다는 점을 겉으로 드러내고 있다. 암두는 이제 덕산도 상대해야 한다. 암두가 설봉을 상대하며 덕산의 행동은 말후구가 아니라고 한 것에 대해 지금 덕산은 "나의 행동은 말후구이다" 하며 암두가 인정하길 바라고 있다. 말후구라는 말로 표현되는 것은 말을 떠났음에도 불구하고 암두와 덕산은 "이다", "아니다" 하고 있는 것이다. 암두는 설봉을 상대할 때는 설봉으로 하여금 계속 의문에 들게 했고, 덕산을 상대할 때는 덕산을 법거량 쪽으로 유인했다. 덕산의 행동을 두고 암두는 말후구가 아니라고 했고, 덕산은 그것이 말후구라고 다그치고 있다. 설봉은 이 두 사람의 대화를 듣고 있지 않지만, 이 화두를 읽는 우리는 설봉이 되어 듣고 있는 셈이다. 암두는 덕산의 이러한 다그침을 어떻게 피해 가며 해소할까? 암두는 남몰래 넌지시 덕산에게 무슨 말을 전한다. 이 말의 내용을 우리는 모른다. 다만 다음 날 덕산이 다른 때와는 다른 태도와 행동과 말로 법문을 했다는 것에서 무언가 좋은 말을 했구나 하고 추측할 뿐이다. 그러나 이러한 추측은 이 화두를 해결해 가는 데 큰 장애가 될 수 있다. 우리가 아무 말도 듣지 못하는, 이 귀엣말을 하듯 넌지시 말함은 또 하나의 전환점이기 때문이다. 전환점은 의미를 생성하는 자리이기 때문에 어떤 말로도 아직 규정될 수 없다. 규정은 이후의 일이기 때문이다. 이 "넌지시 말함"에서 우리는 "말후구가 아니다", "말후구이다" 하는 양 극단 한가운데 있는 중中에 놓이게 된다. 암두와 덕산은 설봉과 우리를 깨달음으로 다시 안내하고 있다.

다음은 네 번째 장면.

④다음 날 덕산이 법좌에 올랐을 때 과연 평소와는 달랐다. 암두는 승당 앞에 가서 손뼉을 치고 크게 웃으면서 말했다. "어떻든 기뻐해야 할 일이니, 덕산 노장께서 말후구를 아시게 되었다. 금후 천하의 누구도 저분을 어떻게 하지 못하리라."

도대체 무슨 말을 했길래 덕산은 평소와 법문하는 것이 달라졌을까? 그리고 무슨 법문을 했길래 암두는 법문을 듣는 대중들 속에서 손뼉을 치고 가가대소하며 덕산을 칭찬한 것일까? 덕산과 암두 두 사람의 행동과 말을 지켜보는 우리에게 의문이 계속 일어난다. 여기서도 설봉은 나타나지 않지만, 우리는 대중들 속에 당연히 설봉이 있었으리라 짐작해 볼 수 있다. 이 화두를 읽어 나가며 설봉이 우리였고 우리가 설봉이었다. 우리는 설봉이다. 그렇다면 이 화두를 읽는 우리들이 덕산과 암두의 모습을 보고 있으니 설봉이 그렇게 하고 있는 셈이다. 그런데 여기서 암두는 덕산이 말후구를 안다고 말한다. 설봉이 있었던 일을 자신에게 전할 때는 덕산이 말후구를 모른다고 했다가 귀엣말을 하고 난 후 법문을 하는 덕산은 말후구를 안다고 말한다. 어떤 것이 덕산의 진실인가?

덕산이 설봉의 말을 듣고 방장으로 돌아가는 지점 이후 "식사를 하러 식당으로 향함", "방장으로 향함"이라는 의미를 생성하게 된다. 마찬가지로 암두가 덕산에게 귀엣말을 하는 지점 이후 달라진 덕산의 행동은 법문을 하는 말과 행동으로 나타나게 된다.

덕산의 행동은 무-의미의 활구이다. 활구는 말로만 나타나는 것이 아니다. 표정, 몸짓, 손짓 등으로도 나타난다. 암두는 "덕산같이 대단한 분도 아직 말후구를 알지 못하는군" 하며 일단 설봉에 동의한다. 방행이다. 암두는 "어떻든 기뻐해야 할 일이니, 덕산 노장께서 말후구를 아시게 되었다. 금후 천하의 누구도 저분을 어떻게 하지 못하리라" 하며 다시 파주를 행한다. 이 과정을 지켜보는 설봉이 나오지는 않지만 이 공안을 읽는 우리가 설봉을 대신하게 된다. 우리는 설봉이다. 우리는 암두의 방행과 파주를 대하면서 애초 덕산의 행동이 무-의미의 활구임을 깨닫게 된다.

[평창]

만일 말후구라면, 암두와 덕산 모두 아직 꿈속에서도 보지 못했다. 잘 살펴보면, 그들은 마치 한 무대 위의 꼭두각시들과 같다.

원문의 "괴뢰"傀儡는 꼭두각시이다. 꼭두각시는 꼭두각시놀음(인형극)에 등장하는 인형들이다. 무문은 암두와 덕산을 꼭두각시놀음할 때 무대 위에 등장하는 꼭두각시에 비유하고 있다. 설봉, 그리고 이 공안을 읽는 우리들이 암두와 덕산의 행동과 말을 지켜보는 것을 두고 하는 말이다. 암두와 덕산은 설봉을 깨달음으로 인도하기 위해 연기를 하고 있다. 그러나 이러한 연기조차 인형극의 인형들이 연기하는 것과 같다. 이처럼 덕산과 암두가 무대 위 인형극의 꼭두각시라면 이 꼭두각시를 조종하는 이가 있다. 우리 눈에 보이는 것은 꼭두각시들뿐 꼭두각시를 조종하는 이는 보이지 않는다.

"만일 말후구라면"의 말후구는 깨달음을 향한 마지막 말, 그 이상 진전되거나 확장되지 않는 말이다. 말후구는 바로 이 꼭두각시를 조종하는 이다. 덕산과 암두라는 두 꼭두각시는 꼭두각시를 조종하는 이가 하는 대로 연기를 할 뿐 그를 보지는 못한다. 생시가 그러한데 하물며 꿈이야 말할 게 있겠는가? 꿈을 꾸고도 우리는 왜 우리가 그런 꿈을 꾸게 되었는지 모른다. 이를 무문은 "암두와 덕산은 모두 아직 꿈속에서도 보지 못했다"고 평하고 있다.

[송]

최초구를 알면
말후구를 아네.
말후구이든 최초구이든
이 일구가 아니네.

말후구는 그 이상의 개념으로 진전되거나 확장되지 않는 말이다. 깨달음을 향한 마지막 말이다. 향상向上의 일구一句이다. 이 구句를 말하고 나서 더는 의지를 내어 아무 말도 하지 않는다는 뜻이 아니라, 의지를 내든 내지 않든 그 이상으로는 진전되지 않는 구

句이다. 말후의 구가 있으면 최초의 구가 있을 것이다. 그런데 말후의 구가 그 이상의 개념으로 더 진전되지 않는 말이라면 최초의 구는 애초에 개념적으로 정의되지 않는 말일 것이다. 즉, 말후구는 최초구이고, 최초구는 말후구이다. 그래서 무문은 "최초구를 알면 말후구를 아네" 하고 읊고 있는 것이다.

일구一句를 두고 말후구라고 말했기에 최초구를 놓았지만, 말후구는 최초구와 구분될 수 있는 말이 아니다. 무문의 "일구"는 이런 말후구와 최초구의 분별을 제거하기 위한 말이다. 그래서 무문은 "말후구이든 최초구이든/ 이 일구가 아니네" 하고 읊고 있다. 분별된(구분된) 말후구와 최초구는 일구가 아니다. 일구는 구지의 "한 손가락을 세움"(제3칙)이고, 건봉의 "주장자로 일획을 그음"(제48칙)과 같은 것이기에, 한 손가락이 사라지고 일획이 사라지듯 사라진다. 이 공안에서 일구는 전반부의 "덕산이 종이 울리지 않았는데도 발우를 들고 식당으로 향함"이다. 혹은 후반부의 "덕산이 법좌에 오름"이다. 덕산의 두 행동 모두 빈 행동이기 때문이다.

제14칙 남전참묘南泉斬貓

: 고양이를 베다

[본칙]

남전[85] 화상은 동당과 서당의 스님들이 고양이를 두고 다투고 있으므로, 고양이를 들어 올리며 말했다.

"대중이여! 말하면 살려 줄 것이고, 말하지 않는다면 베어 버리겠다."

대중이 대답이 없자 남전은 마침내 고양이를 베어 버렸다.

밤에 조주가 밖에서 돌아오자 남전은 조주에게 이 일을 들어 말했다.

그러자 조주는 신발을 벗더니 머리에 얹고 나가 버렸다.

남전이 말했다.

"만약 자네가 있었다면 고양이를 살릴 수 있었을 텐데."

(南泉和尙, 因東西堂爭貓兒, 泉乃提起云, "大衆! 道得卽救,

---

85   남전보원南泉普願(748~834). 마조도일의 제자이며 조주종심趙州從諗의 스승.

道不得卽斬卻也". 衆無對, 泉遂斬之. 晚趙州外歸, 泉擧似州. 州乃脫履, 安頭上而出. 泉云, "子若在, 卽救得貓兒".)

[평창]

자, 말해 보라! 조주가 짚신을 머리에 얹은 의도는 무엇인가? 만일 여기서 일전어를 내릴 수 있다면, 남전의 명령이 헛되이 행해지지 않았음을 알게 될 것이다. 만약 그렇지 않다면, 위험할 터!

(且道! 趙州頂草鞋意作麼生? 若向者裏下得一轉語, 便見南泉令不虛行. 其或未然, 險!)

[송]

조주가 만일 있었다면,

또한[86] 이 명령을 실행했겠지.

칼을 빼앗아 버리면,

남전은 살려 달라 빌었을 텐데.

(趙州若在　倒行此令

奪卻刀子　南泉乞命)

이 공안은 두 부분으로 나뉜다. 앞부분은 남전과 대중 사이의

---

86 원문의 "도"倒는 '거꾸로', '반대로', '역으로'라는 뜻이다. 남전이 명령을 내리듯 조주 또한 그렇게 명령을 내린다는 뜻이기에 "또한"으로 번역했다.

일, 뒷부분은 남전과 조주 사이의 일로 되어 있다. 먼저 앞부분부터 살펴보겠다. 동당과 서당의 스님들이 한 고양이를 두고 다투고 있었던 모양이다. 남전의 제일좌가 고양이를 기르고 있었는데, 이웃한 선상禪床의 다리를 고양이가 물어뜯는 바람에 서로 언쟁이 일어났다.[87] 다툼 자체의 성격으로 보아 "이다", "아니다", "그렇다", "그렇지 않다", "옳다", "그르다" 하고 있었을 것이다. 이 사실을 알게 되자 남전은 동·서당 스님들의 다툼을 스님들을 깨달음으로 이끄는 좋은 기회로 삼았다. 운수[88]들인 동·서당의 스님들은 깨달음을 얻고자 남전의 거처에서 수행하는 이들이기 때문이다.

"대중이여! 말하면 살려 줄 것이요, 말하지 않는다면 베어 버리겠다"라는 남전의 명령을 들었을 때, 대중들은 고양이를 두고 다투고 있다가 잠시 다툼을 멈추고 남전의 말에 주목했을 것이다. "했다", "안 했다" 서로 주장하며 다투던 고양이에서 남전이 올려 든 고양이로 고양이의 의미가 바뀌었다. 남전은 고양이를 들어 올리며 "이다", "아니다" 하며 다투던 고양이를 멈추게 하고 "말하다", "말하지 않다"라는 양변을 걸어 놓고 이 양변을 스님들이 어떻게 벗어나나 보고 있다. 스님들은 남전의 말에 "우리 고양이다", "아니다, 우리 고양이다" 하는 양변을 잠시 멈추긴 했지만, 이 양변에 걸렸다는 것이 무엇이고 이 양변에서 어떻게 빠져나와야 하는지는 아직 알지

---

87   김태완 역주, 앞의 책, 101쪽 각주 234.

88   운수雲水. 스승을 찾아 도를 묻기 위하여, 떠가는 구름이나 흐르는 물같이 정처 없이 여러 곳으로 돌아다니는 불교 수행자를 이르는 말.

못한다. 남전은 "말하다", "말하지 않다"라는 양변을 새롭게 걸어 놓으면서 스님들이 "했다", "안 했다" 하며 다툴 때의 고양이의 의미를 벗어나고, 나아가 "말하다", "말하지 않다"라는 양변에서 어떻게 벗어나나 보고 있다. 즉 남전은 스님들을 깨달음으로 이끌기 위해 스님들이 스스로 걸어 놓은 양변에서 벗어나 새롭게 자신이 설정한 문제를 어떻게 해결하나 보고 있는 것이다.

남전은 스님들이 아무런 말도 하지 않았으므로, 즉 새로운 문제를 해결하지 못했으므로, 고양이를 베어 버렸다. 고양이를 베어 버리는 순간 남전이 걸어 놓은 "말하다", "말하지 않다"라는 양변은 사라져 버렸을 뿐 아니라, 동·서당 스님들이 서로들 "했다", "안 했다" 하며 다투던 고양이도 사라져 버렸다. 남전은 "했다", "안 했다" 하는 다툼의 성격을 드러내고, 이 다툼을 삭제하고, 다툼이 일어나기 전의 공성으로 돌아가게 했다.

다음은 뒷부분이다. 조주가 바깥에서 돌아왔을 때 남전은 조주에게 있었던 일을 전해 주었다. 조주라면 고양이를 들어 올리고 "말하면 살려 줄 것이고 말하지 않는다면 베어 버리겠다"라는 남전의 말을 들었을 때 어떻게 하나 보려는 것이다. 아무런 말도 못하고 고양이의 죽임을 보던 스님들과는 달리, 즉, 스님들이 본인들도 알지 못하는 사이에 설정해 놓은 문제와, 남전이 새롭게 설정해 놓은 문제를 해결하지 못한 스님들과는 달리 조주는 신발(짚신)을 벗어 머리에 이고 나가는 행동을 취했다. 남전의 그러한 명령은, 말하자니 아무 말도 할 수 없고, 즉 고양이를 "했다", "안 했다" 하며 그들 식으로 규정한 고양이의 의미에만 익숙하기에 아무 말도 할 수 없고, 말하지 않자니 고양이가 베임을 당하는 상황이다. 조주는 어떻게 남전이 양변에 걸어 놓은 문제를 해결할 것인가? 남전은 고양이를 베어서 문제 자체를 무화하는 식으로 해결했지만, 조주의 행동을 보고는 "만약 자네가 있었다면 고양이를 살릴 수 있었을 텐데" 하고 말한 걸 보면 고양이를 베는 것이 남전의 궁극적 의도가 아니었다는 걸 알 수 있다. 조주는 고양이도 살리면서 남전의 문제를 어떻게 해결할 것인가?

남전의 문제는 "말하다", "말하지 않다" 양변에 걸려 있다. 그렇다면 애초에 이 양변에 걸리지 않으면 된다. 그렇게 해서 남전처럼 문제를 해결하지 않으면 된다. 우리가 조주의 행동을 보고 당황하거나 의아해하는 것은 발에 신는 짚신을 머리에 이었기 때문이다. 우리에게 짚신이라는 개념은 발에 신는 물건으로 고정되어 있다. 이렇게 개념이 어떤 사실에 고정되어 있는 한, 즉 개념이 어떤 사실을 지칭하는 한, 양변 중 한 변에 걸릴 수밖에 없다. 조주는 이 점을 알고 있기에 짚신이라는 개념을 해체하기 위해, 즉 짚신이라는 개념의 동일성을 해체하기 위해, 짚신을 머리에 이고 바깥으로 나갔던 것이다. 여기서 짚신이 신발로 사용될 수 있을 뿐 아니라 머리에 이는 용도로 사용될 수 있다는 것은 일차적으로 중요하지 않다. 짚신이 어떻게 해서 짚신의 동일성에서 벗어날 수 있는가를 보여 주어야 한다. 논의의 장인 바깥으로 나갔다는 것은 짚신을 벗어 머리에 이는 것과 다르지 않다.

조주의 행동을 보고 남전은 "만약 자네가 있었다면 고양이를 살릴 수 있었을 텐데" 하고 말한다. 바깥으로 나간 조주의 행동이 이 공안을 마무리 짓는 것과 더불어, 남전의 이 말도 조주의 행동에 부합해 이 공안을 마무리 짓는 말이다. 이 말은 조주를 칭찬하거나 고양이를 죽인 것을 후회하는 말이 아니다. 짚신을 벗어 머리에 이고 나간 조주의 행동에 호응하는 말로, 고양이를 벤 행동과 같은 의미를 지닌다.

[평창]

자, 말해 보라! 조주가 짚신을 머리에 얹은 의도는 무엇인가? 만일 여기서 일전어를 내릴 수 있다면, 남전의 명령이 헛되이 행해지지 않았음을 알게 될 것이다. 만약 그렇지 않다면, 위험할 터!

"남전의 명령"은 "말하면 살려 줄 것이고, 말하지 않는다면 베어 버리겠다"이다. 무문의 말대로, 우리가 남전의 명령이 헛되이 행해지지 않았음을 알게 되는 것은 조주가 머리에 짚신을 얹은 의도를 알고 이에 대해 일전어를 내릴 수 있을 때이다. 일전어란 깨달음으로 확 전환할 수 있는 최후의 한마디로, 앞 공안에서 본 말후구, 향상向上의 일구와 동일한 뜻을 지니고 있다. 일전어의 "일"一은 하나, "전"轉은 전환을 뜻하는데, 여기서 "일"은 모든 것 중의 하나가 아니다. 더구나 모든 것을 포함하는 하나라고도 말할 수 없다. 굳이 이런 식으로 말한다면, 헤아릴 수 있는 모든 것을 넘어서는 하나이지만, 정확히 말해 모든 것의 근원으로 가는 하나이다. 그러려면 이 하나는 현시하는 자아, 지시되는 대상, 개념적 규정을 모두 일시에 소멸시키는 하나여야 한다.[89] 조주가 짚신을 머리에 인 행동은 바로 일전어 그 자체이다.

[송]

조주가 만일 있었다면,
또한 이 명령을 실행했겠지.
칼을 빼앗아 버리면,
남전은 살려 달라 빌었을 텐데.

조주가 남전과 같은 상황에 있었다면, 다시 말해 고양이를 두고 다투고 있는 동서 양당의 스님들을 이참에 깨달음으로 이끌어야겠다고 생각하는 상황에 있었다면, 조주 역시 남전처럼 "말하면 살려

---

89 현시작용, 지시작용, 함의작용에 대해서는 각주 115를 참조할 것. 이러한 작용을 넘어서는 의미sense에 대해서는 존 로페, 『질 들뢰즈의 저작 I: 1953~1969』, 417~422쪽을 볼 것. 특히 422쪽. "만약 우리가 '이 명제는 무엇을 의미하는가?' 하고 묻는다면, 우리는 대답하는 데 대체로 아무런 어려움을 겪지 않는다. '이것은 확실히 감이 아니다'라는, 설사 이것이 확실히 감이라 할지라도, 그다지 어려움을 겪게 하는 주장이 아니다. 하지만 만약 우리가 명제의 어떤 기능이 그 유의미성을 말해 주는가 묻는다면 주체도, 대상도, 개념도 이 물음에 대한 적합한 대답이 될 수 없다. 이는 각 사례들 그 자체의 의미는 다른 사례들로 역행하지 않고도 고정될 수 있기 때문이다. 요컨대, 언어 사용이 포함하는 의미는 '개별적 사태들, 특수한 이미지들, 개인적 신념들, 보편적 혹은 일반적 개념들로 환원 불가능한 것으로 나타난다."(LS 19)

줄 것이고, 말하지 않는다면 베어 버리겠다" 하고 명령을 내렸을 것이다. 양당의 스님들이 고양이를 두고 "했다", "안 했다" 하며 언쟁을 벌이고 있으므로, 조주는 이 양변에 매여 있는 언쟁을 해소하기 위해 언쟁의 대상이 되고 있는 고양이를 잡아 들고 양변에서 벗어나게 해야 한다.

남전처럼 명령을 내리고자 한다면 조주는 남전이 들고 있는 칼을 빼앗아야 한다. 조주가 칼을 빼앗았다면, 남전은 양당의 스님들에게 명령을 내릴 때의 당당한 모습과는 달리 살려 달라고 빌었을 것이다. 남전은 양당의 스님들처럼 아무 말도 할 수 없을 것이고, 고양이처럼 베임의 대상이 되기 때문이다. 그러나 조주의 "칼을 듦"은 "짚신을 머리에 이고 바깥으로 나감"이기에, 조주가 칼을 들자마자 양변에 걸린 개념적 동일성들이 평화롭게 소멸한다.

제15칙 동산삼돈洞山三頓

: 강서로, 호남으로 그와 같이
  다녔느냐?

[본칙]

동산[90]이 운문[91] 화상을 참문하러 찾아왔을 때, 운문이 물었다.

"최근 어디를 떠나왔는가?"

동산이 대답했다.

"사도査渡에서 왔습니다."

운문이 물었다.

"여름에는 어디에 있었는가?"

동산이 대답했다.

"호남의 보자사報慈寺입니다."

운문이 물었다.

---

90   동산수초洞山守初(910~990). 운문문언의 제자이다.

91   운문문언雲門文偃(864~949). 석두계 설봉의존의 법을 이어받았고, 운문종雲門宗의 개조
      이다.

"언제 그곳을 떠났는가?"

동산이 대답했다.

"8월 25일입니다."

운문이 말했다.

"너를 몽둥이로 세 대 때리고 싶지만 용서하겠다."

동산은 다음 날이 되어 다시 스승의 방에 가서 문안을 드리고 여쭈었다.

"어제 화상께서 몽둥이로 저를 세 대 때리려 하다가 용서하셨습니다. 잘못이 어디에 있는지 모르겠습니다."

운문이 대답했다.

"밥통아! 강서로 호남으로 그와 같이 다니느냐?"

동산은 이에 크게 깨달았다.

(雲門因洞山參次, 門問曰, "近離甚處?" 山云, "查渡". 門曰, "夏在甚處?" 山云, "湖南報慈". 門曰, "幾時離彼?" 山云, "八月二十五". 門曰, "放汝三頓棒". 山至明日卻上問訊, "昨日蒙和尙放三頓棒. 不知過在甚麼處". 門曰, "飯袋子! 江西湖南便恁麼去?" 山於此大悟.)

[평창]

운문은 당시에 곧바로 본분本分의 먹이[92]를 주어 동산에게 특

---

92 본분초료本分草料. 본분인本分人(참선 수행자)으로 살아갈 수 있는 식량. 단도직입적인 가

별히 기기機機를 생하게 하는 한 길[생기일로生機一路]이 있게 해서 가문이 적막하지 않게 하였다. 동산이 밤새 시비의 바다에서 거꾸러져 있다가 날이 밝자마자 다시 찾아오니, 운문은 그에게 가르침의 말을 베풀었다. 동산이 그 자리에서 깨달았다고 하나, 아직 완전히 깨달은 것은 아니다.[93] 자, 여러분에게 묻노니, 동산은 몽둥이 세 대를 맞아야 마땅한가, 맞지 않아야 마땅한가? 만일 맞아야 마땅하다고 말한다면, 초목과 수풀이 모두 몽둥이로 맞아야 마땅하다. 만일 맞지 않아야 마땅하다고 말한다면, 운문은 또 허튼소리를 한 게 된다. 여기서 밝힐 수 있다면, 바야흐로 동산을 위하여 한입 가득 기氣를 토하게 되리라.

(雲門當時便與本分草料, 使洞山別有生機一路, 家門不致寂寥. 一夜在是非海裏著到, 直待天明, 再來又與他注破. 洞山直下悟去, 未是性燥. 且問諸人, 洞山三頓棒合喫不合喫? 若道合喫, 草木叢林皆合喫棒. 若道不合喫, 雲門又成誵語. 向者裏明得, 方與洞山出一口氣.)

[송]

사자가 새끼를 가르칠 때에는 새끼를 기르는 비결[94]이 있다.

르침. 석지현 역주·해설, 『선시로 보는 무문관』, 민족사, 2023, 91쪽.

93 미시성조未是性燥. 아직 완전히 성숙하지 않았다는 뜻. 여기서는 동산이 직하에 깨달았다고 하나 아직 완전히 깨달은 것은 아니라는 뜻.

94 미자결迷子訣. 사자는 새끼를 절벽 아래로 밀어 떨어뜨려, 몸을 뒤집어 스스로 올라오는 새

앞으로 뛰어내리는 순간 어느새 몸을 뒤집는다.

뜻밖에 두 번째 가르침의 말이 곧바로 적중했네.

앞의 화살은 아직 가벼우나 뒤의 화살은 깊도다.

(獅子敎兒迷子訣   擬前跳躑早翻身

無端再敘當頭著   前箭猶輕後箭深)

이 공안은 두 부분으로 나뉜다. 먼저 앞부분을 살펴보겠다. 앞부분에서 운문은 깨달음을 얻고자 찾아온 동산에게 "최근 어디를 떠나왔는가?(어디에서 왔는가?)", "여름에는 어디에 있었는가(하안거는 어디서 보냈는가?)", "언제 그곳을 떠났는가?" 하고 묻는다. 이러한 운문의 물음에 동산은 곧바로 있었던 대로 "사도에서 왔습니다", "호남의 보자사입니다", "8월 25일입니다" 하고 대답했다. 이에 운문은 몽둥이를 들어야겠지만 용서하겠다고 말했다. 여기서 이 화두를 읽는 우리에게 의정이 일어난다. 운문이 물으면 묻는 대로 동산은 있었던 일 그대로 대답했는데 왜 운문은 몽둥이를 들어야 한다고 했을까? 왜 봐준다고 했을까?

운문의 물음에 동산이 없었던 일을 있었던 일로 꾸며 대답했다면 운문이 몽둥이를 들 빌미가 생긴다. 그런데 뒷부분에서 동산이 운문을 문안차 찾아가서 자신의 잘못이 어디에 있는지 모르겠다고 말한 걸 보면 동산은 있었던 일을 있는 그대로 말했음이 분명하다.

끼만을 기른다고 한다.

그렇다면 운문은, 내가 너의 지난 행적을 알고 있으니 거짓말하지 말고 참말을 대라며 몽둥이를 들려 한 것은 아니다. 만약 운문이 동산에게 실제로 몽둥이를 들었으면 어땠을까? 동산은 운문이 던진 물음들의 의미를 알아챘을까? 운문이 묻는 대로 동산이 있었던 일 그대로 대답하는 것을 보면, 또한 다시 찾아와서 자신의 잘못이 무엇인지 묻는 것을 보면 아마 알아채지 못했을 것이다. 운문은 동산을 가르치고 있는 중이다. 운문은 자신이 묻는 대로 일어난 일 그대로 답하는 동산의 모습을 보면서, 둘 사이의 대화를 동산이 성찰하도록 하기 위하여 몽둥이를 들지 않고 용서한다고 말한 것이다.

이제 동산은 '나는 물어보는 대로 답했는데 스승은 왜 몽둥이를 든다고 했을까, 내 잘못이 어디에 있을까' 하는 의문에 잠기게 될 것이다. 만약 이런 의문을 품지 않는다면, 참문하러 찾아온 수행자가 아니다. 운문은 "너를 몽둥이로 세 대 때리고 싶지만 용서하겠다", 즉 "몽둥이를 들어야 하는데 용서하겠다" 하며 문제를 냈기 때문이다. "어디서 왔는가?", "여름에는 어디에 있었는가?", "언제 그곳을 떠났는가?", "몽둥이를 들어야 하는데 용서하겠다" 등은 모두 운문이 낸 문제이다. 이 말들이 문제가 될 수 있는 것은, 운문과 동산이 동산의 깨달음을 위해 가르치고 배워야 하는 선문답의 상황에 처해 있기 때문이다. "몽둥이를 들어야 하는데 용서하겠다"라는 운문의 한마디에 바로 앞에서 운문이 동산에게 던진 "어디에서 왔는가?" 등의 물음은 모두 동산이 풀어야 할 문제가 된다. 다시 말해, 처음에 동산은 운문의 질문이 평범한 일상적 물음이라 여기고 일상적으로 대답했지만, 운문의 "몽둥이를 들어야 하는데 용서하겠다"라는 말 한마디에 이 모든 일상적 물음은 깨달음을 얻기 위한 문제가 된다. 그러면서 동산은 자신의 대답도 되돌아보게 된다. 이 모든 문답을 되돌아보면서 자신의 잘못이 어디에 있는가 살피게 되는 것이다.

이 공안의 뒷부분은 다음 날 일어난 동산과 운문의 문답으로 돼 있다. 앞부분에서 동산은 운문과 문답을 나누고 나서 성찰을 했지만 자신의 잘못이 어디 있는지 모르겠기에, 운문을 다시 찾아가, 운문이 왜 "몽둥이를 들어야 하는데 용서하겠다"고 했는지, 자신의 잘못이 어디 있는지 모르겠다고 말한다. 앞부분 끝의 운문의 말 "몽둥이를 들어야 하는데 용서하겠다"가 운문이 동산을 깨달음으로 인도하기 위해 마무리 짓는 말인데도, 동산은 아직 이 점을 간취하지 못한 것이다. 그러므로 운문은 기다렸다는 듯, "밥통아! 강서로 호남으로 그와 같이 다니느냐?" 하고 말한다. 이 말은 이곳저곳 다니지 말고 바로 나 운문이 있는 이곳으로 와야 했다는 뜻일까? 그렇지 않다. 이는 운문이 "어디서 왔는가?" 등 묻는 대로 동산이 있었던 일 그대로 답한 걸 두고 하는 말이다. 동산 그대가 내 말을 듣고 밤새 의문에 잠겼듯이, 그렇게 내 말을 물음 자체로 받아들이라는 뜻이다. 동산은 운문의 물음들에 있었던 일을 그대로 답할 만큼 현실적 사실에 빠져 있어 운문의 물음 자체를 보지 못하고 자신의 잘못이 무엇인가만 찾아내려 하고 있었다. 동산은 "몽둥이를 들어야 하는데 용서하겠다"는 운문의 말에 자신에게 잘못이 있다고 여겨 그 잘못만 발견하려 했던 것이다. 이제 동산은 운문의 "강서로 호남으로 그와 같이 다니느냐?"는 말에 자신이 운문의 "어디서 왔는가?" 등의 물음이 하나의 동일한 물음이라는 걸 알게 된다. "강서로 호남으로 그와 같이 다니느냐?" 하는 말은 구체적 지역을 가리키는 것이 아니라, "왜 동산 그대는 나 운문의 물음들에 있었던 일들 그대로 대답할 만큼 현실적 사실에 매어 있느냐?" 하는 것이다. 동산은 운문의 이 말에 운문의 "어디서 왔는가?" 등의 물음이 물음 자체로 귀결한다는 것을 발견하고, 나 동산의 잘못이 어디에 있는가 하는 물음에서 벗어나, 깨달음에 이르는 물음을 얻게 된다. 이러한 큰 물음 속에서 운문과 동산의 물음과 대답은 운문이라는 인격과 동산이라는 인격에서 벗어난 물음과 대답이 된다.

[평창]

운문은 당시에 곧바로 본분의 먹이를 주어 동산에게 특별히 기機를 생하게 하는 한 길[생기일로]이 있게 해서 가문이 적막하지 않게 하였다. 동산이 밤새 시비의 바다에서 거꾸러져 있다가 날이 밝자마자 다시 찾아오니, 운문은 그에게 가르침의 말을 베풀었다. 동산이 그 자리에서 깨달았다고 하나, 아직 완전히 깨달은 것은 아니다. 자, 여러분에게 묻노니, 동산은 몽둥이 세 대를 맞아야 마땅한가, 맞지 않아야 마땅한가? 만일 맞아야 마땅하다고 말한다면, 초목과 수풀이 모두 몽둥이로 맞아야 마땅하다. 만일 맞지 않아야 마땅하다고 말한다면, 운문은 또 허튼소리를 한 게 된다. 여기서 밝힐 수 있다면, 바야흐로 동산을 위하여 한입 가득 기氣를 토하게 되리라.

동산은 운문의 두 번째 말을 듣고 깨달았는데, 무문은 왜 아직 완전히 깨달은 것이 아니라고 말하는가? 운문의 첫 번째 말을 듣고 곧바로 깨달았어야 했는데 하룻밤의 사색을 거쳐야 했기 때문인가? 그렇지 않을 것이다. 무문은 이 공안을 읽는 우리를 위해 동산의 깨달음의 내용을 밝혀 주려 하고 있다. 왜냐하면 바로 이어서 무문은 "동산은 몽둥이 세 대를 맞아야 마땅한가, 마땅하지 않은가" 하며 우리들에게 묻고 있기 때문이다. 무문은 "맞아야 마땅한가, 맞지 않아야 마땅한가" 이렇게 양단兩端에 물음을 걸어 놓고 우리의 대답을 다그치고 있다. 동산은 운문의 두 차례 말을 듣고 깨달았기 때문에, 그에게는 이 양단에 걸려 있는 물음이 별 의미가 없다. 하지만 우리가 동산의 깨달음의 내용을 알기 위해 무문을 따라가며 주목해야 할 말이 이 양단에 걸려 있는 물음 속에 들어 있다. "만일 맞아야 마땅하다고 말한다면, 초목과 수풀이 모두 몽둥이로 맞아야 마땅하다"라는 말이 그것이다. 동산이 몽둥이를 맞아야 한다면 초목과 수풀도 모두 맞아야 한다. 왜 그런가? 운문은 "어디서 왔는가?" 하고 사건event[95]을 물었는데 동산은 현실적 사건actual event 곧 실사건

---

[95] 사건 개념에 대해서는 존 로페, 『질 들뢰즈의 저작 I: 1953~1969』, 394~398쪽을 볼 것. 특히 395쪽. "'나무가 푸르다'고 말하는 것은 신체의 질quality을 식별하는 것이고, '나무가 푸르게 되다'(LS 21)라고 말하는 것은 나무에 의해 표현되는 한 사건을 파악하는 것이며, 마지막으로, 사건 그 자체는 '푸르게 됨'to green이다. 이 관점들 각각은 장점을 가진다. 첫 번째 관점은 현재에 있는 신체의 본성에 대해 말하고, 두 번째 관점은 현재를 넘어 가리키는 방식으로 신체를 특징짓는 과정들 혹은 사건들에 관해 말한다. 그리고 세 번째 관점은 사건이 신체적 원인들의 결과이면서 자연 전체와 관련하여 독립성 혹은 중립성(=중성neutrality)을 소유한다는 점을 인식한다. 사건들이 그러한 상이하고, 심지어 명백히 모순적인 방식들로

accident을 들어 대답했기 때문이다.[96] 동산의 이러한 실사건은 초목과 수풀을 거쳐 온 길에서 일어난 일들이기에, 다시 말해 초목과 수풀이 없이는 이러한 실사건이 일어날 수 없기에 초목과 수풀로 대변되는 모든 사물이 맞아야 한다는 것이다.

[송]

사자가 새끼를 가르칠 때에는 새끼를 기르는 비결이 있다.
앞으로 뛰어내리는 순간 어느새 몸을 뒤집는다.
뜻밖에 두 번째 가르침의 말이 곧바로 적중했네.
앞의 화살은 아직 가벼우나 뒤의 화살은 깊도다.

첫째 구는 운문이 동산에게 "어디서 왔느냐?" 등을 묻고 이 말이 어떤 사실을 지칭하는 것으로 알아듣고 "사도에서 왔습니다" 등으로 대답하는 동산에게 몽둥이를 들려 했지만 용서한다고 말한 것을 두고 읊은 것이다. 둘째 구는, 운문이 이렇게 말을 했기에 동산은 밤새 그 말이 무슨 뜻인가 궁리하다가 다음 날 아침 운문에게 무슨

일어나도록 허용하는 것은 우리가 상세하게 논할 바로 사건의 중요한 측면인 중립성이다."

96 사건event과 실사건accident의 관계에 대해서는 존 로페, 위의 책, 385~392쪽을 볼 것. 특히 401쪽. "첫 번째 유혹은 사건을 단지 지속적인 지위나 의의가 없는 실사건occurrence 혹은 현사건happening으로 정의하려는 것이다. 들뢰즈는 이를 — 사건을 심층 속 신체들의 유희와 혼동하는 — "경험론적 혼동"(LS 54)이라고 부른다. 그런 견해와 상반되게, 들뢰즈는 『의미의 논리』The Logic of Sense(LS)에서 "사건들은 이념적이다"(LS 53)라고 주장한다. 경험론적 유혹은 또한 사건과 표현 사이의 간극을 와해시켜서 전자의 손상을 초래하는 경향을 수반한다.(LS 22)

뜻으로 그런 말을 하셨습니까 하고 물은 것을 두고 하는 말이다.

셋째 구의 "두 번째 가르침의 말"은 운문의 말 "밥통아! 강서로 호남으로 그와 같이 다니느냐?"를 가리킨다. 이 말을 듣자마자 동산은 깨달음을 얻었기에, 무문은 "곧바로 적중했네"라고 읊고 있다. 넷째 구의 "앞의 화살"은 운문의 말 "너를 몽둥이로 세 대 때리고 싶지만 용서하겠다"를, "뒤의 화살"은 "밥통아! 강서로 호남으로 그와 같이 다니느냐?"를 가리킨다. 뒤의 화살이 깊이 꽂힌 것은 동산이 운문의 이 말을 듣고 자신이 밤새 품은 의문을 해결했기 때문이다.

제16칙 종성칠조鐘聲七條

: 종소리에 왜 칠조가사를 입는가?

[본칙]

운문이 말했다. "세계가 이처럼 광활한데 왜 종소리에 칠조가사⁹⁷를 입는가?"

(雲門曰, "世界恁麼廣闊, 因甚向鐘聲裏披七條?")

[평창]

무릇 선을 닦고 도를 배우자면⁹⁸ 소리를 따르거나 색깔을 좇는 것을 절대로 피해야 한다. 설사 소리를 듣고 도를 깨닫거나 색깔을 보고 마음을 밝혔다 하더라도, 이 또한 에사로운 일일 뿐이다. [왜냐

---

97 칠조가사七條袈裟. 승려들은 의식에 참여할 때 반드시 가사袈裟를 걸쳐 입어야 한다. 가사는 장삼長衫(승려의 웃옷) 위에, 왼쪽 어깨에서 오른쪽 겨드랑이 밑으로 걸쳐 입는 법복法服이다. 가사에는 법랍法臘(승려가 된 햇수)에 따라 오조五條, 칠조七條, 구조九條 등의 구별이 있다.

98 참선학도參禪學道. 선을 닦고 도를 배우다.

하면 이런 일들은] 선가의 납승들이 소리를 타고 색을 덮을 때 나타나는, 하나하나의 사물의 분명함, 하나하나의 일의 현묘함을 전혀 알지 못하기 때문이다. 이렇다 할지라도, 자 말해 보아라! 소리가 귓가로 오는 걸까, 귀가 소리 곁으로 가는 걸까? 설령 음향과 정적 둘 다 잊어버렸다 하더라도, 여기에 이르러서는 어떻게 이해하겠는가? 만일 귀로 듣는다면 이해하기 어려울 터이니, 눈으로 소리를 듣고서야 비로소 친근할 것이다.

(大凡參禪學道, 切忌隨聲逐色. 縱使聞聲悟道見色明心, 也是尋常. 殊不知, 衲僧家騎聲蓋色, 頭頭上明, 著著上妙. 然雖如是, 且道! 聲來耳畔, 耳往聲邊. 直饒響寂雙忘, 到此如何話會. 若將耳聽, 應難會, 眼處聞聲方始親.)

[송]

깨달으면 모든 사물이 하나요,

깨닫지 못하면 모든 사물이 각각이네.

깨닫지 못하면 모든 사물이 하나요,

깨달으면 모든 사물이 각각이네.

(會則事同一家　不會萬別千差

不會事同一家　會則萬別千差)

운문은 "세계가 이처럼 광활한데 왜 종소리에 칠조가사를 입는가?" 하고 묻지만, 이 물음에는 이미 답이 제시되어 있다. 답은, "세계가 이처럼 광활하기 때문에 칠조가사를 입는다"이다. 종소리는 이미 세계 속의 종소리이기에 가사를 입는 행위 또한 이미 세계로 열려 있다.

스님들은 가사를 입고 있지 않을 때가 있고 가사를 꼭 입어야 할 때가 있다. 예불 등 중요한 행사가 있을 때 스님들은 (칠조의) 가사를 입는다. 격식에 맞는 옷을 입는 것이다. 절에서는 중요한 행사가 있으면 종을 쳐서 알리고 이 종소리를 듣는 스님들은 가사를 입고 행사에 참여한다. 이때 종소리는 단순히 종소리로만 들리는 것이 아니라 행사에 참여하라는 종소리로 들리는 것이다. 그러나 이 종소리는 사실 행사에 참여하라는 종소리로만 들리는 것이 아니다. 절에서 기숙하며 휴식을 취하는 재가자들이나, 절을 방문해서 구경하는 손님들에게도 이 종소리가 들리겠지만, 행사에 참여하게 되는 스님들에게 나타나는 것과는 다른 의미를 띠고 나타날 것이다. 또, 매일 행사에 참여하던 어떤 스님이 몸이 안 좋아 쉬었으면 할 때 이 종소리가 들린다면 어떨까? 종소리가 모처럼 절을 방문해 구경하는 손님들에게 들리는 것과는 달리 반갑고 즐겁지가 않을 것이다. 그래도 행사에 참여하기 위해 가사를 입어야 할 것이다. 종소리에 가사를 입는 행위는 의례적인, 틀에 박힌 행위이다. 이렇게 틀에 박힌 행위를 하지만 이 행위가 습관이 되면 수행하는 데 단단한 힘이 될 수 있다. 행사에 참여하라는 종소리를 두고 싫다, 좋다 구애받지 않게 될 것이다.

광활한 세계 속에 울리는 종소리. 이 종소리를 광활한 세계 속에 울리는 종소리로 있는 그대로 받아들일 때, 수행 과정의 한 행위로 받아들일 때 가사를 입는 행위는 종소리와 더불어 광활한 세계 속에 있게 될 것이다. 그러나 가사를 입으며 틀에 박힌 행위에 짜증을 내고 귀찮아한다면, 광활한 세계 속에 있지 않은 것이 될 것이다.

[평창]

무릇 선을 닦고 도를 배우자면 ①소리를 따르거나 색깔을 좇는 것을 절대로 피해야 한다. 설사 ②소리를 듣고 도를 깨닫거나 색깔을 보고 마음을 밝혔다 하더라도, 이 또한 예사로운 일일 뿐이다. [왜냐하면 이런 일들은] 선가의 납승들이 ③소리를 타고 색을 덮을 때 나타나는, 하나하나의 사물의 분명함, 하나하나의 일의 현묘함을 전혀 알지 못하기 때문이다. 이렇다 할지라도, 자 말해 보아라! 소리가 귓가로 오는 걸까, 귀가 소리 곁으로 가는 걸까? 설령 음향과 정적 둘 다 잊어버렸다 하더라도, 여기에 이르러서는 어떻게 이해하겠는가? 만일 귀로 듣는다면 이해하기 어려울 터이니, 눈으로 소리를 듣고서야 비로소 친근할 것이다.

무문은 ①"소리를 따르거나 색깔을 좇는 것(수성축색隨聲逐色)", ②"소리를 듣고 도를 깨닫거나 색깔을 보고 마음을 밝히는 것(문성오도견색명심聞聲悟道見色明心)", ③"소리를 타고 색을 덮기에, 하나하나의 사물이 분명함, 하나하나의 일이 현묘함(기성개색騎聲蓋色, 두두상명頭頭上明, 착착상묘著著上妙)"을 구별하고 있다.

①은 내가 좋아하는 소리나 색깔을 두고 하는 말이다. 가령 새 소리를 들으면 이 새소리는 뻐꾸기 소리다 하며 이 소리를 더 즐기 려 하는 마음을 내고, 내가 좋아하는 색깔, 가령 빨간 장미를 보면 그 붉은색을 더 즐기려 하는 마음을 낸다. 좋아하는 뻐꾸기 소리, 좋아 하는 장미꽃 색깔이 내 마음의 기억에 담겨 있기 때문이다. 내 마음 이 대상을 향해 있고 이 대상에 매여 있다. ②는 향엄지한香嚴智閑 과 영운지근靈雲志勤의 깨달음을 두고 한 말이다. 향엄은 대나무에 기와 조각이 탁 부딪히는 소리에 깨달았고, 영운은 봄날에 활짝 핀 복사꽃을 보고 깨달았다. 향엄이 대나무에 기와 조각이 탁 부딪힐 때 ①에서처럼 "탁" 하는 소리에 매여 있는 것이 아니다. 더 듣고자 하는 것이 아니다. 단 1회의 "탁" 하는 소리를 듣고 깨달았다. "탁" 하 는 소리를 들었을 뿐 대나무에 기와 조각이 부딪히는 소리를 들은 것이 아니다. "대나무에 기와 조각이 부딪히는 소리"는 "탁" 하는 소 리를 듣고 난 후의 일이다. "탁" 하는 소리라는 표현조차 뒤에 오는 것이다. 향엄은 "탁" 소리를 들었고 향엄이 대나무와 기와 조각 등이 있는 세계 속에 이미 있었기 때문에, 대나무에 기와 조각이 부딪히 는 소리라고 표현할 수 있었다. 영운이 활짝 핀 복사꽃을 보고 깨달 은 경우도 이와 마찬가지다. 활짝 핀 복사꽃도 향엄의 "탁" 소리처럼 어떤 일정한 강도를 가지고 감각의 장으로부터 튀어나온 색깔이다. 이후 활짝 핀 복사꽃이라고 표현할 수 있는 것은 영운이 봄이라는 계절에 피어 있는 복사꽃 등에 이미 처해 있는 세계 속에 있었기 때 문이다. 무문은 향엄과 영운의 깨달음도 예사로운 일이라고 말하면

서, ③더 큰 깨달음은 "소리를 따르거나 색깔을 좇음" 혹은 "소리를 듣거나 색깔을 보고 깨달음"에 있는 것이 아니라, "소리를 타고 색을 덮을 때 나타나는, 하나하나의 사물의 분명함, 하나하나의 일의 현묘함"에 있다고 설파한다. "소리를 타고 색을 덮다"라는 것은 소리가 나면 소리가 나는 대로, 색깔이 나타나면 색깔이 나타나는 대로 그대로 놓아둔다는 뜻이다. 내 과거의 경험이 현재의 보거나 듣는 경험을 지배하지 않도록, 또 내 현재의 경험이 과거의 경험이 되어 훗날 다시 이와 유사한 경험을 할 때 과거의 경험이 내 현재의 경험을 지배하지 않도록, 아무 집착이 없이 새롭게 보고 듣는다는 뜻이다. 이렇게 될 때 우리는 세계 속의 사람들과 사물들을 자유롭게 대하고 접할 수 있다. 이 경지를 무문은 "하나하나의 사물의 분명함, 하나하나의 일의 현묘함"이라 묘사하고 있다. 대상에 매여 있지 않기에, 귀가 소리로 가는 것도 아니고 소리가 귀로 오는 것도 아니다. 깨닫는 것은 눈이 색깔을 본다든지 귀가 소리를 듣는다고 하는 인식작용이 아니라, 두두물물頭頭物物이 이념 속에서 분명하게 나타나는 사유 작용이다. 이 점을 무문은 "소리가 귓가로 오는 걸까, 귀가 소리 곁으로 가는 걸까? 설령 음향과 정적 둘 다 잊어버렸다 하더라도, 여기에 이르러서는 어떻게 이해하겠는가?" 하는 말로 전하고 있다. 소리가 난다는 것은 고요 속에서 소리가 난다는 것이다. 고요 없는 소리는 없다. 고요는 소리의 지평이다. 그러나 고요와 소리를 넘어설 때 우리는 사물 하나하나가 이념 속에서 분명하게 현현함을 본다. 무문은 바로 이어 "만일 귀로 듣는다면 이해하기 어려울 터이니, 눈으로 소리를 듣고서야 비로소 친근할 것이다"라고 말한다. 이른바 깨달은 자들이 얻는다는 "제근호용"諸根互用이다. 제근호용은 근들 즉 감관들이 서로 교차하며 작용한다는 뜻이다. 가령 눈으로 소리를 듣고 느끼고, 귀로 색깔을 보고 느낀다. 깨달음의 작용이 의근意根과 법경法境 사이에서 일어나는 일임을 여기서 확인할 수 있다. 의근은 안식, 이식, 비식, 설식, 신식 등으로도 향해 있지만, 동시에 아뢰야식의 대상인 유근신有根身(신체)으로도 향해 있기 때문이다.[99]

[송]

깨달으면 모든 사물이 하나요,
깨닫지 못하면 모든 사물이 각각이네.
깨닫지 못하면 모든 사물이 하나요,
깨달으면 모든 사물이 각각이네.

원문의 "회"會는 "회득"會得의 준말로 볼 수 있겠다. 회는 보통 "이해하다"라는 뜻으로 쓰이는데, 여기서는 "깨닫다"라는 뜻으로 보아야 한다. 원문의 "사동일가"事同一家(사물들이 다 같이 일가를 이루다)를 "평등"으로, "만별천차"萬別千差(다기다양하게 각각을 이루다)

---

99 후카우라 세이분, 박인성 옮김, 『유식삼십송 풀이—유식불교란 무엇인가』, 운주사, 2012, 245쪽. "제7식은 항상 제8식의 견분을 연하고, 제8식은 항상 3경境을 연한다." 여기서 "3경" 이란 세 가지 대상이라는 뜻으로, 유근신(신체), 종자, 기세간(세계)을 이른다.

를 "차별"로 바꾸어 이 송을 다시 써 보면 다음과 같다.

깨달으면 평등이요, 깨닫지 않으면 차별이다.
깨닫지 않으면 평등이요, 깨달으면 차별이다.

첫 행에서는 깨달음의 평등이 깨닫지 않음의 차별과 대비되어 있고 둘째 행에서는 깨닫지 않음의 평등이 깨달음의 차별과 대비되어 있다. 그러니까 평등과 차별이 깨달음의 평등과 차별, 깨닫지 않음의 평등과 차별로 나타나 있다. 평등과 차별은 깨달음에서도 나타나고, 깨닫지 않음에서도 나타난다. 종소리에 가사를 입을 때, 종소리가 가사를 입는 행동의 의미로 나타날 때 이러한 의미가 광활한 세계 속의 다른 의미들과 연계되어 나타난다고 생각하면 깨달음의 평등과 차별이요, 그렇지 않고 종소리가 가사를 입는 행동만을 지시하는 의미로 나타날 때, 다시 말해 광활한 세계 속에서 나타나지 않을 때 깨닫지 않음의 평등과 차별이다. 무문은 "소리를 따르거나 색깔을 좇는 것(수성축색隨聲逐色)"과 "소리를 타고 색을 덮는 것(기성개색騎聲蓋色)을 구별하기 위해 이렇게 송을 읊었을 것이다. 유식학의 용어로 말하면, 전자가 변계소집성이라면, 후자는 원성실성이라고 말할 수 있다.[100] 무문은 깨달음과 깨닫지 않음을 두 행으

---

100   3자성 곧 변계소집자성, 의타기자성, 원성실자성에 대해서는 후카우라 세이분, 위의 책, 389~406쪽을 볼 것.

로 나누어 교차시킴으로써 깨달음과 깨닫지 않음이 서로 엮이어 있음을 보여 준다.

혹은, 깨닫든 깨닫지 않든 평등과 차별이 현현해 있다는 것을 보여 주고자 한다. 『대승기신론』大乘起信論에서 언급하는 "본래의 깨달음[본각本覺]"은 어떤 주체의 사유에 따라 깨달음으로 현현하는 일[시각始覺]에 선행하는 것이기 때문이다. 무문의 "소리를 타고 색을 덮기에, 하나하나의 사물이 분명함, 하나하나의 일이 현묘함(기성개색騎聲蓋色, 두두상명頭頭上明, 착착상묘著著上妙)"은 이 점을 나타내고 있다.

제17칙 국사삼환國師三喚

: 시자를 세 번 부르다

[본칙]

국사[101]가 시자를 세 번 부르자 시자가 세 번 응답했다.

국사가 말했다.

"내가 너를 등지고 있다고 생각했는데, 알고 보니 오히려 네가 나를 등지고 있구나."

(國師三喚侍者, 侍者三應. 國師云, "將謂吾辜負汝, 元來卻是 汝辜負吾!")

[평창]

①국사는 세 번 불러서 혀가 땅에 떨어졌다. 시자는 세 번 응답 해서 온화한 빛을 뿜어낸다.[102] ②국사는 늙고 외로워서 소의 머리

---

101 여기서 국사는 남양혜충南陽慧忠(?~775)을 가리킨다.

102 화광토출和光吐出. "화광"和光은 빛을 감추다, 즉 훌륭한 재주를 감추고 드러내지 않는다는 뜻. "토출"吐出은 뿜어낸다는 뜻. 김태완 역주,『무문관: 달을 보면 손가락을 잊어라』, 113쪽 각주 277.

를 눌러서 풀을 먹였다. 시자는 기꺼이 받아들이지를 않았다. 맛있는 음식도 배가 부른 사람이 먹기에는 알맞지 않다. ③자, 말해 보라! 어디가 그가 등진 곳인가? 나라가 평화로우면 재능 있는 자가 존귀하게 여겨지고, 집이 부유하면 어린아이들이 뽐내네.[103]

(國師三喚, 舌頭墮地. 侍者三應, 和光吐出. 國師年老, 心孤. 按牛頭, 喫草. 侍者未肯承當, 美食不中飽人餐. 且道! 那裏是他辜負處? 國淸才子貴; 家富小兒嬌.)

[송]

구멍 없는 쇠칼을 사람이 메도록 하니

누累가 자손에까지 미쳐 예사로 여길 수 없도다.

문을 지탱하고 집을 유지하고자 한다면,

다시 맨발로 칼산을 올라야 하느니.

(鐵枷無孔要人擔　累及兒孫不等閑

　欲得撑門幷拄戶　更須赤脚上刀山)

국사가 시자를 세 번 부르고, 시자는 세 번 응답했다고 하니 다음과 같이 적어 볼 수 있을 것이다.

103 『명심보감』에 나오는 태공망太公望의 말로서 송대에 유행한 속담이다. 정성본 역주, 앞의 책, 168쪽. 석지현 역주·해설, 앞의 책, 104쪽.

국사가 불렀다.

"시자!"

시자가 응답했다.

"예!"

국사가 불렀다.

"시자!"

시자가 응답했다.

"예!"

국사가 불렀다.

"시자!"

시자가 응답했다.

"예!"

우리가 누군가를 부를 때는 보통 그 누군가에게 무언가를 부탁하거나 지시하기 위해서다. 그러나 혜충 국사가 시자를 불렀을 때는, 시자에게 무언가를 부탁하거나 지시하기 위함이 아니다. 혜충이 시자에게 무언가를 부탁하거나 지시하기 위해 부른 것이라면, 시자가 처음에 "예!" 하고 응답했을 때 그 무언가를 부탁하거나 지시하면 된다. 시자가 처음에 "예!" 하고 응답했는데도 혜충이 다시 시자를 불렀으므로, 그가 시자를 부른 의도는 시자에게 무언가를 부탁하거나 지시하기 위한 것이 아님을 알 수 있다. 지금 혜충은 시자가 올바르게 수행을 하여 깨달음의 성과를 얻었는지 점검하는 중이다.

혜충은 시자가 자신의 세 번의 부름에 모두 "예!" 하고 응답하자, "내가 너를 등지고 있다고 생각했는데, 알고 보니 오히려 네가 나를 등지고 있구나" 하고 말한다. "등지고 있다"는 원문의 "고부"辜負를 번역한 말이다. "등지고 있다"라는 말은 그 일상적 의미 때문에, 서로가 서로를 반대하거나 배척하는 등 부정적인 뜻을 떠올리게 되지만 여기서는 그런 뜻이 아니다. "등지고 있다"라는 말이 부정적인 뜻을 담으려면, 처음에 혜충이 시자를 부르고 시자가 응답했을 때 혜충은 시자에게 무언가를 부탁하거나 지시해야 한다(물론 이 경우 혜충은 "등지고 있다"라는 말을 하지 않았을 것이다). 그러나 혜충은 두 번 더 시자를 불렀고, 시자는 그때마다 "예!" 하고 응답했다.

혜충은 한 번의 부름으로는 시자가 자신을 등지고 있는지 어떤지 알 수 없었다. 시자가 자신의 부름에 응답하면서 어떤 부탁이나 지시에 응할 준비가 되어 있을 수도 있었기 때문이다. 국사가 처음에 부르고 난 뒤 바로 이어서 부탁하거나 지시할 일을 말하지 않는다면, 등지고 있지 않은 시자라면 "왜 부르신 거지?" 하고 스스로 속으로 물었을 것이다. 혜충이 다시 "시자!" 하고 불렀을 때 시자는 "예!" 하고 응답했을 뿐 "왜 부르신 거지?" 하며 스스로 품은 그 의문을 겉으로 표출하지 않았다. 그래서 혜충은 시자를 점검하기 위해 다시 한번 부르지 않을 수 없었고, 시자는 또 "예!" 하고 응답했다. 이 세 번째 시자의 응답에서 혜충은 시자가 자신을 등지고 있음을 알 수 있었다. 나아가 혜충은 처음에 시자를 불렀을 때도 시자가 "왜 부르신 거지?" 하고 속으로 스스로 묻지 않았다는 것을 알 수 있었다.

시자는 처음부터 혜충 자신을 등지고 있었던 것이다. 이렇게 해서 혜충은 "내가 너를 등지고 있다고 생각했는데, 알고 보니 오히려 네가 나를 등지고 있구나" 하며, 시자의 깨달음을 인가하게 되었다.

그런데 혜충은 왜 자신이 시자를 등지고 있다고 생각했을까? 애초에 혜충은 무언가를 부탁하거나 지시하려고 시자를 부른 것이 아니었기 때문이다. 혜충은 "시자!" 하고 부를 때 자신이 무언가를 시자에게 부탁하거나 지시하지 않는다는 것을 스스로 알고 있었기 때문에, 시자 역시 혜충 자신이 무언가를 부탁하거나 지시하지 않는다는 것을 알고 있는지 점검하기 위해 시자를 부른 것이다. "내가 너를 등지고 있다고 생각했는데, 알고 보니 오히려 네가 나를 등지고 있구나"라는 혜충의 말은 시자와 국사가 각각 평등하게 자립하고 있음을 보여 준다.

[평창]

①국사는 세 번 불러서 혀가 땅에 떨어졌다. 시자는 세 번 응답해서 온화한 빛을 뿜어냈다. ②국사는 늙고 외로워서 소의 머리를 눌러서 풀을 먹였다. 시자는 기꺼이 받아들이지를 않았다. 맛있는 음식도 배가 부른 사람이 먹기에는 알맞지 않다. ③자, 말해 보라! 어디가 그가 등진 곳인가? 나라가 평화로우면 재능 있는 자가 존귀하게 여겨지고, 집이 부유하면 어린아이들이 뽐내네.

무문의 이 평창은 ①, ②, ③으로 표시된 바와 같이 세 부분으로 나뉜다. 세 부분 모두 시자에 초점이 맞추어져 있다. 이는 혜충이 본 칙 끝에서 "내가 너를 등지고 있다고 생각했는데, 알고 보니 오히려 네가 나를 등지고 있구나"라고 말했기 때문이다. 혜충의 뜻에 맞추어 무문이 평창을 쓴 셈이다. 혜충이 시자를 세 번 불렀을 때, 시자가 "예!" 하고 대답하는 모습을 무문은 첫째 부분에서는 "온화한 빛을 뿜어냈다"로, 둘째 부분에서는 "기꺼이 받아들이지를 않았다"로 묘사했다. 얼핏 보기에, 첫째 부분에서 시자는 혜충에 호응했고, 둘째 부분에서는 호응하지 않은 것처럼 보인다. 그러나 두 부분 모두 혜충에 호응한 것이다. 무문은 혜충이 시자를 세 차례 부르는 모습을 응답하라고 다그치는 듯이 "혀가 땅에 떨어졌다", "소의 머리를 눌러서 풀을 먹였다"로 묘사해 놓고, 시자의 굳건한 모습을 이렇게 두 가지 상이해 보이는 방식의 호응으로 언급한 것이다. "맛있는 음식도 배가 부른 사람이 먹기에는 알맞지 않다"가 첫째 부분의 호응과 둘째 부분의 호응하지 않음이 같은 것임을 보여 주고 있다.

셋째 부분의 "어디가 그가 등진 곳인가?"의 "그"는 시자를 가리킨다. 시자가 등진 곳은 국사의 첫 번째 부름에 "예!" 하고 답한 곳이다. 국사는 두 번, 세 번 부를 필요가 없었다. 그렇지만 이 공안에서 이렇게 세 차례의 부름을 설정한 것은 첫 번째 부름에 "예!" 하는 응답이 "예!" 하는 응답 이외의 아무것도 되지 않기 위해서 두 번째, 세 번째의 부름이 필요했기 때문이다. 시자의 두 번째, 세 번째 "예!"는 첫 번째 "예!"가 침묵의 "예"임을 보여 주고 있다. "나라가 평화로우면 재능 있는 자가 존귀하게 여겨지고, 집이 부유하면 어린아이들이 뽐내네”는 “시자!” 하는 국사의 부름에 “예!” 하고 응답한 시자를 두고 하는 말이다. 시자는 “재능이 있는 자”이고, “뽐내는 자”인 것이다.

[송]

구멍 없는 쇠칼을 사람이 메도록 하니
누累가 자손에까지 미쳐 예사로 여길 수 없도다.
문을 지탱하고 집을 유지하고자 한다면,
다시 맨발로 칼산을 올라야 하느니.

첫째 구의 “철가”鐵枷는 쇠로 만든 칼이다. 칼은 두껍고 기다란 나무판자의 윗부분에 구멍을 뚫어 놓은 형구로, 구멍에다 죄인의 목을 끼우고 비녀장을 질렀다. 무문은 “철가”라는 단어로 칼에 무거움을 실어 놓았다. 그런데 칼이라면 구멍이 있어야 하는데, 여기서는 “구멍 없는 쇠칼”이라고 했다. 구멍 없는 쇠칼을 사람에게 어떻게 씌울 수 있겠는가? 어깨에 짐을 짊어지듯이 쇠칼을 메도록 했다는 것일까? 쇠칼을 사람에게 씌울 때 쇠칼은 쇠칼의 용도로 쓰인 것이다. “구멍 없는 쇠칼”을 사람이 메도록 한다고 했으니, 구멍 없는 쇠칼도 쇠칼처럼 용도가 있다는 것일까? 하지만 구멍 없는 쇠칼은 실존하지도 않고 표상되지도 않기에 쇠칼처럼 용도가 있는 것이 아니다. “구멍 없는 쇠칼”은 “구멍 없는 피리”[104]처럼 본래면목을 지시한다.

---

104   정성본 역주, 『무문관』, 169쪽.

피리에 구멍이 있을 때 피리는 소리가 나면서 피리의 용도로 쓰일 수 있다. 그러나 구멍 없는 피리는 소리가 나지 않기에 피리의 용도로 쓰이지 않는다. 따라서 구멍 없는 쇠칼을 멘다는 것은 본래면목을 얻고자 줄기차게 정진한다는 뜻이다. 둘째 구의 "누累가 자손에까지 미친다"는 본래면목을 얻고자 스승에서 제자로, 다시 또 스승에서 제자로, 다시 또 스승에서 제자로 이렇게 세세손손 정진한다는 뜻이다.

이렇게 세세손손 정진하는 과업을 셋째 구에서 무문은 "문을 지탱하고 집을 유지하는" 일로 묘사하고 있다. 이는 선가禪家의 문호를 유지하여 진전시키는 일을 나타낸다. 그런데 이러한 일은 둘째 구에서 말하듯 예사로운 일이 아니다. 구멍 없는 쇠칼을 짊어져야 하지만, 나아가 또 칼산刀山을 맨발로 오를 수 있어야 하기 때문이다. 맨발로 수많은 칼이 박혀 있는 칼산을 딛고 오르는 일은 거의 불가능하다. 오르긴 오르더라도 오르자마자 칼에 찔려 피가 나는 부상을 입을 것이다. "맨발로 딛고 오르는 칼산"은 문호를 지키는 일이 지난한 일임을, 힘차게 정진해야 하는 일임을 나타낸다.

제18칙 동산삼근洞山三斤

: 마삼근!

[본칙]

동산[105] 화상에게 한 스님이 물었다.

"무엇이 부처입니까?"

동산이 대답했다.

"마삼근!"

(洞山和尙, 因僧問, "如何是佛?" 山云, "麻三斤".)

[평창]

동산 노인은 별것 아닌 방합선[106]을 참구하여 두 껍데기를 열어 곧바로 간장을 드러냈다. 그렇다 하더라도, 자, 말해 보아라! 어디에

---

105 운문문언의 법을 이어받은 선사로, 제15칙 「동산삼돈」에서 이 선사를 만난 바 있다.

106 방합선蚌蛤禪. 대합조개[蚌蛤]가 입을 벌리면 내장까지 모두 보이듯 동산은 "마삼근"이라
    는 세 글자를 통하여 자신의 살림살이를 모두 내보여 주었다는 뜻. 이 말은 무문혜개 자신
    이 만든 말이다. 석지현 역주·해설, 앞의 책, 105쪽.

서 동산을 보는가?

(洞山老人, 參得些蚌蛤禪, 纔開兩片, 露出肝腸. 然雖如是, 且
道! 向甚處見洞山?)

[송]

갑자가 튀어나온 "마삼근",

말도 친근하지만 뜻은 더욱 친근하구나.

"이다", "아니다" 말하는 자

이자야말로 시비인이로다.

(突出麻三斤　言親意更親

　來說是非者　便是是非人)

"마삼근"麻三斤이 무슨 뜻인지 알려면, "마"麻, "삼"三, "근"斤 각
각의 뜻을 알아야 한다. 삼은 보통 마나 근보다 먼저 배워 알고 있는
말일 터이니, 이제 마와 근이 무슨 뜻인지 알아야 한다. 그래서 삼을
제외하고 마와 근을 갖고서 4구를 만들어 볼 수 있다. 마의 뜻은 알
되 근의 뜻은 모르는 경우, 마의 뜻은 모르고 근의 뜻은 아는 경우,
마의 뜻도 알고 근의 뜻도 아는 경우, 마의 뜻도 모르고 근의 뜻도 모
르는 경우, 이렇게 네 경우가 있을 것이며, 마와 근의 뜻을 모르더라
도 뜻을 말해 주면 알게 될 터이므로, 결국 마의 뜻도 알고 근의 뜻도
알게 될 것이다. 물론 마의 뜻을 더 많이 알고 근의 뜻을 더 많이 아
는 경우도 있을 것이다. 그렇다 하더라도, 이런 사람이 마삼근이라

는 말을 들었을 때 동산 화상과 같은 시대에 사는 사람처럼 승복을 한 벌 만드는 데 드는 재료라는 것은 아직 모를 것이다. 이제 마, 삼, 근 세 단어의 뜻을 모두 알고, 마삼근이 승복 한 벌 만드는 데 쓰이는 마사麻絲(베실)의 양이라는 알게 되었다고 하자. 그러면 이 사람에게 마삼근은 친근한 말이 된다.

스님이 던진 질문은 "무엇이 부처입니까?"이다. 이에 운문은 "마삼근!"이라고 대답했다. 운문의 대답을 들은 스님이 생각해 가는 과정에 동반해 보자. 마삼근은 "마사 세 근"이라는 뜻인데 이 마사 세 근이 부처라는 뜻인가? 아니다, 마사 세 근은 승복 한 벌을 만들 수 있는 재료이니 승복 한 벌이다. 아니다, 승복 한 벌이 어떻게 부처란 말인가? 승복은 수행자가 입는 옷이니 승복 한 벌은 한 명의 수행자를 가리킬 것이다. 그럼, 승복을 입은 수행자는 모두 부처라는 말인가? 아니다, 승복을 입은 수행자라고 해서 다 부처인 것은 아니다. 높은 경지에 이른 수행자를 가리킬 것이다. 그럼, 높은 경지에 오른 수행자가 다 부처란 말인가? 아니다, 오직 불과佛果에 이른 수행자만을 가리킬 것이다.

이렇게 생각해 온 스님은 다시 또 다음과 같이 생각할 것이다. 그렇다면 애초 "불과에 이른 수행자"라고 답하면 될 것을 왜 "마삼근"이라고 했지? "무엇이 부처입니까?" 하고 물은 내 질문이 잘못된 것이 아닌가? 왜 화상은 내 질문에 대하여 내 질문과 유사한 대답을 했는가? 그래서 스님은 다시 마삼근으로 내려오게 된다. 마와 삼과 근이 결합된 마삼근으로 이해하게 되면 이렇게 되니 마, 삼, 근을 결합하면 안 되겠다. 아니다, 내가 마, 삼, 근을 세상 사람들처럼 마삼 근으로 결합한 탓이니, 결합의 근원 마, 삼, 근을 버려야겠다. 마, 삼, 근은 마근삼, 삼근마 등으로 결합될 수도 있지 않은가? 이제 마도, 삼도, 근도 "마삼근"의 마, 삼, 근이 아니다. 마, 삼, 근으로 발음하면 안 되겠다. "마삼근"을 그대로 두되 마삼근으로 이해하지 말자. "마 삼근"을 마삼근, 승복 한 벌, 수행자, 불과의 수행자로 전개되지 않도 록 그대로 놓아두자. 그렇다면 마삼근은 기표도 없고 기의도 없는 텅 빈 말을 지시하게 된다. 마삼근은 이렇듯 텅 빈 말을 지시하면서 사라져 버린다.

[평창]

동산 노인은 별것 아닌 방합선을 참구하여 두 껍데기를 열어 곧바로 간장을 드러냈다. 그렇다 하더라도, 자, 말해 보아라! 어디 에서 동산을 보는가?

무문은, 조개가 양 껍질을 벌려 속을 다 드러내 보이듯 단박에 모든 것을 보여 주는 선을 "방합선"蚌蛤禪이라는 용어로 표현했다. 어디에서 동산을 보는가? 조개의 속내를 보듯 일정한 선을 따라 움 직이는 기표와 기의에 대항하는, 완연한 '마삼근'에서 본다. 마삼근 은 무-의미의 활구이기 때문이다.

[송]

갑자가 튀어나온 "마삼근",

말도 친근하지만 뜻은 더욱 친근하구나.

"이다", "아니다" 말하는 자

이자야말로 시비인이로다.

동산이 스님의 "무엇이 부처입니까?" 하는 물음에 "깨달음을 얻
은 자이다", "불과에 도달한 자이다" 등으로 대답했다면 이는 갑자기
튀어나온 말이 아니다. 동산은 주체도, 대상도, 논리도 벗어난 말을
순식간에 내뱉고 있다. 마삼근이 마사 세 근을 뛰어넘어 바로 승복
한 벌을 지칭하기에 말도 친근하다고 한 것이고 마삼근과 승복 한
벌이 수행자, 높은 경지의 수행자로 계속 바로바로 전전하기에 뜻은
더욱 친근하다고 말한 것이다. 그런데 위에서 보았듯이 이 "마삼근"
이라는 말은 마삼근이라는 사물을 지칭하지 않는다. 마삼근이라는
말이 빈 말을 지시하는 활구인 줄 모르고 마삼근이라는 사물을 지
칭한다고 여기는 사람은 "이다", "아니다" 하고 말하며 시비를 가리
는 사람이다.

제19칙 평상시도平常是道

: 평상심이 도이다

[본칙]

①남전에게 조주가 물었다.

"무엇이 도입니까?"

남전이 대답했다.

"평상심이 도이다."

②조주가 물었다.

"향하여 나아가도 되겠습니까?"

남전이 대답했다.

"향하고자 하면 곧 어긋난다."

③조주가 물었다.

"향하고자 하지 않는다면 어떻게 그것이 도인 줄 알겠습니까?"

남전이 대답했다.

"도는 안다든지 알지 못한다든지 하는 것에 속하지 않는다. 안다는 것은 거짓 깨달음[망각妄覺]이요, 알지 못한다는 것은 무기無

記이다. 만일 참으로 의심이 없는 도에 통달한다면, 이는 마치 허공이 텅 비어 탁 트인 것과 같다. 그럴진대 억지로 '이다, 아니다' 할 수 있겠는가?"

조주는 말이 떨어지자마자 단박에 깨달았다[돈오頓悟].

(南泉, 因趙州問, "如何是道?" 泉云, "平常心是道". 州云, "還可趣向否?" 泉云, "擬向卽乖". 州云, "不擬, 爭知是道?" 泉云, "道不屬知, 不屬不知. 知是妄覺, 不知是無記. 若眞達不疑之道, 猶如太虛廓然洞豁. 豈可强是非也?" 州於言下頓悟.)

[평창]

남전은 조주에게 질문을 받자, 기와처럼 부서지고 얼음처럼 녹아서 조목조목 설명할 수 없게 되었다. 조주는 설사 깨달았다 해도, 다시 30년 참구하지 않으면 안 될 것이다.

(南泉被趙州發問, 直得瓦解冰消, 分疏不下. 趙州縱饒悟去, 更參三十年始得.)

[송]

봄에는 갖가지 꽃, 가을에는 달,
여름에는 시원한 바람, 겨울에는 눈이 있네.
만일 마음에 걸리는 하찮은 일이 없다면,
이야말로 인간세계의 호시절이로다.
(春有百花秋有月　夏有涼風冬有雪

若無閑事挂心頭　便是人間好時節)

이 공안은 세 부분으로 나눌 수 있다. 첫 번째 문답을 두 번째와 세 번째 문답에서 남전이 조주의 물음에 답하며 해명하는 형식으로 되어 있다. 먼저 첫 번째 문답이다.

①남전에게 조주가 물었다.

"무엇이 도입니까?"

남전이 대답했다.

"평상심이 도이다."

이 문답은 제18칙, 제21칙, 제37칙과 유사한 형식으로 되어 있다. "무엇이 도입니까?" 하는 물음은 선불교에서 말하는 깨달음을 묻는 것이기에 "무엇이 부처입니까?"(제18칙, 제21칙), "무엇이 조사가 서쪽에서 온 뜻입니까?"(제37칙) 등의 물음과 유사하다.

동산 화상에게 한 스님이 물었다.

"무엇이 부처입니까?"

동산이 대답했다.

"마삼근!"

(제18칙「동산삼근」)

운문에게 한 스님이 물었다.

"무엇이 부처입니까?"

운문이 대답했다.

"똥막대기!"

(제21칙 「운문시궐」)

조주에게 한 스님이 물었다.

"무엇이 조사가 서쪽에서 온 뜻입니까?"

조주가 대답했다.

"뜰 앞의 잣나무!"

(제37칙 「정전백수」)

그런데 이 물음들에 대한 대답 "마삼근", "똥막대기", "뜰 앞의 잣나무"는 묻는 사람을 바로 깨달음으로 들어가게 하는 활구인 데 반해, 남전의 "평상심이 도이다"는 그런 활구가 아니다. 따라서 이 문구를 해명할 필요가 있는데, 이 공안은 마조로부터 발원한 평상심平常心을 조주와 남전의 문답을 통해 해명하려 하고 있으니, 이를 그대로 따라가며 읽으면 된다. 다음은 두 번째 문답이다.

②조주가 물었다.

"향하여 나아가도 되겠습니까?"

남전이 대답했다.

"향하고자 하면 곧 어긋난다."

　조주는 평상심을 도달해야 할 목적지로 보고 "평상심을 향하여 나아가도 되겠습니까?" 하고 묻는다. 조주는 평상심을 눈앞의 어떤 사물처럼 표상하고 있다. 평상심이라는 말을 사용했지만 평상심은 특정한 사실 혹은 사태를 지칭하는 것이 아닌데도 말이다. "향하고자 하면 곧 어긋난다"라는 남전의 대답에서 "어긋난다"는 평상심에 어긋난다는 뜻이다. 평상심을 얻고자 하는 사람은 평상심과 멀어진다는 것을 남전은 "어긋난다"라는 말로 표현하고 있다. 다음은 세 번째 문답이다.

　③조주가 물었다.
　"향하고자 하지 않는다면 어떻게 그것이 도인 줄 알겠습니까?"
　남전이 대답했다.
　"도는 안다든지 알지 못한다든지 하는 것에 속하지 않는다. 안다는 것은 거짓 깨달음[망각]이요, 알지 못한다는 것은 무기이다. 만일 참으로 의심이 없는 도에 통달한다면, 이는 마치 허공이 텅 비어 탁 트인 것과 같다. 그럴진대 억지로 '이다, 아니다' 할 수 있겠는가?"
　조주는 말이 떨어지자마자 단박에 깨달았다[돈오].

　"평상심이 도이다"라는 남전의 말에서 도는 평상심을 규정하고 있다. 이렇게 평상심이 도로 규정되었으므로, 평상심은 도라는 규정을 통해 알게 된다. 규정한다는 것은 특정한 개념으로 향한다는 것이다. 특정한 개념으로 판단되어 인식된다는 것이다. 이러한 과정을 거치지 않을 때 우리는 어떤 것의 규정을 얻을 수 없다. 그래서 조주는 "향하고자 하지 않는다면 어떻게 평상심이 도인 줄 알겠습니까?" 하고 묻는 것이다. 조주는 깨달음이라는 순수 사유의 문제를 인식의 문제로 여기고 있다. 이에 남전은 도는 인식의 문제가 아니라는 점을 "도는 안다든지 알지 못한다든지 하는 것에 속하지 않는다"라는 대답으로 말해 준다. 그러면서 인식의 문제를 긍정과 부정의 문제로 확장하고 있다. 이런 종류의 인식을 넘어서야 평상심을 얻을 수 있음을 말하는 것이다. 왜냐하면 인식함은 거짓 깨달음이고, 인식하지 않음은 선과 악을 식별하지 못하는 무기이기 때문이다. 각覺은 여러 가지 뜻이 있지만,[107] 원문에 있는 망각妄覺의 각은 깨달음으로 번역되어야 한다. 무기無記는 범어 "avyakṛta"의 번역어로 선, 악으로 기별記別할 수 없는, 즉 선과 악을 뚜렷이 변별할 수 없는 마음 작용을 가리킨다. 이는 마치 탐貪, 진瞋, 치癡 3독 중 치癡가 탐과 진을 뚜렷이 변별할 수 없는 것과 같다. 여기서는 선과 악의 문제를 다루는 것이 아니기에, 무기를 치로 이해하는 것이 좋을 것 같다. 치는 무지 곧 지혜가 없음을 뜻하기 때문이다. 이어 나오는 "의심이 없는 도"는 망각妄覺과 무기無記가 없는, 인식함과 인식하

---

107 "각"覺의 네 가지 뜻에 대해서는 박인성, 『화두』, 86~87쪽을 볼 것.

지 않음을 넘어선 도이다. 이러한 도에 통달한다는 것은 깨달음을 증득한다는 것과 같은 말이다.

조주는 남전의 말이 끝나기가 무섭게 단박에 깨달았다고, 즉 돈오했다고 했다. 여기서 우리는 돈오도 일정한 사유 절차를 밟아야 가능하다는 점을 알 수 있다. 바로 앞에서 "이는 마치 허공이 텅 비어 탁 트인 것과 같다(유여태허확연통활猶如太虛廓然洞豁)"라고 했으므로 조주는 남전의 말을 듣고 허공이 텅 비어 탁 트인 것 같은 체험을 했을 것이다. 돈오란 이처럼 일정한 사유 절차, 여기서는 조주와 남전의 앞의 대화(조주와 남전의 이 대화는 내가 나와 나누는 대화 과정 곧 사유 과정)를 거치면서 얻는 것이지, 과정과 절차 없이 얻는 것이 아니다.

"그럴진대 억지로 '이다, 아니다' 할 수 있겠는가?"는 앞의 조주의 물음, 즉 "무엇이 도입니까", "향하여 나아가도 되겠습니까?", "향하고자 하지 않는다면 어떻게 그것이 도인 줄 알겠습니까?" 등을 가리키며, 이 모든 분별에 기댄 물음을 삭제하고 있다. 분별에 기댄 물음이 삭제되었기에, 조주는 남전의 말이 떨어지기 무섭게 돈오한 것이다.

[평창]

남전은 조주에게 질문을 받자, 기와처럼 부서지고 얼음처럼 녹아서 조목조목 설명할 수 없게 되었다. 조주는 설사 깨달았다 해도, 다시 30년 참구하지 않으면 안 될 것이다.

조주가 묻고 이에 대해 남전이 대답하는 과정은 개념적으로 규정되거나 규정될 수 있는 도에서 벗어나는 과정이다. 만약 남전이 "무엇이 도입니까?"라는 조주의 첫 번째 물음에 "깨달음이 도이다"라고 하며 개념적 규정이 담긴 대답을 했다면 "텅 비어 탁 트인" 허공과 같은, "의심이 없는" 도에서 멀어졌을 것이다. 무문은 남전이 세 번의 문답을 통해 조주를 깨달음으로 이끌어 가는 과정을, 술어를 부단히 확장하며 해명해 가는 과정 곧 "분소"分疏가 아니라, 문답 때마다 곧바로 개념적 규정을 끊어 가는 과정으로 보고, 이를 "기와처럼 부서지고 얼음처럼 녹는다"로 표현하고 있다. 무문은 첫 번째 문답, 즉 "무엇이 도입니까?" 하는 질문, "평상심이 도이다" 하는 대답에서 단박에 깨닫지 못한 조주를 보고, "조주는 설사 깨달았다 해도 다시 30년 참구하지 않으면 안 된다"고 말하며, 남전이 얻은 도의 깊이를 간접적으로 표현하고 있다.

[송]

봄에는 갖가지 꽃, 가을에는 달,
여름에는 시원한 바람, 겨울에는 눈이 있네.
만일 마음에 걸리는 하찮은 일이 없다면,
이야말로 인간세계의 호시절이로다.

봄에 꽃을 보고, 가을에 달을 보고, 여름에 시원한 바람을 맞고, 겨울에 눈을 보는 것은 성자이든 범부이든 누구나 체험할 수 있는 일들이다. 성자와 범부라는 높고 낮음이 없는 평상시의 마음인 평상심에 "하찮은 일"이 없다면 우리가 체험하는 그 모든 것은 인간세계의 호시절이다. 여기서 "하찮은 일"이라 표현된 것은 사실 범부에게는 굉장히 무거운 것이다. 탐, 진, 치 등 온갖 번뇌가 횡행하는 내 마음, 내 말, 내 행동을 의미하기 때문이다. 따라서 평상심을 누리려면 이 모든 번뇌를 삭이고자 분투하지 않으면 안 된다. 평상심은 성자와 범부로 나뉘기 전의 마음이다. 성자가 인간세계의 호시절을 누리는 마음은 범부가 누리는 마음과 한 치도 다를 바가 없다. 마조의 평상심은 이처럼 성자를 범부로 내려오게 하고 범부를 성자로 올라가게 하는 평등하고(평平) 항상한(상常) 마음이다.[108]

---

108   마조의 "평상심"에 대해서는 박인성, 『화두』, 84~85쪽을 볼 것.

제20칙 대역량인大力量人

: 힘이 센 사람이 왜 다리를 들지
못하는가?

[본칙]

송원[109] 화상이 말했다.

"힘이 센 사람이 어찌하여 다리를 들지 못하는가?"

또 말했다.

"말을 하는 것은 혀에 있지 않다."

(松源和尙云, "大力量人, 因甚抬脚不起?" 又云, "開口不在舌
頭上".)

[평창]

송원은 배를 뒤집어 내장을 다 쏟아 냈다고 이를 만하나, 단지

---

109 송원숭악松源崇嶽(1132~1202). 임제종 양기파 원오극근圜悟克勤(1063~1135)의 5대 법
손. 밀암함걸密庵咸傑(1118~1186)의 법을 이어받았다. 무문혜개와 동시대인이다.

이를 수용하는 자가 없을 뿐이다. 설령 이를 곧장 수용한다 해도, 무문의 처소로 와서 아픈 몽둥이질을 받기에 꼭 알맞다. 무엇 때문인가? 자!¹¹⁰ 진금眞金을 식별하려면 불 속에서 보라.

(松源可謂傾腸倒腹, 只是欠人承當. 縱饒直下承當, 正好來無門處喫痛棒. 何故? 鼕! 要識眞金, 火裏看.)

[송]

다리를 들어 향수해¹¹¹를 밟아 뒤집고,

머리를 숙여 4선천¹¹²을 내려다보아도,

이 한 몸을 놓을 곳이 없네.

청하노니 이 구를 계속 이어 주기를.

(攙脚踏翻香水海　低頭俯視四禪天

一箇渾身無處著　請續一句)

---

110 니鼕. 안재철·수암, 『무문관』, 205쪽, 그리고 정성본 역주, 『무문관』, 128~129쪽에 "니鼕"의 여러 용법이 소개되어 있다. 여기서는 "니"를 "양구"良久(잠시 말을 멈추고 침묵함)와 같은 휴지의 의미로 보았다. 앞과 마찬가지로 "보라!"라고 번역하고 싶었지만 이어지는 문장에 "보라"가 들어 있어 "자!"라고 번역했다.

111 향수해香水海. 수미산을 둘러싸고 금으로 된 일곱 개의 산[칠금산七金山]과 여덟 개의 바다가 있는데, 그중 일곱 개의 안쪽 바다[내해內海]를 이른다. 이 바다들은 무지갯빛 나는 민물로 되어 있고 향기가 나기에 향수해香水海라고 한다. 칠금산 바깥에는 짠물로 이루어진 드넓은 바깥 바다[외해外海]가 있다.

112 4선천四禪天. 색계의 네 번째 천天. 욕계, 색계, 무색계 3계 중 욕계는 산지散地(산란의 대지), 색계와 무색계는 정지定地(선정의 대지)이다. 선정을 닦으면 색계와 무색계의 천天에 태어날 수 있다. 색계에는 색계 4선禪 곧 초선(제1정려靜慮), 이선(제2정려), 삼선(제3정려), 사선(제4정려)이 있고, 무색계에는 4무색정無色定 곧 공무변처空無邊處, 식무변처識無邊處, 무소유처無所有處, 비상비비상처非想非非想處가 있다.

이 공안은 두 물음으로 되어 있다. 첫 번째 물음은 "힘이 센 사람이 어찌하여 다리를 들지 못하는가?"이다. 약하거나 병든 사람이라면 앉았다가 스스로 다리를 들어 일어날 수 없는 경우가 있다. 또 건강한 사람이라 하더라도 갑자기 이상이 생겨 다리를 들어 일어날 수 없는 일이 있다. 이 문장의 주어는 이러한 약한 사람, 병든 사람, 건강한 사람이 아니다. 이런 부류의 사람들이 주어가 된다면 너무나 당연한 일이기에 아무런 의정이 일어나지 않는다. 의정은 할 수 있는 능력이 있는 사람이 할 수 없다든지, 할 수 있는 능력이 없는 사람이 할 수 있다고 할 때 일어난다. 송원은 정상적인 지성understanding이 기능하지 않도록 힘이 센 사람을 주어로 삼아 이런 부류의 사람이 어찌하여 다리를 들지 못하는가 하고 묻고 있다. 만약 이 물음에 힘이 센 사람이라 해도 병약한 사람처럼 다리를 들어 일어나지 못하는 경우가 있지 않은가 하고 되묻는다면, 송원의 의중을 파악하지 못한 것이다. 송원은 "힘이 센 사람"이라는 개념과 "다리를 들지 못함"이라는 개념을 충돌시켜 일어나는 의정의 힘으로 이 두 개념을 해체하고 있다. 이 두 개념이 해체된 자리는 아래 무문의 송에서 보듯, "다리를 들어 향수해를 뒤집어엎고, 머리를 숙여 사선천을 내려다보지만, 온몸을 놓을 수 없는 자리이다."

두 번째 물음은 "말을 하는 것은 혀에 있지 않다"이다. 이 물음 역시 앞의 물음과 구조가 동일하다. 입을 열어 말을 하려면[개구開口], 혀, 목, 이, 입술, 코 등 여러 음성기관의 협력이 이루어져야 한다. 이 문장에서 혀는 이 모든 음성기관을 대변하고 있으므로, 이 문장을 말을 할 때 혀만 쓰는 것이 아니라는 뜻으로 받아들여서는 안 된다. 우리는 말을 할 때 당연히 혀를 쓴다는 것을 알고 있으므로, "말을 하는 것은 혀에 있다"가 올바른 명제라 여기고, 아무런 의정이 일어나지 않지만, "말을 하는 것은 혀에 있지 않다"라는 송원의 물음을 들으면 "말을 할 때는 혀를 쓰는데 왜 혀를 쓰지 않는다고 하지?" 하며 자연스럽게 의정이 일어난다. 바로 이러한 의정을 따라 들어가면서 관할 때 "말을 함"과 "혀에 있지 않음"이 충돌해서 각 개념이 해체되어 가는 것을 발견하게 된다. 송원은 개념의 동일성이 해체된 자리를, 부정을 통해서가 아니라 의정을 통해 보여 주고자 하고 있다.

후에 세 번째 물음을 보태 송원의 3관문이라 하게 되었는데, 그 세 번째 관문은 "눈 밝은 납승이 왜 발에 매인 붉은 실을 끊지 못하는가?(명안납승인십마각하홍사선부단明眼衲僧因甚麼脚下紅絲線不斷)"이다. 이 관문의 물음의 구조 역시 위 두 관문의 물음의 구조와 동일하다. "눈 밝은 납승"과 "붉은 실을 끊지 못함"은 충돌한다. 이를 아직 홍사선紅絲線이라는 미망이 남아 있으니 이타행을 위해 이 홍사선을 끊어야 한다고 해석한다면, 이는 개념을 끊어 나가는 것이 아니라 한 개념에 기존의 개념을 끌어들여 자꾸 확장해 가는 것이어서 송원의 의중에 반하게 된다. 송원은 덫을 놓고 우리가 이 덫을 어떻게 찾아내 벗어나는지 보고자 하고 있다.

송원은 배를 뒤집어 내장을 다 쏟아 냈다고 이를 만하나, 단지 이를 수용하는 자가 없을 뿐이다. 설령 이를 곧장 수용한다 해도, 무문의 처소로 와서 아픈 몽둥이질을 받기에 꼭 알맞다. 무엇 때문인가? 자! 진금을 식별하려면 불 속에서 보라.

"배를 뒤집어 내장을 다 쏟아 냈다"라는 것은 학인들을 깨달음으로 인도하기 위해 할 말을 다해 더는 아무 할 말도 남아 있지 않다는 뜻이다. 앞에서 읽은 제13칙 「덕산탁발」의 말후구, 제1칙 「조주구자」의 송 전체를 이렇게 표현했다고 볼 수 있다. 말할 것이 남아 있어야 이를 두고 말을 주고받을 터인데, 남아 있는 것이 없으므로, 즉 주고받을 말이 없으므로, 송원의 말씀을 듣는 학인들은 이를 수용하기 어렵다. 그래서 무문은 "단지 이를 수용하는 자가 없을 뿐이다"라고 말한다.

이어 무문은 누군가 송원의 말씀을 수용한다고 하더라도, "무문의 처소로 와서 아픈 몽둥이질을 받기에 꼭 알맞다"고 하며 자신이 직접 확인해 보아야 한다고 말한다. 왜인가? 송원의 말씀을 수용하는 자가 이해understanding에 그칠 수 있기 때문이다. 이렇게 말하고 나서 무문은 "자!"라는 말을 두어 휴지를 이루게 하고 있다. "자!"는 바로 앞의 "무엇 때문인가?"에 대한 답이며, 이 답이 다음의 "진금을 식별하려면 불 속에서 보라"로 전개된다. 금이 진짜인가, 가짜인가 식별하려면 금을 불 속에 넣어 보아야 하듯 학인들의 수용이 진짜인가, 가짜인가 식별하기 위해서는 학인들이 자신의 몽둥이질을 겪어 보아야 한다고 무문은 말한다.

[송]

다리를 들어 향수해를 밟아 뒤집고,
머리를 숙여 4선천을 내려다보아도,
이 한 몸을 놓을 곳이 없네.
청하노니 이 구를 계속 이어 주기를.

무문은 이 송에서 진여의 견실성을 표현하고 있다. 가령 송원의 첫째 관문 "힘이 센 사람이 어찌하여 다리를 들지 못하는가?"에서 "힘이 센 사람"과 "다리를 들지 못함"은 충돌하여 심연으로 가라앉아 더 이상 아무런 개념들이 생겨나지 않게 된다. 개념들이 생겨나면 개념들 간의 매개가 생겨나고, 그리하여 심연은 견실하지 않게 된다. 무문은 이러한 진여의 견실성을 제26칙 「이승권렴」 송에서 "면면밀밀"綿綿密密이라는 단어로 표현한다.[113]

무문은 넷째 구에서 "청하노니, 이 구를 계속 이어 주기를(청속

___

113 [발을] 말아 올리면 환하게 허공이 트이지만
      허공은 아직 우리의 종지에 들어맞지 않네.
      어찌 [발을] 허공에서 고스란히 아래로 내릴 때
      바람 한 점 통할 틈이 없는 면면밀밀과 같겠는가?
      (卷起明明徹太空 太空猶未合吾宗
        爭似從空都放下 綿綿密密不通風)

일구請續一句)"이라 하며, 독자가 구를 완성하기를 바라면서 그다음 세 자가 들어갈 자리를 공백으로 남겨 두었다. 필자가 보기에, 이 자리는 그냥 공백으로 두어야 한다. 공백이야말로 가장 견실하고 가장 충만한 것이기 때문이다.

제21칙 운문시궐雲門屎橛

: 똥막대기!

[본칙]

운문에게 한 스님이 물었다.

"무엇이 부처입니까?"

운문이 대답했다.

"똥막대기!"

(雲門, 因僧問, "如何是佛?" 門云, "乾屎橛!")

[평창]

　운문은 집이 가난해서 변변찮은 음식[소식素食]도 마련하기 어렵고, 일이 바빠서 초서草書로 쓸 겨를도 없다고 말할 만하다. 걸핏하면 똥막대기를 가져와서 문을 지탱하고 집을 유지하려고 하니, 불법의 흥망성쇠를 볼 수가 있구나.

　(雲門, 可謂家貧難辨素食, 事忙不及草書. 動便將屎橛來, 撑門拄戶, 佛法興衰可見.)

번갯불 번쩍
부싯돌의 불 번쩍
눈 깜빡이니
이미 스쳐 지나갔네.
(閃電光　擊石火
瞬得眼　已蹉過)

　　원문의 "간시궐"乾屎橛 곧 똥막대기는 작은 대나무 조각으로,
변소에 두고서 똥을 닦는 데 사용하는 물건이다.[114] 운문은 "무엇이
부처입니까?" 하는 스님의 질문에 "똥막대기!" 하고 대답했다. 우리
는 운문의 이 "똥막대기"라는 말을 듣자마자 불쾌한 냄새가 나는 똥
묻은 막대기를 떠올리며 "부처는 깨끗한(청정한) 분인데 왜 더러운
똥막대기라고 그러는 걸까?" 하는 의문을 일으키게 된다. 우리는 부
처는 깨끗하다고 단정해 왔지만, 운문의 대답을 듣고 이제 깨끗함과
더러움 사이에서 머뭇거리게 된다. 의문이 불러온 이러한 머뭇거림
은 매우 중요하다. 우리를 깨끗함이나 더러움이라는 어느 한 극단
으로 향하게 하지 않기 때문이다.
　　이 공안을 접하는 이들은 보통 운문이 "똥막대기!"라고 대답한
의중은 똥막대기의 더러움으로 "부처는 깨끗하다" 하는 깨끗함에

114　김태완 역주, 『무문관: 달을 보면 손가락을 잊어라』, 127쪽 각주 315.

대한 집착을 깨려 한다는 데 있다고 여긴다. 그러나 똥막대기의 더러움은 더러움을 똥막대기에 미리 상정해 놓았기 때문에 생긴 것이다. 다시 말해, 똥막대기의 더러움은 "똥막대기"라는 말이 똥막대기라는 사물을 지칭하기 때문에 생긴 것이다. 그러나 우리가 제18칙 「동산삼근」에서 만난 "마삼근"이라는 말이 마삼근을 지칭하지 않듯이 "똥막대기"라는 말은 똥막대기라는 사물을 지칭하지 않는다. "똥막대기"라는 말이 똥막대기라는 사물을 지칭하게 되면 불쾌한 냄새가 나는 더러운 똥막대기의 표상과 감정이 일어나기 때문이다. 따라서 운문의 대답 "똥막대기!"는 우리가 인위적으로 만들어 놓은 표상과 감정을 삭제하여, 깨끗함과 더러움의 대립을 벗어나게 하려는 데 의의가 있는 것이다.

『무문관』에는 "무엇이 부처입니까?"라는 질문을 담은 화두가 이 화두 말고 한 점 더 있다. 방금도 언급한 제18칙 「동산삼근」이다. 두 화두를 비교해 보며 간시궐 화두의 성격을 더 밝혀 보자.

동산 화상에게 한 스님이 물었다.
무엇이 부처입니까?
동산이 대답했다.
마삼근!
(제18칙 「동산삼근」)

그런데 이 두 공안은 대답이 서로 다르다. 제18칙의 마삼근은 승복 한 벌을 짓는 데 드는 마사의 양을 가리키고, 제21칙의 간시궐은 똥을 닦는 데 쓰는 물건을 가리키기 때문이다. 그래서 마삼근은 깨끗함으로 향해 있고, 간시궐은 더러움으로 향해 있는 것처럼 보인다. 그러나 "마삼근"을 들고 깨끗함으로 향하면, 그리고 "간시궐"을 들고 더러움으로 향하면, 각각 동산과 운문이 맞이하게 하는 부처를 만나지 못한다. 마삼근과 간시궐이 각각 대상을 지시하는 사구가 아님을 보아야, 즉 마삼근과 간시궐이 각각 활구임을 보아야, "무엇이 부처입니까?" 하는 질문에 걸맞게 부처를 만날 수 있다. 『반야심경』에 "불구부정"不垢不淨이라는 어구가 있다. "불생불멸不生不滅, 불구부정不垢不淨, 부증불감不增不減" 할 때의 그 불구부정. 공성은 깨끗한 것도 더러운 것도 아니다. 마삼근이 승복을 지칭하기에 깨끗한 것을 뜻하고, 간시궐이 똥을 닦는 데 쓰기에 더러운 것을 뜻한다고 본다면, 버려야 할 말들을 버리지 못하고 이 말들이 가리키는 사물에 머물게 된다. 마삼근이 깨끗함으로, 간시궐이 더러움으로 향한다면, "무엇이 부처입니까?" 하고 물은 스님은 깨끗함 혹은 더러움에 머물게 되고 매이게 된다. 그러나 이 화두의 "마삼근"과 "간시궐"은 같은 것이다. "마삼근"은 마삼근을 지칭하지 않고 곧바로 사라지고, "간시궐"은 간시궐을 지칭하지 않고 곧바로 사라진다.

[평창]

운문은 집이 가난해서 변변찮은 음식[소식]도 마련하기 어렵고, 일이 바빠서 초서로 쓸 겨를도 없다고 말할 만하다. 걸핏하면 똥막대기를 가져와서 문을 지탱하고 집을 유지하려고 하니, 불법의 흥망성쇠를 볼 수가 있구나.

가난해서 소식素食을 갖추기도 어렵고 일이 바빠서 초서草書로 쓸 겨를도 없다는 운문의 대답 "똥막대기"가 이러한 소식이나 초서조차 되지 못함을 나타낸다. 이는 말 "간시궐"이 사물 똥막대기를 지칭하며 함의signification[115]가 확장해 나가는 개념적 풍성함을 갖지 않는다는 뜻이다. 무문은 잠깐이라도 말 "똥막대기"가 사물 똥막대기를 지칭하지 않고, 즉 머물지 않고, 사라지는 모습을 이렇게 표현한 것이다. 또 무문은 운문이 "똥막대기"로 쇠락해 가는 문호를 지키려고 바둥댄다고 말했는데, 여기서 우리는 역으로 말 "똥막대기"로 사물 똥막대기를 지칭하며 부단히 그 의미를 부질없이 확장해 나가는 당시 사람들의 모습을 읽을 수 있다.

---

[115]   함의작용은 지시작용, 현시작용과 함께 명제의 세 차원을 이룬다. 이에 대해서는 조 휴즈, 박인성 옮김, 『들뢰즈와 재현의 발생』, 도서출판b, 2021, 47쪽을 볼 것. "지시작용denotation은 명제가 '외적이고' '개체화된' 사태 (소여datum)와 맺는 관계를 표현한다.(LS 12) 이 작용은 명제가 자신이 지시하는 것 혹은 가리키는 것과 맺는 관계이다. 예를 들어, '하늘은 오렌지색이다'라는 언어학적 명제에서라면 지시된 사태는 실제의 오렌지색일 것이다. 현시작용manifestation은 명제가 이 명제를 말하는 심리학적 — 초월론적이 아니다 — 주체와 맺는 관계이다. 이 작용은 '나'라고 말하는 사람, '나'라고 말할 수 있는 통일체를 가리킨다.(LS 78) 함의작용signification은 개념concept, 혹은 명제의 뜻meaning과 맺는 관계이다. 예를 들어, 이 작용은 설사 하늘이 파란색일 때라도 하더라도 오렌지색 하늘에 대해 품을지도 모르는 개념을 가리킨다. 지시작용은 사물과 관계를 맺고, 함의작용은 함의 혹은 개념과 관계를 맺으며, 현시작용은 주체와 관계를 맺는다. '말하기 시작하는 사람은 현시하는 사람이다. 이 사람이 말하는 대상은 지시체denotatum이다. 이 사람이 말하는 내용은 함의들significations이다.'(LS 181)"

운문의 "똥막대기"는, 지칭으로 향하며 의미를 최대한 확장해 가는 과정을 한순간에 막는 강렬한 언어, 곧 빈 말을 지시하는 활구이다.

[송]

번갯불 번쩍
부싯돌의 불 번쩍
눈 깜빡이니
이미 스쳐 지나갔네.

첫째 구와 둘째 구 "섬전광"閃電光의 "전광"과 "격석화"擊石火의 "석화"는 우리가 자주 들어온 "전광석화"의 전광과 석화이다. 전광석화는 번갯불이나 부싯돌의 불이 번쩍이는 것, 극히 짧은 시간에 일어났다 사라지는 것을 뜻한다. "무엇이 부처입니까?"라는 질문에 대한 운문의 대답 "똥막대기"는 전광석화와 같다. 운문의 "똥막대기"라는 말이 짧기에 전광석화 같다는 것이 아니라, "똥막대기"가 아무런 지칭되는 물건에 머물지 않고 애초에 말을 안 한 듯 순식간에 사라지기에 이렇게 표현한 것이다. 셋째 구와 넷째 구 "눈 깜빡이니 이미 스쳐 지나갔네"가 바로 이 점을 말해 주고 있다. "번쩍인다"고 표현하기 전에 번쩍임은 이미 사라지고 없다.

제22칙 가섭찰간迦葉刹竿

: 문 앞의 찰간을 넘어뜨려라

[본칙]

가섭에게 아난이 물었다.

"세존께서 [존자에게] 금란가사[116]를 전하신 것 이외에 따로 어떤 것을 전하셨습니까?"

가섭이 불렀다

"아난[117]!"

아난이 응답했다.

"예!"

가섭이 말했다.

---

116 금란가사金襴袈裟. 금실로 지은 가사. 세존이 가섭에게 금란가사를 전했다는 것은 세존 본인이 평생 수행해서 얻은 진리를 세상 사람들에게 전해 달라고 부탁했다는 뜻이다.

117 아난阿難. "환희"라는 뜻의 "ānanda"의 음역. 아난 존자는 석존의 사촌 동생으로, 석존이 입멸할 때까지 20여 년을 석존을 시중 들며 살았다. 석존을 곁에서 모시며 석존의 말씀을 가장 많이 들었으므로, 아난 존자는 "다문제일多聞第一 아난"으로 불린다. 선가에서 아난 존자는 가섭 존자를 잇는 제2대 조사이다.

"문 앞의 찰간[118]을 넘어뜨려라!"

(迦葉, 因阿難問云, "世尊傳金襴袈裟外, 別傳何物?" 葉喚云, "阿難!" 難應諾. 葉云, "倒卻門前刹竿著!")

[평창]

만일 여기서 꼭 들어맞는 일전어를 내릴 수 있다면, 영취산의 한 집회가 엄연히 아직도 산회散會되지 않았음을 알리라. 혹 그렇지 않다면, 비바시불[119]이 일찍부터 온몸을 다하여 수행해 왔지만, 지금까지도 현묘함을 얻을 수 없다는 것이 되리라.

(若向者裏下得一轉語, 親切, 便見靈山一會儼然未散. 其或未然, 毘婆尸佛早留心, 直至而今不得妙.)

[송]

묻는 곳이 어찌 답하는 곳의 꼭 들어맞음과 같겠는가?
몇 사람이나 이를 눈을 부릅뜨고 바라볼까?
형이 부르고 아우가 응답하여 집안의 추함을 드러내는구나.
음과 양에 속하지 않으니 특별한 봄이로다.

(問處何如答處親　幾人於此眼生筋

兄呼弟應揚家醜　不屬陰陽別是春)

118　찰간刹竿. 설법이 있다는 것을 표시하기 위해 절 문 앞에 세우는, 깃발을 건 장대. 사람들은 절 앞에 이 찰간이 세워져 있으면 설법이 진행되고 있다는 것을 안다.

119　비바시불毗婆尸佛. 비바시는 "vipaśyn"의 음역. 과거 7불 중 첫 번째 부처.

아난은 부처님 옆에서 오랜 세월 시중을 들어 온 이였으나 정작 부처님의 부촉을 받은 이는 가섭이다. 아난으로서는 다음과 같은 점이 궁금했을 것이다. "부처님의 금란가사를 받았다면 부처님이 깨달아 얻는 진리를 누구보다 잘 알고 있을 것이다. 그 진리가 무엇일까?" 금란가사를 받았다는 것과 부처님이 깨달아 얻은 진리를 안다는 것은 같은 것이다. 아난은 이 둘을 분리시키고, 금란가사 이외에 무엇을 받았는가 하고 묻고 있다. 이에 가섭은 그 둘을 통일시키며 아난을 깨달음으로 인도하려 하고 있다. 가섭이 택한 방식은 부름과 응답이다. 가섭이 "아난!" 하고 불렀을 때 아난은 가섭이 자신이 던진 질문에 대답하기 위해 불렀다고 생각하고 "예!" 하고 응답했을 것이다. 아난은 부처님이 얻은 진리를 자신이 던진 질문처럼 교리적인 문답을 통해 얻을 수 있다고 생각했을 것이다. 가섭은 부름과 응답이 부름은 부름대로, 응답은 응답대로 각각 자립하며 서로 호응할 뿐이라는 점을 보여 주기 위해 아난이 "예!" 하고 대답하자마자 바로 "문 앞의 찰간을 넘어뜨려라!" 하고 말한다. 찰간은 법문이 진행될 때 세우는 것이므로 "찰간을 넘어뜨려라"라는 말은 법문이 끝났음을 의미한다. 찰간이 세워져 있을 때는 법문이 진행 중이고 찰간이 넘어져 있을 때는 법문이 완료된 것이다. 그렇다면 법문은 무엇인가? 가섭이 "아난!" 하고 불렀을 때 아난이 "예!" 하고 응답한 것이 법문인가? "문 앞의 찰간을 넘어뜨려라!"가 법문인가? "문 앞의 찰간을 넘어뜨려라!" 하고 말하는 순간 법문은 끝났다. 이 말이 없으면 아난은 가섭의 "아난!"이라는 부름과 자신의 "예!"라는 응답이 진리를 드러내는 법문임을 몰랐을 것이다. 아난은 진리를 물었고, 이에 가섭은 아난을 진리를 드러내는 데 동참하게 하고 있다. 그렇다면 가섭이 "아난!" 하고 부르고 아난이 "예!" 하고 대답하기 이전에도 진리는 드러나 있다. 가섭과 아난 모두 이미 진리 속에 있는 것이다.

아난의 "예!"는 부름에 대한 응답이자 질문에 대한 대답이다. 가섭은 "세존께서 [존자에게] 금란가사를 전하신 것 이외에 따로 무엇을 전하셨습니까?" 하는 아난의 질문에 "아난!" 하고 부름으로써 "예!" 하고 응답하게 하고 있다. 아난의 질문에 대한 대답은 가섭의 부름과 아난의 응답이다. 아난한테 이 부름과 응답이 자신의 질문에 대한 대답이 되는 것은 아난이 "예!" 하고 응답하자마자 가섭이 "문 앞의 찰간을 넘어뜨려라!" 하고 말했기 때문이다. 아난이 "예!" 하고 응답하는 순간 법문은 끝났다. 가섭의 부름은 질문에 대한 규정적 대답이 아니다. 또 부르는 이유, 목적이 없다. 아난은 "왜 불렀지? 무엇 하려고 불렀지?" 하고 속으로 스스로 물을 수도 있겠지만, "문 앞의 찰간을 넘어뜨려라!" 하는 순간 이런 이유, 목적이 없다는 것을 알게 된다. 아난이 깨달음을 얻는 순간은 "문 앞의 찰간을 넘어뜨려라!" 하는 가섭의 말을 듣는 순간이다. 아무 의도 없이 불렀고 아무 의문 없이 응답했다. 부르는 사람과 응답하는 사람이 서로 호응하지만 아무 의미 없이 호응한다. 혹 애초에 가섭에게 아난이 깨달음을 얻도록 하려는 의도가 있었을 수도 있겠지만, 이제 이 의도마저 사라져 버리고 만다.

만일 여기서 꼭 들어맞는 일전어를 내릴 수 있다면, 영취산의 한 집회가 엄연히 아직도 산회되지 않았음을 알리라. 혹 그렇지 않다면, 비바시불이 일찍부터 온몸을 다하여 수행해 왔지만, 지금까지도 현묘함을 얻을 수 없다는 것이 되리라.

꼭 들어맞는 일전어가 무엇일까? "세존께서 [존자에게] 금란가사를 전하신 것 이외에 따로 어떤 것을 전하셨습니까?" 하고 물은 아난이 가섭이 "아난!" 하고 부르자 "예!" 하고 응답했을 때, 이 "예!"가 바로 앞서 보았던 화두 마삼근이나 간시궐처럼 스스로 소멸해 가기 때문이다. 물론 이 "예!"는 "왜 불렀지?", "내가 질문을 잘못했나?" 등으로 확장해 갈 수 있었겠지만, 이러한 함의signification의 확장을 곧바로 이어지는 가섭의 말 "문 앞의 찰간을 쓰러뜨려라"가 막고 있다. 아난의 "예!"는 통속적인 의문들이 꼬리에 꼬리를 물듯 이어지는 사구로 나아가지 않고 가섭의 이 말에 곧바로 활구가 되기 때문이다.

"영취산의 한 집회가 엄연히 아직도 산회되지 않았다"라는 것은 영취산에서 설법을 하는 부처와 부처의 설법을 듣는 대중이 깨달음 속에 있었듯이 질문하고 대답하고 부르고 응답하는 가섭과 아난이 깨달음 속에 있다는 의미이다.

석가모니 부처보다 먼저 깨달음을 얻는 부처인 "비바시불"이 아직 그 깨달음의 현묘함을 얻지 못할 정도로 가섭과 아난의 질문과 대답, 부름과 응답은 풀기가 어렵다는 것을, 무문은 "비바시불이 일찍부터 온몸을 다하여 수행해 왔지만 지금까지도 현묘함을 얻을 수 없다"라는 말로 표현했다.

[송]

묻는 곳이 어찌 답하는 곳의 꼭 들어맞음과 같겠는가?
몇 사람이나 이를 눈을 부릅뜨고 바라볼까?
형이 부르고 아우가 응답하여 집안의 추함을 드러내는구나.
음과 양에 속하지 않으니 특별한 봄이로다.

첫째 구의 "묻는 곳"은 아난의 묻는 곳, 즉 "세존께서 [존자에게] 금란가사를 전하신 것 이외에 따로 어떤 것을 전하셨습니까?"를 가리킨다. "답하는 곳"은, 가섭이 "아난!" 하고 부르고, 아난이 "예!" 하고 응답하자, 가섭이 "문 앞의 찰간을 넘어뜨려라!" 하고 말한 것을 가리킨다. "문 앞의 찰간을 넘어뜨려라!" 하고 말한 순간 가섭의 "아난!"과 아난의 "예!"는 꼭 들어맞는 부름과 응답이 된다.

둘째 구 "몇 사람이나 이를 눈을 부릅뜨고 바라볼까?"는 "가섭의 부름과 아난의 응답이 둘 사이의 질문과 대답 속에 꼭 들어맞음을 보는 안목을 몇 사람이나 얻을 수 있을까?"를 의미한다.

무문은 가섭이 "아난!" 하고 부르고 아난이 "예!" 하고 응답한 일을 두고 형이 부르고 아우가 응답한 일로 묘사하고 있다. 아우 아난은 형 가섭에게 "세존께서 [존자에게] 금란가사를 전하신 것 이외에 따로 어떤 것을 전하셨습니까?" 하고 물었는데, 여기서 아난이 가섭처럼 붓다가 깨달음의 말씀을 전하라는 부촉을 받지 못했다는 것이 드러난다. 이를 무문은 "집안의 추함을 드러낸다"고 표현하고 있지만, 이는 가섭과 아난의 부름과 응답을 칭찬하는 반어이다. 아난은 가섭의 인도에 따라 자신의 물음에 대한 대답을 얻었기에 추하다고는 말할 수 없기 때문이다.

세간의 모든 것은 음과 양의 상호 관계, 상호 변화 속에서 일어난다. 그러나 가섭과 아난의 부름과 응답은 이러한 음과 양이 짜내고 일구어 낸 세간의 모든 변화, 가령 봄, 여름, 가을, 겨울 사계절을 넘어서 있기에, 무문은 "특별한 봄"이라고 말하고 있다. 왜 특별한가? 음과 양의 관계와 변화에 매이지 않고 넘어서 있기 때문이다. 왜 봄인가? 모든 생명이 시작되는 계절이기 때문이다. 음과 양이 빚는 봄, 여름, 가을, 겨울을 생성하게 하는 생명의 봄이기 때문이다.

제23칙 불사선악不思善惡

: 선도 악도 생각하지 마십시오

[본칙]

육조[120]는 혜명[121] 상좌가 자신을 좇아 대유령[122]까지 오자 그 모습을 보고는 곧 의발衣鉢을 바위 위에 던져 놓고 말했다.

①"이 가사는 믿음을 표시하는데 어찌 힘으로 다툴 수 있겠습니까? 그대 하고 싶은 대로 가져가십시오!"

이에 혜명이 가사를 들어 올렸으나, 산처럼 움직이지 않았다. 혜명은 주저하고 무서움에 떨며 말했다.

"제가 온 것은 법을 구하기 위해서이지 가사 때문이 아닙니다. 부디 수행자시여, 가르침을 열어 보여 주소서."

육조가 말했다.

---

120   육조혜능六祖慧能(638~713). 선종 제6조.

121   몽산혜명蒙山慧明.

122   대유령大庾嶺. 강서와 광동의 접경에 있는 고개 이름. 석지현 역주·해설, 앞의 책, 124쪽.

②"선善을 생각하지 말고 악惡을 생각하지 말지니 바로 이와 같을 때 어느 쪽이 (혜명) 상좌의 본래면목이겠습니까?"

혜명은 듣자마자 크게 깨달았으니, 온몸이 땀으로 흠뻑 젖었다. 눈물을 흘리며 절을 하고 물었다.

"방금 하신 비밀[밀密]의 말과 비밀의 마음 외에 어떤 의미가 더 있습니까?"

육조가 대답했다.

③"내가 지금 그대를 위하여 설한 것은 비밀이 아닙니다. 그대가 만일 자기의 면목面目을 안으로 되돌아 비추어 본다면[반조返照], 비밀은 오히려 그대 쪽에 있습니다."

혜명이 말했다.

"제가 비록 황매[123]에서 [수행하는] 대중의 한 사람이었지만, 실은 아직 자기의 면목을 살피지 못했습니다. 이제 깨달음에 들어가는 곳을 가리켜 주시니, 마치 사람이 물을 마실 때 차가운가 따뜻한가를 스스로 아는 것과 같습니다. 이제부터는 수행자께서 저의 스승이십니다."

육조가 말했다.

④"그대가 만일 이와 같다면, 나와 그대는 함께 황매의 선사를

---

123   황매黃梅. 중국 호북성 동남에 있는 지명. 당나라 때의 오조홍인五祖弘忍을 가리키기도 한
      다. 선종의 제5조 홍인은 황매의 동북쪽 30리에 있는 동산東山(빙무산憑茂山)의 진혜사眞慧
      寺에 살았기 때문에 그렇게 불렸다. 또한 오조홍인의 교단을 동산법문東山法門이라고도 한
      다. 육조혜능은 황매의 남쪽에 있는 동선사東禪寺에서 오조에게 의발衣鉢을 전해 받았다.
      김태완 역주, 『무문관: 달을 보면 손가락을 잊어라』, 133~134쪽 각주339.

스승으로 모시게 되었습니다. 이를 스스로 잘 간직하십시오."[124]

(六祖, 因明上座 趁至大庾嶺, 祖見明至, 卽擲衣鉢於石上云, "此衣表信, 可力爭耶? 任君將去!" 明遂擧之, 如山不動. 踟躕悚慄, 明曰, "我來求法, 非爲衣也. 願行者開示!" 祖云, "不思善, 不思惡, 正與麼時, 那箇是明上座本來面目?" 明當下大悟. 遍體汗流. 泣淚作禮, 問曰, "上來密語密意外, 還更有意旨否?" 祖曰, "我今爲汝說者, 卽非密也. 汝若返照自己面目, 密卻在汝邊". 明云, 某甲雖在黃梅隨衆, 實未省自己面目. 今蒙指授入處, 如人飮水冷暖自知. 今行者卽是某甲師也. 祖云, "汝若如是, 則吾與汝同師黃梅. 善自護持".)

[평창]

육조는, 이 일이 급박한 상황에서 나온 것이어서 노파심이 절실했다고 말할 만하다. 이는 마치 신선한 여지[125]의 껍질을 벗겨 내 씨를 빼내어 그대의 입속에 넣어 주면 그대는 한입에 꿀꺽 삼키기만 하면 되는 것과 같다.

(六祖, 可謂是事出急家, 老婆心切, 譬如新荔支剝了殼, 去了核, 送在爾口裏, 只要爾嚥一嚥.)

---

124 돈황본『육조단경』에서는 이 이야기를 자세히 전하지 않고 있지만 후대에 편집된『육조단경』에서는『무문관』에서처럼 이 이야기를 혜능이 대유령에서 혜명 상좌에게 내린 최초의 법문으로 전하고 있다. 정성본 역주,『무문관』, 200쪽.
125 여지荔支. 리치litchi. 껍질을 까서 먹는 조그맣고 동그란, 열대 과일의 한 종류.

제23칙 불사선악不思善惡: 선도 악도 생각하지 마십시오   203

[송]

베끼려 해도 베낄 수 없고, 그리려 해도 그릴 수 없다.

칭찬해도 미치지 못하니, 괜한 고생 그만두어라.

본래면목은 감출 곳이 없고

세계가 무너질 때에도 그것은 썩지 않네.

(描不成兮畫不就　贊不及兮休生受

本來面目沒處藏　世界壞時渠不朽)

이 공안에서는 "밀"密의 의미를 잘 살펴야 한다. 밀에는 두 가지 의미가 있다. 숨어 있는 것이 드러난다 할 때의 "숨어 있음"의 밀, 그리고 이미 모든 것이 다 드러나 있어 "친밀하다" 할 때의 밀. 이 "밀"에 유의하면서, 혜능의 말을 처음부터 살펴보며 논의를 전개해 보겠다.

　①"이 가사는 믿음을 표시하는데 어찌 힘으로 다툴 수 있겠습니까? 그대 하고 싶은 대로 가져가십시오!" ……

혜명 상좌는 혜능을 쫓아와 혜능이 선종의 제5조 홍인에게서 물려받은 의발(가사와 발우)을 빼앗아 자신이 홍인의 적통 자격을 얻고자 하고 있다. 혜능은 이런 혜명에게 힘으로 의발을 빼앗으려면 빼앗아 보라고 바위 위에 얹어 둔다. 그러면서 혜능은 가사는 믿음[신信]을 표시하는데 어찌 이것들을 힘으로 빼앗을 수 있겠는가 하고 말한다. 믿음은 불교에서 일반적으로 불佛, 법法, 승僧 3보寶에

대한 믿음이다. 불보에 대한 믿음은 열반을 얻은 부처가 있고 우리
도 그 부처를 따라 수행하면 열반을 얻을 수 있다는 믿음이고, 법보
에 대한 믿음은 부처가 설한 법은 진리라는 믿음이며, 승보에 대한
믿음은 열반을 얻기 위해 붓다가 설한 법의 진리대로 수행하는 공
동체 곧 승가僧伽가 있다는 믿음이다. 부처가 행한 수행과 법을 좇
아서 수행하는 공동체가 있고, 이러한 공동체는 잘 보존되고 유지되
어야 한다. 수행 공동체의 사람들은 세간의 명리를 버리고 출세간
의 행복을 취하는 사람들이기 때문이다. 의발은 이런 적통을 나타
내고, 이는 동시에 이런 믿음을 표시한다. 혜능의 말은 "그대 혜명이
이 의발을 얻어 오조의 적통을 잇고 싶다면, 단지 세간의 명리와 탐
욕에 그치는 것이 아니라면 그 믿음을 보여 주어야 한다"를 뜻한다.
혜명이 힘을 써 가사를 들어 올렸으나 산처럼 꿈쩍도 하지 않았다.
이는 혜명이 불, 법, 승 3보에 대한 믿음이 없거나 부족하기 때문이
다. 혜명은 여기서 법을 구하러 온 것이지 가사 때문이 아니라고 말
한다. 가사를 챙기려 한 것은 악한 행위, 법을 구하고자 한 것은 선한
행위이다. 이 점은 이어지는 혜능의 말에서 확인할 수 있다. 혜능 역
시 우리처럼 혜명의 행동과 말의 진의를 파악한 것이다.

②"선善을 생각하지 말고 악惡을 생각하지 말지니 바로 이와
같을 때 어느 쪽이 [혜명] 상좌의 본래면목이겠습니까?"……

"선을 생각하지 말고 악을 생각하지 말지니"에서 원문의 "사"思

를 보통들 그렇게 하듯이 "생각하다"로 번역했지만, 이 말은 선에 대해 생각하고 악에 대해 생각한다는 뜻이 아니다. 아비달마 논서나 유식 논서에서 초기 불교의 전통에 따라 "cetanā"를 "사"思로 번역했다는 점을 고려하면, "사"思의 의미에는 "의지를 내다"라는 뜻이 담겨 있다. 그러므로 "선을 생각하다"는 "선의 의지를 내다", "악을 생각하다"는 "악의 의지를 내다"로 이해해 볼 수 있겠다. 가령 "악의 의지를 낸다"라는 것은 탐욕이라는 번뇌가 일고 이 번뇌가 의지와 함께하는 것을 말한다. 혜명의 경우, 오조의 의발에 욕심을 내고 이를 탈취하려고 대유령까지 혜능을 쫓아온 행동, 그리고 혜능이 의발을 바위에 얹어 놓았을 때 그것을 들어 올려 가지려고 한 행동이 탐貪과 함께하는 악의 의지를 낸 것이다.

선의 의지를 내지 않을 때가 본래면목인가, 악의 의지를 내지 않을 때가 본래면목인가? 혜능은 "선의 의지를 내지 않음"과 "악의 의지를 내지 않음"을 양변에 걸어 놓고 어느 쪽이 상좌의 본래면목인가 묻고 있다. "악의 의지를 내지 않음"을 잡으면 선의 의지를 낸 것이 되고, "선의 의지를 내지 않음"을 잡으면 악의 의지를 잡는 것이 되니, 혜명은 어느 쪽으로도 잡을 수 없기에, 혜능의 말을 듣자마자 그 자리에서 크게 깨달았다. 그렇다면 어느 쪽으로도 잡을 수 없음을 이끄는 것은 무엇인가? 혜명은 이를 본래면목으로 보았다. 그러면서도 혜명은 앞에서 혜능이 한 말이 비밀의 말, 비밀의 마음 외에 다시 어떤 뜻이 있는가 하고 묻는다. 혜능의 말과 마음을 비밀의 말과 비밀의 마음으로 본 것이다. 여기서 밀어密語, 밀의密意에서

"어"語는 말, "의"意는 마음이다. 불교를 공부하는 사람들이 처음부터 자주 듣는 신身, 구口, 의意 3업業을 올바르게 읽으면 의意의 마음 성격이 잘 드러난다. 신업은 몸의 행위, 구업은 말의 행위, 의업은 마음의 행위 곧 의지이다. 불교에는 마음에 해당하는 용어가 셋이 있다. 심心, 의意, 식識이다. 다 우리의 마음으로 이해될 수 있는 용어들인데, 보통 우리는 심을 마음으로 번역한다. 유식학에서 심은 제8식 아뢰야식, 의는 제7식 말나식, 식은 전6식이다. 그러나 여덟 식을 모두 심왕心王이라 표현하는 데서 알 수 있듯이 8식이 모두 심으로 이해될 수 있다.

남에게 주먹질을 하는 행위를 생각해 보자. 주먹질은 몸으로 하는 행위이기에, 신업이다. 남을 위로하듯 머리를 쓰다듬어 주는 행위를 생각해 보자. 역시 몸으로 하는 행위이기에 신업이다. 차이는 전자는 악업, 후자는 선업이라는 데 있다. 혜능은 "선을 생각하지 말고, 악을 생각하지 말지니……" 운운하며 말을 했다. 입으로 말을 하는 것이기에 구업이다. 그런데 이렇게 입으로 말을 하는 행위를 하려면 내가 이렇게 말을 해야 하겠다는 의지를 마음속에서 먼저 일으켜야 한다. 겉으로 드러나는 행동으로 옮기기 전에 이미 우리는 마음속에서 무엇을 하겠다는 의지를 낸다. 혜능은 혜명한테 선한 구업과 의업을 행한 것이다. 이를 혜명은 밀어, 밀의로 표현하고 있으니, 밀의의 의意는 마음으로 이해하는 게 좋다. 그런데 왜 밀密인가? 혜능의 말이 자신을 깨달음으로 인도하는 말이기에 밀어, 밀의라고 했을 것이다. "선을 생각하지 말고"가 밀어인가, "악을 생각하지 말고"가 밀어인가? "악을 생각하지 말고"라고 했으니 "말고"라는 말이 있어서 밀어 같지만, 둘 중 하나를 잡으면 이는 밀어가 아니다. 지금 혜명은 둘 중 어느 하나의 "아니다"를 잡지 않았기에 혜능의 말을 밀어라고 한 것이다. 둘 중 어느 하나의 말을 잡지 않을 수 있었던 것은 혜능이 어느 쪽이 상좌의 본래면목인가 하고 물었기 때문이다. 이 말에 혜명은 둘 다 부정어가 담긴 말이지만 둘 중 하나를 배제하는 부정으로 이해하지 않았기에, 그리고 둘 중 어느 하나도 잡지 않았기에 혜능의 이 말을 밀어로 볼 수 있었고, 깨달음을 얻을 수 있었다.

③"내가 지금 그대를 위하여 설한 것은 비밀이 아닙니다. 그대가 만일 자기의 면목을 안으로 되돌아 비추어 본다면[반조反照], 비밀은 오히려 그대 쪽에 있습니다."……

혜능의 말대로 혜능의 말은 밀어가 아니다. 왜 그런가? 둘 중 하나를 잡지 않고 진여의 경지, 본래면목으로 들어가게 유도했지만, 혜명 본인이 이를 증득한 것은 아니기 때문이다. 혜능의 말이 진정으로 밀어가 되려면, 혜능의 말대로 자기의 면목을 안으로 되돌아 비추어 볼 때, 그때 나타나 있는 것이어야 한다. 혜명은 혜능이 설명해 준 '밀'密의 의미를 알고서, 차거나 따뜻한 물을 경험했다고 했다. 혜명의 이 말은 개념을 떠난 증득의 직관성을 잘 표현하고 있다. 유식학의 용어로는 이것이 자내증自內證이다.

④"그대가 만일 이와 같다면, 나와 그대는 함께 황매의 선사를 스승으로 모시게 되었습니다. 이를 스스로 잘 간직하십시오."

같이 오조를 섬기자는 말은 육조와 혜명의 깨달음이 평등하다는 뜻이다. 각자가 자기의 면목을 반조할 때 모두 평등하게 된다. 모두 평등함을 알게 된다. 황매 선사야말로 본래면목이고, 황매가 이미 이 두 사람에게 나타나 있다. 모든 것이 이미 다 드러나 있는 밀密이다!

[평창]

육조는, 이 일이 급박한 상황에서 나온 것이어서 노파심이 절실했다고 말할 만하다. 이는 마치 신선한 여지의 껍질을 벗겨 내 씨를 빼내어 그대의 입속에 넣어 주면 그대는 한입에 꿀꺽 삼키기만 하면 되는 것과 같다.

"이 일"이란 육조 혜능이 혜명에게 가르침을 준 일을 가리킨다. "급박한 상황에서 나온 것"이란 혜명이 홍인의 적통을 잇는 가사와 발우를 혜능으로부터 앗으려고 할 정도로 깨달음을 얻고 싶어서 혜능에게 한 말과 행동을 가리킨다. "노파심이 절실했다"란 할머니가 손자를 걱정하듯 혜명의 행동과 물음에 대응하여 하나하나 친절하게 대답해 준 것을 가리킨다. 다시 적어 보면, 아래와 같다.

①"이 가사는 믿음을 표시하는데 어찌 힘으로 다툴 수 있겠습니까? 그대 하고 싶은 대로 가져가십시오!"

②"선을 생각하지 말고 악을 생각하지 말지니 바로 이와 같을 때 어느 쪽이 [혜명] 상좌의 본래면목이겠습니까?"

③"내가 지금 그대를 위하여 설한 것은 비밀이 아닙니다. 그대가 만일 자기의 면목을 안으로 되돌아 비추어 본다면 비밀은 오히려 그대 쪽에 있습니다."

④"그대가 만일 이와 같다면, 나와 그대는 함께 황매의 선사를 스승으로 모시게 되었습니다. 이를 스스로 잘 간직하십시오."

활구를 축으로 하여 전개되는 다른 공안의 선문답과는 달리, 혜능은 혜명의 물음 하나하나에 대응하여 혜명이 알아듣기 쉽도록 말해 주고 있다. 혜능은 혜명의 말의 의중을 충분히 파악하고 그때그때 적절하게 혜능이 깨달음을 얻을 수 있도록 인도하고 있다. 이 점을 무문은 "마치 신선한 여지荔支의 껍질을 벗겨 내 씨를 빼내어 그대의 입속에 넣어 주면 그대는 한입에 꿀꺽 삼키기만 하면 되는 것과 같다"로 묘사하고 있다.

[송]

베끼려 해도 베낄 수 없고, 그리려 해도 그릴 수 없다.

칭찬해도 미치지 못하니, 괜한 고생 그만두어라.

본래면목은 감출 곳이 없고

세계가 무너질 때에도 그것은 썩지 않네.

혜능은 자신이 증득한 본래면목을 ②"선을 생각하지 말고 악을 생각하지 말지니 바로 이와 같을 때 어느 쪽이 [혜명] 상좌의 본래면목이겠습니까?", ③"내가 지금 그대를 위하여 설한 것은 비밀이 아닙니다. 그대가 만일 자기의 면목을 안으로 되돌아 비추어 본다면 비밀은 오히려 그대 쪽에 있습니다"에서 잘 표현하고 있다. 무문은 셋째 구와 넷째 구에서 "본래면목은 감출 곳이 없고 세계가 무너질 때에도 그것은 썩지 않네"라고 묘사하는데, 이는 바로 앞 공안 제22칙 「가섭찰간」을 논하며 무문이 "음과 양에 속하지 않으니 특별한 봄이로다"라고 읊은 것과 같다. "그것" 곧 본래면목은 첫째 구와 둘째 구에서 무문이 읊고 있듯이, 베낄 수도, 그릴 수도, 찬탄할 수도 없는 경지이다.

제24칙 이각어언離卻語言

: 자고새 우는 곳에 백화가
향기로웠네

[본칙]

풍혈[126] 화상에게 한 스님이 물었다.

"말과 침묵은 이離와 미微에 걸려 있습니다. 어떻게 해야 [서로] 배척하지 않고 통할 수 있습니까?"

풍혈이 대답했다.

"오랫동안 강남의 삼월에 있었던 일을 기억하느니, 자고새 우는 곳에 백화가 향기로웠네."

(風穴和尙, 因僧問, "語黙涉離微. 如何通不犯?" 穴云, "長憶 江南三月裏, 鷓鴣啼處百花香".)

---

126   풍혈연소風穴延沼(896~973). 임제의현臨濟義玄의 4대 법손.

풍혈의 기機는 번개 치듯 빨라서 길을 얻는 즉시 바로 간다. 앞
사람의 혀를 끊지 못했으니 어찌하랴? 만일 여기서 딱 들어맞게 볼
수 있다면, 생사의 몸에서 벗어나는 길[출신지로出身之路]이 저절
로 있게 될 것이다. 자, 언어 삼매를 끊어 버리고 한마디 일러 보아라.

(風穴機如掣電, 得路便行. 爭奈坐前人舌頭不斷? 若向者裏見
得親切, 自有出身之路. 且離卻語言三昧, 道將一句來!)

[송]

풍골風骨의 구를 드러내지 않았으니

말하기 전에 이미 현현해 있구나.

더 나아가 주절주절 입을 연다면

그대가 갈 길을 잃었다는 걸 알겠네.

(不露風骨句　未語先分付

進步口喃喃　知君大罔措)

"이미"離微는 승조[127]의 『보장론』寶藏論, 「이미 체정품」離微體淨

---

127 승조僧肇. 진나라東晉 때의 승려(374~414). 노장 사상에 심취했으나 후에 『유마경』維摩經
을 읽고 나서는 불교에 귀의했다. 스승 구마라집鳩摩羅什(Kumārajīva; 344~413)을 도와 역
경 사업에 종사했다. 승락僧略, 도항道恒, 승예僧叡와 더불어 구마라집 문하 4철哲이라 불린
다. 저서로 「물불천론」物不遷論, 「부진공론」不眞空論, 「반야무지론」般若無知論, 「열반무명론」
涅槃無名論 등을 담은 『조론』肇論, 그리고 『보장론』寶藏論, 『주유마힐경』注維摩詰經, 『백론
서』百論序가 있다.

品 중 다음과 같은 대문에 나온다.

그 들어옴의 이離와 그 나감의 미微에 대해 논해 보겠다. 들어
옴의 이離를 안다면 바깥 대상에 의지하는 바가 없고, 나감의
미微를 안다면 안의 마음이 행하는 바가 없다. 안의 마음이 행
하는 바가 없으니, 견見들이 옮길 수가 없다. 바깥 대상에 의지
하는 바가 없으니 만유가 속박할 수 없다. 만유가 속박할 수 없
으니 상想과 여慮가 만유를 타고 달릴 수가 없다. 견見들이 옮
길 수 없는 적멸이기에 사유할 수 없고 언표할 수 없다. 이를 일
러 "가히 본래 청정한 자체의 이미離微이다"라고 할 만하다. 들
어옴에 의거하기에 이離라 하고, 작용에 의거하기에 미微라 한
다. 섞여서 하나가 되면 이離도 없고 미微도 없다. 체體의 이離
는 물들 수 없고, 물듦이 없으니 청정함이 없다. 체體의 미微는
있을 수 없고, 있지 않으니 의지하는 바도 없다. 그러므로 작용
은 유가 아니요, 적멸은 무가 아니다. 무가 아니기에 단斷이 아
니고, 유가 아니기에 상常이 아니다.
(其入離, 其出微: 知入離, 外塵無所依; 知出微, 內心無所爲.
內心無所爲, 諸見不能移. 外塵無所依, 萬有不能羈. 萬有不能
羈, 想慮不乘馳. 諸見不能移. 寂滅不思議, 可謂本淨體自離微
也. 據入故名離; 約用故名微. 混而爲一, 無離無微. 體離不可
染, 無染故無淨. 體微不可有, 無有故無依. 是以用而非有; 寂

而非無. 非無故非斷; 非有故非常.)[128]

먼저 한 스님의 질문 "말과 침묵은 이와 미에 걸려 있습니다. 어떻게 해야 [서로] 배척하지 않고 통할 수 있습니까?"가 타당한지 살펴보아야 한다. 스님은 말은 미微에, 침묵은 이離에 배치하고 승조의 이離와 미微가 말과 침묵처럼 서로 대립한다고 보고 이 대립하는 둘을 어떻게 해야 서로 대립하지 않고 소통할 수 있겠는가 하고 묻고 있다. 그러나 승조의 위 대문을 읽어 볼 때, 승조는 이離와 미微를 서로 대립하는 침묵과 말로 보고 있지 않다. 들어옴에 의거해서 이離라 하고, 나감 곧 작용에 의거해 미微라고 말할 뿐, 섞여서 하나가 되면 이離도 없고 미微도 없다고 말하고 있기 때문이다. 또 이 이離도 없고 미微도 없는 자리를 "본래 청정한 자체의 이미離微이다"라고 말하고 있기 때문이다. 이어서 승조는 "체體의 이離는 물들 수 없고, 물듦이 없으니 청정함이 없다. 체體의 미微는 있을 수 없고, 있지 않으니 의지하는 바도 없다"고 하며, 이離와 미微는 각각 체體의 이離와 미微이므로, 서로 분리될 수 없고 이미 통하고 있음을 보여준다.

아무튼 풍혈은 스님의 질문에 대답해야 하는 입장에 있다. 둘로 나뉜 말과 침묵을 다시 근원으로 복귀시킬 필요가 있다. 그래서 풍혈은 두보의 시 "오랫동안 강남의 삼월에 있었던 일을 기억하느

---

128 『대정신수대장경』 45권, 2022, 145쪽 하단.

니, 자고새 우는 곳에 백화가 향기로웠네"를 끌어와 대립되던 둘이
해체되어 있는 장을 드러내 보였다. 두보의 시 전체를 읽은 이라면
두보가 이 시에서 말하고자 하는 바에 휩쓸려 오히려 풍혈의 진의
를 파악하기 어려울 것이다. 그러므로 풍혈의 진의를 파악하는 데
는 두보의 시를 이미 읽었든 아직 읽지 않았든 상관이 없다. 이 시는
"자고새 우는 곳에 백화가 향기로웠네"라는, 강남의 삼월에 겪은 일
을 회상하는 내용이다. "강남의 삼월"이라고 장소와 시간이 구체적
으로 적시되어 있으니 두보든 풍혈이든 이 시를 읊는 이는 지난날
경험했던 일을 지난날에 경험한 그대로 능동적으로 회상하는 것처
럼 보인다. 그러나 이 회상은 이미 수동성의 영역에서 온갖 경험과
뒤엉켜 있는 순수 기억[129]에서 솟아나온 것이다. 지각이 순수 기억
이 되었을 때 마치 꿈이 생시처럼 명료하게 나타나지 않듯 현재의
지각처럼 명료하게 나타나지 않는다. 이 점이 풍혈의 "장억長憶[오
랫동안 (…) 기억하느니]"이라는 시어에 묘사되어 있다. 그러하기에
순수 기억은 현재에 내가 되돌아보면 바로 파악할 수 있는 그런 능
동적 회상인 것이 아니다. 내가 꾼 꿈이면서도 이 꿈이 무엇을 말하
려 하는지, 내가 왜 이런 꿈을 꾸었는지 모르듯 나는 그 기억이 불현
듯 왜 떠오르는지 알 수 없다. 이렇듯 순수 기억 속의 "자고새 우는
곳"과 "백화가 향기로움"의 관계는 동일성이 기반을 이루는 세속적
인과관계가 아니기에 스님의 "말과 침묵은 (…) 통할 수 있습니까?"

---

129 순수 기억에 대해서는 존 로페, 『질 들뢰즈의 저작 I: 1953~1969』, 350~355쪽을 볼 것.

의 말과 침묵처럼 걸림이 있는 것이 아니다. 풍혈 화상은 말과 침묵이 이와 미에 걸려 있다는 스님의 막힌 생각을 막힘이 없는 두보의 시로 곧바로 해소시켰다.

[평창]

풍혈의 기機는 번개 치듯 빨라서 길을 얻는 즉시 바로 간다. 앞사람의 혀를 끊지 못했으니 어찌하랴? 만일 여기서 딱 들어맞게 볼 수 있다면, 생사의 몸에서 벗어나는 길[출신지로]이 저절로 있게 될 것이다. 자, 언어 삼매를 끊어 버리고 한마디 일러 보아라.

"길을 얻는 즉시 바로 간다"라는 것은 스님의 질문에 대답할 수 있는 길을 바로 알아차리고 이에 맞게 말하거나 행동한다는 뜻이다. 눈(안목)을 얻는 즉시 바로 기(선기)를 발휘함을 이렇게 표현한 것이다. 풍혈은 선기를 신속하게 발휘하긴 했지만, 그가 대답으로 든 말은 두보의 시 "오랫동안 강남의 삼월에 있었던 일을 기억하느니, 자고새 우는 곳에 백화가 향기로웠네"이다. 풍혈은 앞사람 곧 두보의 말을 끌어왔으니, 아직 혀, 곧 말을 끊지 못한 것이다.

"언어 삼매"에서 "정"定으로 의역되는 "삼매"는 "samādhi"의 음역으로, 한 대상에 집중하는 마음의 작용이다. 무문은 "언어 삼매"란 말로 풍혈이 두보의 시에 몰입하고 있음을 나타내고 있다. 풍혈의 대답은 언어 삼매이고, 이 언어 삼매를 끊어 버리라고 했으니, 무문은 풍혈의 대답을 무화하고 있다. 그러면서 "한마디 일러 보아라" 하

고 있으므로, 필자 같으면 그 한마디를 할이나 방으로 제시할 것이
다(할喝이나 방棒은 임제의 3현玄 중 현중현[130]이다). 이렇게 하여 무
문은 풍혈의 말이 의미의 활구를 생성하는 무-의미의 활구임을 드
러내고 있다.

[송]

풍골의 구를 드러내지 않았으니
말하기 전에 이미 현현해 있구나.
더 나아가 주절주절 입을 연다면
그대가 갈 길을 잃었다는 걸 알겠네.

첫째 구 "풍골風骨의 구를 드러내지 않았으니"에서 "풍골의 구"
란 "풍채風采와 골격骨格이 당당한 선기의 문구"[131]를 말한다. 무문
은 풍혈이 임제 문하의 선사답게 풍골의 구를 사용하여 대답하지
않고, 온화한 두보의 시를 원용하여 대답한 것을 첫째 구에 담았다.

둘째 구 "말하기 전에 이미 현현해 있구나"에서 "말하기 전에"
는, 한 스님이 "말과 침묵은 이와 미에 걸려 있습니다. 어떻게 해야

---

130   현중현玄中玄. 임제의 3현은 체중현體中玄, 구중현句中玄, 현중현玄中玄이다. 예를 들어 체
       중현은 "일미진중함시방一微塵中含十方", 구중현은 (조주의) "무", 현중현은 "할", "방", "양구"
       이다. 할은 "악" 하고 소리치는 것, 방은 몽둥이로 때리는 것, 양구는 잠시 말을 멈추는 것을
       뜻한다.
131   정성본 역주, 『무문관』, 213쪽.

[서로] 배척하지 않고 통할 수 있습니까?" 하고 "말하기 전에"이다. 스님은 말과 침묵, 이와 미를 나누고 나서, 이것들이 어떻게 배척하지 않고 서로 통할 수 있는가 하고 묻고 있다. 그러나 스님이 이런 물음을 던지려면, 개념이 담긴 말들로 이런 식으로 묻기 전에 이미 현현한 것이 있어야 한다. 이 미리 현현하는 것을 풍혈은 두보의 시에서 끌어와 "오랫동안 강남의 삼월에 있었던 일을 기억하느니, 자고새 우는 곳에 백화가 향기로웠네"로 표현하고 있다.

두보의 시에서 끌어온, 무-의미의 활구인 풍혈의 말씀을 두고 "말과 침묵은 이離와 미微에 걸려 있습니다. 어떻게 해야 배척하지 않고 통할 수 있습니까?" 하고 묻듯이, 이러쿵저러쿵 주저리주저리 말을 한다면, 그것은 깨달음으로 가는 길에서 크게 벗어난 것임을 무문은 셋째 구와 넷째 구에서 읊고 있다.

풍혈의 "오랫동안 강남의 삼월에 있었던 일을 기억하느니, 자고새 우는 곳에 백화가 향기로웠네"에, 오규원(1941~2007) 시인이라면 다음 시로 화답했을 것이다.

칸나

칸나가 처음 꽃이 핀 날은
신문이 오지 않았다
대신 한 마리 잠자리가 날아와

꽃 위를 맴돌았다
칸나가 꽃대를 더 위로
뽑아 올리고 다시
꽃이 핀 날은 아무 일도
일어나지 않고
다음 날 오후 소나기가
한동안 퍼부었다[132]

---

132   오규원, 「칸나」 전문, 『토마토는 붉다 아니 달콤하다』, 문학과지성사, 1999, 55쪽.

제25칙 삼좌설법三座說法

: 잘 들으시오, 잘 들으시오

[본칙]

앙산[133] 화상은 꿈에 미륵보살의 처소로 가서 제3좌에 앉았다.

한 존자가 종을 치고서[134] 말했다.

"오늘은 제3좌가 법을 설할 차례입니다."

이에 앙산이 일어나 종을 치고서 말했다.

"마하연[135]의 법은 사구四句를 떠나 있고 백비百非를 끊어 있습니다. 잘 들으시오, 잘 들으시오."

---

133   앙산혜적仰山慧寂(807~883). 위산영우의 법을 이어받았다.

134   백추白槌 곧 나무판을 나무망치로 두드려 설법의 시작과 끝을 알리는 일이다. 설법의 시작과 끝을 알리는 일을 맡은 존자가 장로의 설법이 시작되기 전에는 "법회에 모인 여러 스님네들이여, 마땅히 제일의제第一義諦를 보아야 합니다"라고 알리고, 설법이 끝나면 "법왕의 법을 잘 보십시오. 법왕의 법은 이렇습니다"라고 알린다. 김태완 역주, 『무문관: 달을 보면 손가락을 잊어라』, 141쪽 각주 361. 여기서는 알기 쉽게 (시작과 끝을 알리는) "종을 치다"로 번역했다.

135   마하연摩訶衍. "mahāyāna"의 음역. 의역은 "대승"大乘.

(仰山和尚, 夢見往彌勒所, 安第三座. 有一尊者, 白槌云, "今日當第三座說法". 山乃起白槌云, "摩訶衍法離四句絶百非. 諦聽! 諦聽!")

[평창]

자, 말해 보아라! 이것은 법을 설한 것인가, 법을 설하지 않은 것인가? 입을 열면 잃고, 입을 열지 않아도 또한 잃는다. 입을 열지도 않고 닫지도 않으면, 십만 팔천 리나 떨어져 있다.

(且道! 是說法不說法. 開口卽失, 閉口又喪. 不開不閉, 十萬八千.)

[송]

흰 해 푸른 하늘
꿈속에서 꿈을 말하네.
이상도 하여라, 이상도 하여라
온 대중을 속이는구나.

(白日靑天　夢中說夢
捏怪捏怪　誑謼一衆)

앙산은 꿈속에서 "마하연의 법은 사구를 떠나 있고 백비를 끊어 있습니다. 잘 들으시오, 잘 들으시오" 하고 법을 설했다. 무문이 평창 초두에서 묻듯이 우리도 "이것은 법을 설한 것인가? 설하지 않은 것인가?" 하고 묻지 않을 수 없다. 앙산이 공안을 읽는 생시의 우리들 같은 대중에게 법을 설한 것이 아니기 때문이다. 그래서 우리는 생시에 법을 설해야 법을 설한 것이지 꿈속에서 법을 설한 것은 법을 설한 것이 아니라고 생각하게 된다. 그러나 생시에 "마하연의 법은 사구를 떠나 있고 백비를 끊어 있습니다"라고 하며 법을 설한다고 해서 우리가 법 곧 진리로 인도되는 것은 아니다. 이 점을 더 살펴보겠다. 이 공안이 꿈속에서 보았다는 뜻의 "몽견"夢見이라는 말이 없이 다음과 같이 되어 있다고 해 보자.

앙산 화상은 미륵보살의 처소로 가서 제3좌에 앉았다.
한 존자가 종을 치고서 말했다.
"오늘은 제3좌가 법을 설할 차례입니다."
이에 앙산이 일어나 종을 치고서 말했다.
"마하연의 법은 사구를 떠나 있고 백비를 끊어 있습니다. 잘 들으시오, 잘 들으시오."

앙산은 왜 하필이면 미륵보살의 처소로 갔는가? 왜 제2좌가 아니고 제3좌인가? 존자가 앙산의 설법 전에 설법의 시작을 알리는 종을 쳤으면 앙산의 설법 후에도 설법의 종료를 알리는 종을 쳐야 하는데, 왜 앙산 그 자신이 설법 전에 종을 쳤는가? 이런 것도 문제가 될 수 있겠다. 하지만 일단 그것들을 제외하고 보면 이 공안은 간략하게 다음과 같이 쓸 수 있다.

앙산이 종을 치고서 말했다.

"마하연의 법은 사구를 떠나 있고 백비를 끊어 있습니다. 잘 들으시오, 잘 들으시오."

앙산의 말 "마하연의 법은 사구를 떠나 있고 백비를 끊어 있습니다"는 교외별전이 아니다. 사구四句와 백비百非의 분별을 언급하고 이러한 분별이 없다고 설하고 있기 때문이다. 사구와 백비는 대승 교학 문헌에서 자주 볼 수 있는 용어로, 현상하는 모든 법이 분별임을 나타내는 용어들이다. 사구는 ①"A이다", ②"비非A이다", ③"A이기도 하고 非A이기도 하다", ④"A도 아니고 非A도 아니다"의 네 가지 분별이다. 사구를 유와 무에 의거하여 말해 본다면, ①"유이다", ②"무이다", ③"유이기도 하고 무이기도 하다(역유역무亦有亦無)", ④"유도 아니고 무도 아니다(비유비무非有非無)"이다. 겹쳐 있는 두 원으로 다이어그램을 그려 본다면, 한 원은 "유", 다른 한 원은 "무", 두 원이 겹쳐 있는 부분은 "유이기도 하고 무이기도 함", 두 원 바깥은 "유도 아니고 무도 아님"이다. 백비百非는 일一, 이異, 유有, 무無 각각에 사구를 적용하여 16비非(①일一 · 비일非一 · 역일역비일亦一亦非一 · 비일비비일非一非非一, ②이異 · 비이非異 · 역이역비이亦異亦非異 · 비이비비이非異非非異, ③유有 · 비유非有 · 역유역비유亦有亦非有 · 비유비비유非有非非有, ④무無 · 비무非無 · 역무역비무亦無亦非無 · 비무비비무非無非非無)를 만들고, 여기에다 과거, 현재, 미래 3세世를 적용하여 48비를 만들고, 여기에다 다시 이기已起(이미 일어난 것)와 미기未起(아직 일어나지 않은 것)를 적용하여 96비非를 만들고, 여기에다 처음의 일, 이, 유, 무의 4비非(비일非一 · 비이非異 · 비유非有 · 비무非無)를 더하여 100비非를 만들어 놓은 것이다. 현상하는 모든 법의 분별성을 이렇게 인위적으로 네 가지 혹은 백 가지 부정으로 분류하고 이것들을 제거하고자 하기 때문에 "마하연의 법은 사구를 떠나 있고 백비를 끊어 있다"는 앙산의 말은 활구가 아니라 사구이다. 그러므로 생시에 이런 내용의 법을 설한다면, 선불교의 입장에서 보면 법을 설한 것이 아니다. 그러나 앙산은 꿈속에서 이런 내용의 법을 설했다. 그렇다면 법을 설하지 않은 것이 아니다. 왜냐하면 교敎를 생시의 아무한테도 설하지 않았기 때문이다.

지금까지는 앙산은 왜 하필이면 미륵보살의 처소로 갔는가?, 왜 제2좌가 아니고 제3좌인가?, 존자가 앙산의 설법 전에 설법의 시작을 알리는 종을 쳤으면 앙산의 설법 후에 설법의 종료를 알리는 종을 쳐야 하는데, 왜 앙산 자신이 설법 전에 설법의 시작을 알리는 종을 쳤는가? 하는 문제는 생략하고 공안을 해독했다. 이제는 이 세 가지 문제를 감안하면서 공안을 풀어 보자. 그러면 좀더 정확히 이 공안이 노리는 바를 간취해 낼 수 있다.

앙산은 꿈속에서 "마하연의 법은 사구를 떠나 있고 백비를 끊어 있습니다. 잘 들으시오, 잘 들으시오" 하고 말했다. 바로 앞에서 한 존자가 앙산이 법을 설한다고 했으니, 이것은 설법이다. 생시라면 도솔천에 있다는 미륵보살의 처소로 갈 수가 없다. 생시라면 앙산이 제3좌가 아니라 제2좌에 앉아야 할 것 같다. 생시라면 앙산의 설법 전에 설법의 시작을 알리는 종을 친 존자가 앙산의 설법 후에 설법의 종료를 알리는 종을 쳐야 한다. 그런데 앙산은 이 관례를 무시하고 자신이 직접 설법의 시작을 알리는 종을 쳤을 뿐 아니라, 시작을 알리는 종을 쳤으면 설법 후 설법의 종료를 알리는 종을 쳐야 하는데 그렇게 하지도 않았다. 또한 처음에 종을 쳐서 앙산의 설법을 알린 존자도 설법의 종료를 알리는 종을 치지 않았다. "미륵보살의 처소로 가다", "제3좌에 앉다", "설법이 종료되었다는 종을 치지 않다" 등 세 가지가 모두 꿈속이니까 가능한 것이다. 이것들은 앙산의 설법이 끝나지 않았음을 보여 주는 장치들이다.

앙산은 "잘 들으시오, 잘 들으시오"라고 했는데, 무엇을 잘 들으라는 이야기인가? 바로 앞에서 말한 "마하연의 법은 사구를 떠나 있고 백비를 끊어 있습니다"를 잘 들으라는 이야기인가? 생시에 이 말을 했다면, 앞에서 본 것처럼, 설법을 한 것이 아니다. 사구死句이기 때문이다. 꿈속에서 이 말을 했으므로 생시의 아무한테도 한 말이 아니기에, 즉 빈 말이기에 설법을 한 것이 된다. "잘 들으시오, 잘 들으시오"는 이제부터 말하는 것을 잘 들으라는 이야기인가? 그렇다면 더 이상 아무 말도 없었기에 역시 아무 설법도 한 것이 아니다. "잘 들으시오, 잘 들으시오"는 바로 앞에서든, 바로 뒤에서든 아무 설법이 없기에 역설적으로 이 말 자체가 설법이 된다. "잘 들으시오"는 기대해도 기대해도 아무 답이 돌아오지 않는 텅 빈 말이 된다. 그리하여 꿈속에서 앙산이 한 말 전체 "마하연의 법은 사구를 떠나 있고 백비를 끊어 있습니다. 잘 들으시오, 잘 들으시오"는 우리를 진리로 인도하는 훌륭한 설법이 된다.

[평창]

자, 말해 보아라! 이것은 법을 설한 것인가, 법을 설하지 않은 것인가? 입을 열면 잃고, 입을 열지 않아도 또한 잃는다. 입을 열지도 않고 닫지도 않으면, 십만 팔천 리나 떨어져 있다.

무문은 앙산이 꿈속에서 대중들에게 "마하연의 법은 사구를 떠나 있고 백비를 끊어 있습니다. 잘 들으시오, 잘 들으시오"라고 했을 때 "이것은 법을 설한 것인가, 법을 설하지 않은 것인가?" 하고 묻고 있다. 만약 법을 설했다면, 곧 입을 열었다면 마하연의 법을 잃어버리고, 또 만약 법을 설하지 않았다 해도, 곧 입을 열지 않았다 해도 마하연의 법을 잃어버린다. 말로 표현될 수 없고 사유될 수 없는 깨달음의 자리를 "법을 설했다", "법을 설하지 않았다" 하며 말로 표현했기 때문이다. 즉, 입을 열었기 때문이다. 그렇다면 입을 닫고 있으면 어떠할까? 입을 닫고 있다는 것은 말을 하지 않는다는 것이다. 말을 하지 않는다는 것은 말을 한다는 것의 부정태이다. 이러한 부정태는 법을 설하지 않았다는 부정태의 다른 모습일 뿐이다. 대승의 법 곧 진여는 이러한 부정으로는 접근할 수 없고, 따라서 증득될 수 없다. 이러한 부정태는 진여를 미리 표상해 놓고 "법을 설했다", "법을 설하지 않았다", "말을 했다", "말을 하지 않았다", "입을 열었다", "입을 닫았다"고 하기 때문이다. 그렇다면 입을 열지도 않고 입을 닫지도 않는다면 어떠한가? "입을 열지 않다"는 "입을 열다"의, "입을 닫지 않다"는 "입을 닫다"의 부정태일 뿐이다. 이를 무문은 "십만 팔천 리이다", 곧 "십만 팔천 리 떨어져 있다"고 말한다. "입을 열다", "입을 닫다", "입을 열지도 않고 입을 닫지도 않다"는 타파되어야 할 분별의 사구 중 제1구, 제2구, 제4구이다.

무문은 "마하연의 법은 사구를 떠나 있고 백비를 끊어 있습니다. 잘 들으시오, 잘 들으시오"라고 말하고 나서 더 이상 아무 말도 하지 않은 앙산의 설법을 위의 평창에서 기술한 바의, 사구를 떠나 있고 백비를 끊어 있는 경지로 드러내 보이고 있다. 앙산의 "잘 들으시오, 잘 들으시오"를 가장 잘 들은 이는 우선 무문일 것이다. 무문은 앙산이 더는 아무 말도 하지 않은 것처럼 아무 말도 들으려 하지 않았기 때문이다.

[송]

흰 해 푸른 하늘
꿈속에서 꿈을 말하네.
이상도 하여라, 이상도 하여라
온 대중을 속이는구나.

둘째 구 "꿈속에서 꿈을 말하네"에서 "꿈"은 앙산의 설법, 즉 "마하연의 법은 사구를 떠나 있고 백비를 끊어 있습니다. 잘 들으시오, 잘 들으시오"를 두고 하는 말이다. 이 설법은 앞에서 본 바와 같이 법을 설한 것도 아니고 법을 설하지 않은 것도 아니다. "흰 해 푸른 하늘"이야말로 앙산이 설하고자 하는 법法이기 때문이다.

셋째 구에서 "온 대중을 속이는구나"라고 한 것은, 앙산은 생시에 설하듯 법을 설했지만 앙산의 설법은 설법의 내용을 지시하지 않기 때문이다. "잘 들으시오, 잘 들으시오"라고 말했으면서도 이후 아무 법도 설하지 않음을 두고 무문은 "이상도 하여라, 이상도 하여라" 하고 읊고 있다. 그러면서 무문은 "잘 들으시오, 잘 들으시오"야말로 법 곧 진리임을 암시하고 있다.

제26칙 이승권렴二僧卷簾

: 두 스님이 발을 말아 올리다

[본칙]

청량의 대법안[136]은, 스님들이 공양 전에 참문하러 왔을 때 손가락으로 발을 가리켰다. 그때 두 스님이 같이 가서 발을 말아 올렸다.

법안이 말했다.

"한 사람은 얻었고, 한 사람은 잃었다."

(清涼大法眼, 因僧齋前上參, 眼以手指簾. 時有二僧 同去卷簾. 眼曰, "一得, 一失".)

[평창]

자, 말해 보아라! 누가 얻었고 누가 잃었는가를. 만일 이 점을

---

136   대법안大法眼. 법안종法眼宗의 개조. 법안문익法眼文益(885~958). 덕산선감德山宣鑑
       (782~865)의 5대 법손. 나한계침(865~928)의 법을 이어받았다.

일척안으로 볼 수 있다면, 청량 국사가 실패한 곳을 알게 된다. 하지만 비록 그렇더라도, 절대로 얻음과 잃음을 헤아려서는 안 된다.

(且道! 是誰得誰失. 若向者裏著得一隻眼, 便知淸涼國師敗闕處. 然雖如是, 切忌向得失裏商量.)

[송]

말아 올리면 환하게 허공이 트이지만
허공은 아직 우리의 종지에 들어맞지 않네.
어찌 허공에서 고스란히 아래로 내릴 때
바람 한 점 통할 틈이 없는 면면밀밀綿綿密密과 같겠는가?
(卷起明明徹太空　太空猶未合吾宗
　爭似從空都放下　綿綿密密不通風)

두 스님이 공양 곧 식사 전에 법안을 찾아뵙고 법문을 들으러 왔을 때 법안은 손가락으로 발을 가리켰다. 그러자 두 스님은 같이 가서 발을 말아 올렸다. "발을 말아 올렸다[권렴卷簾]"라고 했으니 한 사람은 발을 올리려 하고 한 사람은 발을 내리려 한 것이 아니다. 두 스님이 같이 발을 말아 올렸다고 보아야 한다. 이렇듯 두 스님이 함께 발을 말아 올렸는데, 법안은 "한 사람은 얻었고, 한 사람은 잃었다"고 말했다. 두 스님 중 누가 얻었고, 누가 잃었다는 것일까? 두 스님은 같이 발을 걷어 올렸으므로, 얻었다면 둘 다 얻었고, 잃었다면 둘 다 잃었다. 둘 중 한 사람은 얻었고 한 사람은 잃었다고 말할 수 없다. 그런데 법안은 왜 사실과 어긋나는 말을 하는 것일까?

두 스님을 각각 스님 가, 스님 나로 특정해 보자. 법안의 "한 사람은 얻었고, 한 사람은 잃었다"를 두 스님에게 적용해 보면, 스님 가가 얻었다면 스님 나가 잃었고, 스님 나가 얻었다면 스님 가는 잃었다. 이렇게 특정해 보더라도, 법안의 "한 사람은 얻었고, 한 사람은 잃었다"라는 말은 얻으면 모두 얻었고 잃으면 모두 잃었다는 사실에 어긋난다는 것은 변하지 않는다. 얻음과 잃음이 각각 특정하게 한 스님에게만 적용되지 않기 때문이다. 따라서 얻음은 잃음과 반대되는 성격을, 잃음은 얻음과 반대되는 성격을 상실한다. 즉, 얻음은 얻음의 자성[137]을, 잃음은 잃음의 자성을 상실한다.

그러므로 법안의 "손가락으로 발을 가리킴"은 "얻음과 잃음을 벗어난 자리를 가리킴"이다. 법안이 "한 사람은 얻었고, 한 사람은 잃었다"고 말하자마자, 얻음과 잃음의 의미가 바로 사라지기 때문이다. 마치 조주의 "무"처럼.

[평창]

자, 말해 보아라! 누가 얻었고 누가 잃었는가를. 만일 이 점을 일척안으로 볼 수 있다면, 청량 국사가 실패한 곳을 알게 된다. 하지만 비록 그렇더라도, 절대로 얻음과 잃음을 헤아려서는 안 된다.

---

137 자성自性. 자성이라는 용어에 대해서는 각주 28을 참조할 것.

한 사람은 얻었고 한 사람은 잃었다고 말할 수 없기에, 무문은 "누가 얻었고 누가 잃었는가 말해 보아라" 하고 있다. 한 사람은 얻었고 한 사람은 잃었다고 특정해서 말하게 되면, 법안의 "한 사람은 얻었고, 한 사람은 잃었다"라는 말이 얻는다면 둘 모두 얻고 잃는다면 둘 모두 잃는다는 사실에 어긋나기에, "청량 국사(법안)가 실패한 곳"이다. 그러나 법안의 진의는, 위에서 보았듯 얻음과 잃음을 떠난 자리를 보여 주는 데 있다. 그래서 무문은 "절대로 얻음과 잃음을 헤아려서는 안 된다"고 말하여, 법안의 진의가 드러나도록 하고 있다.

[송]

말아 올리면 환하게 허공이 트이지만
허공은 아직 우리의 종지에 들어맞지 않네.
어찌 허공에서 고스란히 아래로 내릴 때
바람 한 점 통할 틈이 없는 면면밀밀과 같겠는가?

무문은 첫째 구와 둘째 구에서 청량이 손가락으로 발을 가리키자 두 스님이 같이 발을 걷어 올린 일을 읊고 있다. 이렇게 발을 걷어 올리면 바깥의 허공이 환하게 드러난다. 그러나 이 허공은 제19칙 「평상시도」에서 남전이 조주에게 "마치 허공이 텅 비어 탁 트인 것과 같다(유여태허확연통활猶如太虛廓然洞豁)"라고 대답할 때의 그 허공이 아니다. 우리가 제1칙 「조주구자」 무문의 평창에서 읽은 바 있는 허무의 무 혹은 유무의 무일 따름이다. 발을 걷어 올린 만큼

만 허공이 나타나기 때문이다.

　무문은 법안의 "한 사람은 얻었고, 한 사람은 잃었다"라는 말에서 허무의 무, 유무의 무를 벗어나 있는 무를 발견한다. 이 무는 허공에서 발을 완전히 내려 바람 한 점 통하지 않는, 즉 허무의 무, 유무의 무가 끼어들 틈이 없는 "면면밀밀"綿綿密密의 무이다. 따라서 청량의 "손가락으로 발을 가리킴"은 조주의 "무"이다.

제27칙 불시심불不是心佛

: 마음도 아니고 부처도 아니고
물物도 아니다

[본칙]

남전 화상에게 한 스님이 물었다.

"아직도 사람들에게 설하지 않은 법이 있습니까?"

남전이 대답했다.

"있다."

스님이 물었다.

"사람들에게 설하지 않은 법은 무엇입니까?"

남전이 대답했다.

"마음도 아니고, 부처도 아니고, 물物도 아니다."

(南泉和尙, 因僧問云, "還有不與人說底法麼?" 泉云, "有". 僧云, "如何是不與人說底法?" 泉云, "不是心, 不是佛, 不是物".)

남전은 이 한 질문을 받고 집의 사물私物을 모조리 헤아리니,
탈진함이 적지 않게 되었다.

(南泉, 被者一問, 直得揣盡家私, 郎當不少.)

[송]

지나친 친절은 그대의 공덕을 해치네.

말 없음이야말로 진정으로 공덕이 있는 것이니

설령 푸른 바다가 변할지라도

끝까지 그대를 위하여 소통하지 않겠네.

(叮嚀損君德　無言眞有功

任從滄海變　終不爲君通)

『무문관』에는 직지인심의 심에 대해 직접 이야기하는 화두가
여섯 점이 있는데, 이 화두 제27칙 「불시심불」不是心佛, 제29칙 「비
풍비번」非風非幡, 제30칙 「즉심즉불」卽心卽佛, 제33칙 「비심비불」非
心非佛, 제34칙 「지불시도」智不是道, 제41칙 「달마안심」達磨安心이
다. 직지인심의 심의 역사적 전개를 보면, 달마의 「달마안심」에서 시
작되어, 혜능의 「비풍비번」을 거쳐, 마조의 「즉심즉불」, 「비심비불」
에 이르고, 마조를 잇는 남전의 「불시심불」, 「지불시도」에 이르게 된
다. 무문은 이런 심의 역사적 전개를 따르지 않고, 남전의 「불시심
불」부터 시작한다. 만약에 이렇게 배치한 무문의 의도가 있다면, 남

전의 「불시심불」, 즉 「마음도 아니고, 부처도 아니고, 물物도 아니다」가 『무문관』에 나오는 심에 관한 모든 공안을 포괄하기 때문이 아닐까 싶다.

　마조의 「즉심즉불」(마음이 곧 부처이다)이나 「비심비불」(마음도 아니고 부처도 아니다) 공안을 이미 알고 있고 이를 해독한 사람이라면 남전의 이 화두 「불시심불」을 어렵지 않게 해독할 수 있을 것이다. 그러나 직지인심의 심의 역사적 전개를 아직 알지 못하는 사람들은 이 화두 내에서 진행되는 한 스님과 남전의 문답을 있는 그대로 살펴 가며 해독하지 않으면 안 된다.

　한 스님이 남전에게 던진 질문은 "아직도 사람들에게 설하지 않은 법이 있는가?"이다. 남전이 지금까지 사람들을 깨달음으로 인도하기 위해 법을 설해 왔을 터인데 아직도 설하지 않은 법이 있는가 하는 물음이다. 남전은 언제나 말도 생각도 끊어진 진리를 설해 왔다. 다시 말해, 설할 수 없는 법을 설해 왔다. 그러므로 남전에게 진리는 설할 수 있는 법과 설할 수 없는 법으로 나뉘지 않는다. 그러나 "아직도 설하지 않은 법이 있는가?" 하는 물음을 던지는 스님은 진리를 설할 수 있는 법과 설할 수 없는 법으로 나누어 생각하고 있다.

　이에 남전은 스님의 의도에 맞추어 "있다"고 대답한다. 방행이다. 이렇게 풀어놓아 주는 것(방행)은 스님으로 하여금 자신이 던진 물음에 대해 다시 한번 생각해 보도록 하기 위한 것이다. 그런데 스님은 "사람들에게 설하지 않은 법은 무엇입니까?" 하고 또 묻는다.

사람들에게 설하지 않은 법은 말도 생각도 끊어진 깨달음의 자리, 곧 진리이다. 스님은 남전에게 "(…) 무엇입니까?" 하고 질문하며, 개념적 규정을 벗어난 진리에 대해 개념적 규정을 해달라고 청하고 있다. 이에 남전은 "마음도 아니고, 부처도 아니고, 물物도 아니다"라고 대답한다. "물도 아니다"의 물은 세간의 법 즉 중생이나 사물을 가리킨다. 그런데 남전의 이 대답에 들어 있는 "아니다"가 마음, 부처, 물에 걸려 있기에 마치 그것이 마음, 부처, 물物 등 모든 것을 부정하는 부정어인 듯 보인다. 이 "아니다"의 의미를 이해하려면 뒤에 나오는 마조의 「즉심즉불」(마음이 곧 부처이다)과 「비심비불」(마음도 아니고 부처도 아니다)을 기다려야 하지만, 미리 말해 두면, 이 "아니다"는 "이다"와 같은 말이다.

[평창]

남전은 이 한 질문을 받고 집의 사물私物을 모조리 헤아리니, 탈진함이 적지 않게 되었다.

"이 한 질문"이란 스님이 남전에게 던진 질문 "사람들에게 설하지 않은 법은 무엇입니까?"이다. 이에 남전은 "마음도 아니고, 부처도 아니고, 물도 아니다"라고 했으니 마음, 부처, 물을 모두 헤아린 셈이다. 이를 무문은 "집의 사물私物을 모조리 헤아린다"고 했다. 이어 무문은 남전이 마음, 부처, 물을 거론했지만, 이에 그치지 않고 그밖의 모든 것을 거론하면서 "아니다"라고 하는 셈이므로 "탈진함이 적지 않다"고 했다. "아니다"로 드러내려는 깨달음의 자리는 이렇게 헤아릴 수 있는 모든 것을 거론하며 부정한다고 해서 드러나는 것이 아니기에 "탈진함이 적지 않다"고 말한 것이다.

[송]

지나친 친절은 그대의 공덕을 해치네.
말 없음이야말로 진정으로 공덕이 있는 것이니
설령 푸른 바다가 변할지라도
끝까지 그대를 위하여 소통하지 않겠네.

남전이 스님의 질문에 "있다"라고 대답한 것이나, 이어 나오는 스님의 질문에 "마음도 아니고 부처도 아니고, 물도 아니다"라고 대답한 것을 두고 무문은 "지나친 친절은 그대의 공덕을 해치네"라고 읊었다. 사람들에게 설하지 않은 법은 말도 생각도 끊어진 자리이기에 "있다"고 말할 필요도 없다는 것에 대해서는 "말 없음"이야말로 진정으로 공덕이 있는 것이라고 했다.

셋째 구와 넷째 구 "설령 푸른 바다가 변할지라도/ 끝까지 그대를 위하여 소통하지 않겠네"는, 나 무문은 남전처럼 마음이니, 부처니, 물物이니 하며 남과 소통하기 위해 말하지 않겠다는 뜻이다. 소통하기 위해 말하게 되면 말이 끊어진 자리를 벗어나게 되기 때문이다.

제28칙 구향[138]용담久響龍潭

:『금강경』소초疏抄를 불태우다

[본칙]

용담[139]에게 덕산이 거듭 가르침을 청하러 왔을 때 밤이 되자 용담이 말했다.

"밤이 깊었으니 그대는 내려가는 것이 어떻겠는가?"

이에 덕산은 "편히 쉬십시오" 말한 후 발을 걷어 올리고 밖으로 나갔다.

밖이 캄캄한 것을 보고 되돌아와서 말했다.

"밖이 캄캄합니다."

이에 용담은 초에 불을 붙여 건넸다. 덕산이 이를 받으려고 하자 용담이 훅 하고 불어 꺼 버렸다. 덕산은 여기서 홀연히 깨닫고 곧 절을 올렸다.

---

138   구향久響. 오래전부터 뵙고 싶어하다. 석지현 역주·해설,『선시로 보는 무문관』, 민족사, 2023.

139   용담숭신龍潭崇信(?~?). 천황도오天皇道吾(748~807)의 제자.

용담이 말했다.

"그대는 대체 어떤 도리를 보았느냐?"

덕산이 말했다.

"저는 오늘 이후로 천하의 노화상의 말씀을 의심하지 않겠습니다."

다음 날이 되었을 때 용담이 법당에 올라 말했다.

"이 중에 한 사나이가 있는데, 이빨은 맹수의 빽빽한 날카로운 이빨 같고, 입은 맹수의 딱 벌린 시뻘건 아가리[140] 같아서, 한 방망이 휘둘러 쳐도 돌아보지 않으니, 장래 언젠가 외로운 봉우리의 정상에서 우리의 도를 세우고 있을 것이다."

덕산은 마침내 소초[141]를 들고 나와 법당 앞에서 횃불 하나를 치켜들고 말했다.

"현묘한 논변들을 궁구한다 하더라도 한 가닥의 털이 광대한 허공에 날리는 것과 같고, 세상의 중추가 되는 기틀을 갈파한다 하더라도 한 방울의 물이 거대한 계곡에 떨어지는 것과 같다."

그러고 나서 소초를 바로 불태우고, 그 자리에서 절을 드리고 떠났다.

(龍潭, 因德山請益抵夜, 潭云, "夜深, 子何不下去?" 山遂珍重, 揭簾而出. 見外面黑, 卻回云, "外面黑". 潭乃點紙燭度與. 山

---

140 김태완 역주, 『무문관: 달을 보면 손가락을 잊어라』, 152쪽.

141 소초疏抄. 소疏는 경經을 주해한 논論을 다시 주해한 주석서. 초抄는 초록抄錄.

제28칙 구향용담久響龍潭: 『금강경』 소초疏抄를 불태우다   241

擬接, 潭便吹滅. 山於此忽然有省, 便作禮. 潭云, "子見箇甚麼道理?" 山云, "某甲從今日去, 不疑天下老和尙舌頭也". 至明日, 龍潭陞堂云, "可中有箇漢, 牙如劍樹, 口似血盆, 一棒打不回頭, 他時異日向孤峰頂上立吾道在". 山遂取疏抄, 於法堂前, 將一炬火, 提起云, "窮諸玄辨, 若一毫致於太虛; 竭世樞機, 似一滴投於巨壑". 將疏抄便燒, 於是禮辭.)

[평창]

아직 촉관蜀關을 벗어나지 않았을 때[142] 마음이 분노로 가득 차 입으로 말하고자 하나 아무 말도 할 수 없는 지경이었기에 덕산은 일부러 남방에 가서 교외별전의 종지를 멸하고자 했다.

풍주灃州의 길거리에 다다랐을 때 노파에게 점심點心을 살 수 있겠느냐고 물었다.

노파가 말했다.

"대덕이시여! 수레 속에 어떤 책이 있습니까?"

덕산이 말했다.

"『금강경』 소초입니다."

노파가 말했다.

"그렇다면 『금강경』에서 '과거의 마음도 얻을 수 없고, 현재의

---

142   덕산은 촉蜀 지방 즉 사천성四川省에서 『금강경』을 강의하고 있었다. 김태완 역주, 앞의 책, 153쪽 각주398.

마음도 얻을 수 없고, 미래의 마음도 얻을 수 없다'라고 했는데, 대덕
은 어느 마음에 점을 찍고자 하십니까?"

덕산은 이 한 질문을 받고 말문이 막히고 말았다. 그렇다 하더
라도, 덕산은 노파의 말에 설복되어 기죽을 수는 없었고, 그래서 노
파에게 물어보았다.

"근처에 어떤 종사[143]가 계시는지요?"

노파가 답했다.

"5리 밖에 용담 화상이 계십니다."

덕산은 용담에 이르러 완전히 패배했으니, 가히 앞의 말이 뒤의
말과 맞지 않는다고 말할 만하다. 용담은 자기 아이만 귀여워하다
가 자신도 모르는 사이 남에게 폐를 끼치는 것처럼[144] 그에게 조금
이나마 불씨가 있는 것이 보이자 황급히 구정물을 확 쏟아부었으니
냉정하게 보면 한바탕 웃음거리이다.

(德山, 未出關時, 心憤憤, 口悱悱, 得得來南方, 要滅卻敎外別
傳之旨. 及到澧州路上, 問婆子買點心. 婆云, "大德! 車子內是甚
麽文字?" 山云, "金剛經抄疏". 婆云, "只如經中道 '過去心不可得,
現在心不可得, 未來心不可得', 大德要點那箇心?" 德山被者一問,
直得口似匾檐. 然雖如是, 未肯向婆子句下死卻. 遂問婆子, "近處

---

143 종사宗師. 경, 율, 논 3장藏을 닦아 체득한 이를 각각 법사, 율사, 논사라고 하는 반면, 선문禪
    門의 종지를 체득한 이를 종사宗師, 종사가師家, 종장宗匠이라 한다. 김태완 역주, 위의 책,
    155쪽 각주407.

144 김태완 역주, 위의 책, 155쪽 각주410.

有甚麼宗師?"婆云, "五里外有龍潭和尚". 及到龍潭, 納盡敗闕,
可謂是前言不應後語. 龍潭, 大似憐兒不覺醜, 見他有些子火種, 郎
忙將惡水, 驀頭一澆澆殺. 冷地看來, 一場好笑.)

[송]

이름을 듣는 것보다 얼굴을 직접 보는 것이 더 낫네.

얼굴을 직접 보는 것보다 이름을 듣는 것이 더 낫네.

비록 코는 구해 낼 수 있었지만

눈을 멀게 했으니 어찌할까?

(聞名不如見面　見面不如聞名

雖然救得鼻孔　爭奈瞎卻眼睛)

밤이 캄캄하니 내려가려면 어둠을 밝힐 촛불이 있어야 한다.
되돌아와서 덕산은 용담에게 밤이 캄캄하다고 말했고, 이에 용담은
촛불을 덕산에게 건네주었다. 덕산이 이를 받으려고 하는 순간 용
담은 훅 하고 불어 촛불을 꺼 버렸다. 다시 어두워졌으니 이제 덕산
은 어둠 속을 어떻게 내려가야 하는가? 우리가 덕산을 걱정해 이렇
게 생각한다면, 용담이 덕산에게 건넨 가르침에서 멀어질 뿐이다.

　촛불을 켰을 때 주위가 환해져 어둠이 사라졌지만, 촛불을 껐을
때는 어둠이 다시 찾아들었다. 용담은 촛불을 밝히기 전의 어둠과
촛불을 밝혔을 때의 밝음이라는 양변을 끊은 어둠으로 다시 회귀하
려고 하는 것일까? 다시 말해, 촛불을 껐을 때의 어둠은 어둠과 밝음

이라는 양변을 떠난 자리라는 것을 보여 주려고 한 것일까? 그렇지 않을 것이다. "촛불을 켰다 끔"은 어둠과 밝음의 경계에 있다는 것을 보여 주려고 한 것일 터이다. 용담이 촛불을 켰을 때는 어둠과 밝음이 동시에 발생하지만, 촛불을 껐을 때는 어둠과 밝음이 동시에 소멸한다. 어둠과 밝음은 촛불이 켜 있을 때의 어둠과 밝음일 뿐이다. 무엇이 어둠과 밝음을 동시에 발생하게 하고 또 동시에 소멸하게 하는가? 촛불 자체이다. 촛불 자체는 켜짐과 꺼짐의 과정 속에 있지만, 또한 이러한 과정이 유래하는 장이다.[145]

용담의 행위에서 깨달음을 얻은 덕산은 『금강경』 소초를 들고 나와서는, 교학 용어로 설명하는 이러한 소초는 광대한 허공에 날리는 한 가닥의 털, 거대한 계곡에 떨어지는 한 방울의 물과 같다고 선언한다. 그러면서 치켜든 횃불로 『금강경』 소초를 태우고, 용담에게 절을 드리고 떠난다. 용담의 "켜졌다 꺼지는 촛불"은 덕산의 "치켜든 횃불"이다. 이 횃불을 든 자리는 모든 교학의 용어가 소멸한 자리이기에, 광대한 허공 곧 태허이고, 거대한 계곡이다. 용담의 촛불, 덕산의 횃불, 광대한 허공, 거대한 계곡은 모두 깨달음의 자리를 표현하는 말들이다.

---

145 "의미와 무의미는 상호-함축co-implication이라는 독특한 관계, '본원적 유형의 내재적 관계, 공-현존co-presence의 양식'(LS 82)을 향유한다. 무의미와 의미의 관계는 참과 거짓의 관계가 아니다. 무의미는 의미가 유래하는 언제나 현존하는 장이다." 존 로페, 『질 들뢰즈의 저작 I: 1953~1969』, 426쪽.

아직 촉관을 벗어나지 않았을 때 마음이 분노로 가득 차 입으로 말하고자 하나 아무 말도 할 수 없는 지경이었기에 덕산은 일부러 남방에 가서 교외별전의 종지를 멸하고자 했다.

풍주의 길거리에 다다랐을 때 노파에게 점심을 살 수 있겠느냐고 물었다.

노파가 말했다.

"대덕이시여! 수레 속에 어떤 책이 있습니까?"

덕산이 말했다.

"『금강경』 소초입니다."

노파가 말했다.

"그렇다면 『금강경』에서 '과거의 마음도 얻을 수 없고, 현재의 마음도 얻을 수 없고, 미래의 마음도 얻을 수 없다'고 했는데, 대덕은 어느 마음에 점을 찍고자 하십니까?"

덕산은 이 한 질문을 받고 말문이 막히고 말았다. 그렇다 하더라도, 덕산은 노파의 말에 설복되어 기죽을 수는 없었고, 그래서 노파에게 물어보았다.

"근처에 어떤 종사가 계시는지요?"

노파가 답했다.

"5리 밖에 용담 화상이 계십니다."

덕산은 용담에 이르러 완전히 패배했으니, 가히 앞의 말이 뒤의 말과 맞지 않는다고 말할 만하다. 용담은 자기 아이만 귀여워하다가 자신도 모르는 사이 남에게 폐를 끼치는 것처럼 그에게 조금이나마 불씨가 있는 것이 보이자 황급히 구정물을 확 쏟아부었으니, 냉정하게 보면 한바탕 웃음거리이다.

무문은 이 평창에서 본칙에 담긴 내용 이전에 일어난 일에 대해 이야기하고 있다. 점심을 사 먹을 수 있겠느냐는 덕산의 물음에, 노파는 『금강경』의 "과거의 마음도 얻을 수 없고, 현재의 마음도 얻을 수 없고, 미래의 마음도 얻을 수 없다"라는 말씀을 인용하며 어느 마음에 점을 찍고자 하느냐 하고 되묻는다. 노파는 덕산의 점심點心을 '마음에 점을 찍다'로 풀어 그대 덕산이 과연 『금강경』의 말씀을 올바르게 파악하고 있는가 묻고 있다. 『금강경』은 덕산 자신이 거주하는 곳에서 먼 지방인 남방까지 와서 교외별전의 종지를 무너뜨리고자 할 때 지니고 다니는 경전이다. 노파의 어느 마음에 점을 찍고자 하는가 하는 말은 덕산이 무너뜨리고자 하는 교외별전教外別傳이다. 노파는 마음에 개념적 규정을 가할 수 없음을 "마음에 점을 찍을 수 없음"으로 보여 주고 있다. 다시 말해 노파는 『금강경』의 저 말씀을 교教 외로 따로 전하고 있는 것(교외별전)이다. 과거, 현재, 미래로 나뉠 수 있는 마음은 점을 찍을 수 있는 퇴락한 마음이기 때문이다. 아직 교외별전을 이해하지 못하는 덕산은 말문이 꽉 막혀 버렸다. 그렇다고 해도 덕산은 여기서 물러날 수 없었다. 교외별전을 멸하기 위해 얼마나 먼 길을 그 고생을 하며 왔는가? 또 교학을 공부한 세월이 얼마던가? 덕산은 부근의 종사를 찾았다. 이에 5리 바깥에 용담 화상이 있다는 노파의 말을 듣고 그를 찾아가 가르침을 청했고, 용담의 촛불에 완전히 패배하고 말았다.

"가히 앞의 말이 뒤의 말과 맞지 않는다"에서 '앞의 말'과 '뒤의 말'은 모두 덕산의 말을 가리킨다. 앞의 말은 평창에 나오는 "교외별전의 종지를 멸하겠다"이고, 뒤의 말은 본칙에 나오는 "오늘 이후로 천하의 노화상의 말씀을 의심하지 않겠다"이다.

"용담은 자기 아이만 귀여워하다가 자신도 모르는 사이 남에게 폐를 끼치는 것처럼 그에게 조금이나마 불씨가 있는 것이 보이자 황급히 구정물을 확 쏟아부었으니"는 본칙에 나오는 "이 중에 한 사나이가 있는데, 이빨은 맹수의 빽빽한 날카로운 이빨 같고, 입은 맹수의 딱 벌린 시뻘건 아가리 같아서, 한 방망이 휘둘러 쳐도 돌아보지 않으니, 장래 언젠가 외로운 봉우리의 정상에서 우리의 도를 세우고 있을 것이다"라는 용담의 말을 가리킨다. 반어이다.

[송]

이름을 듣는 것보다 얼굴을 직접 보는 것이 더 낫네.
얼굴을 직접 보는 것보다 이름을 듣는 것이 더 낫네.
비록 코는 구해 낼 수 있었지만
눈을 멀게 했으니 어찌할까?

무문은 첫째 구에서는 덕산이 노파한테서 용담 선사의 이름을 듣고 용담을 찾아가 직접 만나서 가르침을 받은 일을, 둘째 구에서는 용담이 덕산을 깨달음으로 잘 이끌기는 했으나 덕산이 노화상의 말씀을 의심하지 않겠다 하며 용담을 인정했을 때 용담이 덕산을 과하게 칭찬한 일을 두고 읊었다.

셋째 구에서 "비공"鼻孔은 글자 그대로는 콧구멍을 뜻하지만 콧구멍을 포함한 코 전체를 가리키는 단어이다. 코는 비조鼻祖라는 말에서 볼 수 있듯이 근원이나 시초라는 뜻이 있다. 선에서 비공은 근원이나 시초라는 뜻으로 본래면목을 가리킨다.[146] 넷째 구에서 "안정"眼睛은 글자 그대로는 눈동자를 뜻하지만 눈 전체를 가리키는 단어이다. 선에서는 주로 본래면목을 알아보는 안목을 뜻한다.[147] 셋째 구는 용담이 덕산을 깨달음으로 이끈 일을, 넷째 구는 덕산이 용담의 가르침으로 깨달음을 얻고 난 후 용담을 드높이자 이에 용담이 덕산을 칭찬한 일을 두고 읊은 것이다.

---

146 김태완 역주, 앞의 책, 157쪽 각주 423.

147 김태완 역주, 위의 책, 157쪽 각주 425.

제29칙 비풍비번非風非幡

: 그대들 마음이 움직이는 것이다

[본칙]

육조는 바람에 절의 깃발이 펄럭이자 두 스님이 이를 두고 대론對論하는 모습을 보았다.

한 스님이 말했다.

"깃발이 움직인다."

또 한 스님이 말했다.

"바람이 움직인다."

이렇게 옥신각신하거늘 이치에 맞지 않기에, 육조가 말했다.

"바람이 움직이는 것도 아니고, 깃발이 움직이는 것도 아니다. 그대들의 마음이 움직이는 것이다."

두 스님은 오싹 소름이 끼쳤다.

(六祖, 因風颺刹幡, 有二僧對論, 一云"幡動", 一云"風動", 往復曾未契理, 祖云, "不是風動, 不是幡動. 仁者心動". 二僧悚然.)

바람이 움직이는 것도 아니고, 깃발이 움직이는 것도 아니고, 마음이 움직이는 것도 아니니 어디서 조사를 볼 것인가? 만약 여기서 꼭 들어맞게 볼 수 있다면, 두 스님이 철을 샀는데 금을 얻었음을 알게 될 터이다. 조사는 웃음을 참을 수 없어 한바탕 허물을 드러냈다.

(不是風動, 不是幡動, 不是心動. 甚處見祖師? 若向者裏見得親切, 方知二僧買鐵得金. 祖師忍俊不禁, 一場漏逗.)

[송]

바람이 깃발이 마음이 움직인다는 것은
한 통의 영장令狀으로 다 같이 끌려가는 것이니
단지 입을 열 줄만 알 뿐
말에 떨어진 줄은 알아차리지 못하네.

(風幡心動　一狀領過

　只知開口　不覺話墮)

바람에 깃발이 펄럭이는 모습을 보고 한 스님은 "깃발이 움직인다"고 말했고, 또 한 스님은 "바람이 움직인다"고 말했다. "대론對論한다"고 했으니 두 스님은 각자 자신의 말이 옳다고 주장하고 있는 것이다. 각자 옳다고 주장했으므로 각자 주장하는 마음을 낸 것이다. 혜능은 이렇게 각자 주장하는 마음을 두고 "그대들의 마음이 움직인다"고 말했다. 그런데 혜능의 "바람이 움직이는 것이 아니다,

깃발이 움직이는 것이 아니다, 마음이 움직이는 것이다"는, "바람이 움직인다, 깃발이 움직인다, 마음이 움직인다"로 바꾸어 이해해 볼 수 있다. 이 일이 가능한 것은 마음의 움직임과, 깃발의 움직임이나 바람의 움직임은 같은 것이 아니기 때문이다. 마음의 움직임은 대상으로 향한 마음의 주관적 작용act이지만, 바람의 움직임이나 깃발의 움직임은 사물의 객관적 운동movement이다. 그러므로 혜능이 "바람이 움직이는 것도 아니고, 깃발이 움직이는 것도 아니다. 그대들의 마음이 움직이는 것이다"라고 말했을 때, 이 말은 마음이 움직여야 바람이나 깃발이 움직이는 것을 의미하므로, "바람이 움직인다, 깃발이 움직인다, 마음이 움직인다"로 바꾸어 이해될 수 있는 것이다.

　화엄이나 유식을 공부한 이라면 혜능의 "마음이 움직인다"라는 말을 듣고 "일체유심조"一切唯心造를 떠올릴지도 모르겠다. 일체유심조! 글자 그대로 "모든 것은 오직 마음이 만든 것일 뿐"이란 뜻이다. 이때 '만든 것'이라는 말은 칸트나 후설 같은 철학자의 용어로 말하면 '구성한 것'이다. 따라서 '일체유심조'는 마음(아뢰야식)의 구성 능력에 의해 의식과 대상이 구성되어 나타난다는 뜻이다. 그런데 "그대들의 마음이 움직인다"고 한 혜능의 말은 이런 마음의 구성 능력에 의해 구성된 것이 곧 "깃발의 움직임", "바람의 움직임"이라는 의미일까? 그렇다면 혜능의 "바람이 움직이는 것도 아니고, 깃발이 움직이는 것도 아니다. 그대들의 마음이 움직이는 것이다"는 바로 앞에서 본 "바람이 움직인다, 깃발이 움직인다, 마음이 움직인다"

가 될 것이다.

　그러나 혜능이 이 말로 진정으로 나타내고 싶어하는 것은, 그대 스님들은 그대들 마음이 만든 것인 깃발의 움직임, 바람의 움직임을 각자 내세우며 언쟁을 벌이고 있는데, 이같이 서로 배척하는 주장을 제거하기 위해서는, 혹은 이러한 주장이 유래하는 곳을 파악하기 위해서는 "마음의 움직이지 않음"을 깨달아야 한다는 점이다. "마음의 움직이지 않음"을 깨달을 때, 깃발의 움직임이나 바람의 움직임은 각자의 관심이 "바람에 깃발이 펄럭임"이라고 시설施設될 수 있는 "그 무엇"에 투여된 결과라는 것을 알게 되고 서로 부질없이 언쟁을 벌이지 않게 된다. 혜능이 두 스님에게 결국 전달하고자 하는 것은 깃발의 움직임이나 바람의 움직임으로 향하지 않는 마음 그 자체이다. 이 마음은 직지인심直指人心의 심心이기에, 깃발이나 바람이라는 대상에 앞서 존재하며 대상을 구성하는 심이 아니다.

　이 점을 더 생각해 보자. "바람에 깃발이 펄럭임"이라고 시설될 수 있는 "그 무엇"을 두고 한 스님은 "깃발이 움직인다"고 말했고, 다른 한 스님은 "바람이 움직인다"고 말했다. 우리가 이러한 언명에 선행하는 "그 무엇"을 놓을 수 있는 이유는, 바로 앞에서 보았듯 혜능이 "바람이 움직이는 것이 아니다, 깃발이 움직이는 것이 아니다, 마음이 움직이는 것이다" 하고 말했기 때문이다. 그렇기에 "그 무엇"은 "[두 스님의] '깃발이 움직인다', '바람이 움직인다', [혜능의] '마음이 움직인다'"라고 언명하지 않을 때 다가오는 것이다. 마음이 사물과 사태 등 대상으로 향했을 때, 즉 움직였을 때 "그 무엇"은 깃발의 움직임, 바람의 움직임으로 나타난다. 그러나 "그 무엇"이 깃발의 움직임, 바람의 움직임으로 다가오지 않는 것은, 즉 "그 무엇"이 그 무엇 자체로 다가오는 것은 마음이 대상으로 향하지 않을 때, 대상을 표상하지 않을 때, 즉 움직이지 않을 때이다.

"바람이 움직인다"고 말하는 스님에게는 바람이, "깃발이 움직인다"고 말하는 스님에게는 깃발이 관심의 주제가 되어 있다. 바람이 불어 깃발이 펄럭일 때 무엇을 관심의 주제로 삼는가에 따라 "바람이 움직인다"고 말할 수도 있고, "깃발이 움직인다"고도 말할 수 있다. "바람의 움직임"과 "깃발의 움직임"은 "움직임"이라는 사건 그 자체의 다른 표현이기 때문이다. 두 스님은 마음이 움직였기 때문에 사건 그 자체를 두고 "바람이 움직인다", "깃발이 움직인다" 하며 언쟁을 벌인 셈인데, 이때 "바람이 움직인다"는 "깃발이 움직인다"를 배척하고, "깃발이 움직인다"는 "바람이 움직인다"를 배제한다. 하지만 사건 그 자체는, 화엄의 용어를 써서 말해 본다면, "깃발의 움직임"과 "바람의 움직임"이 부단히 상즉相卽하고 상입相入하는 장이지 서로 배제하고 배척하는 장이 아니다.[148]

이 공안은 제14칙 「남전참묘」와 유사하다. 양 당의 스님들이 고양이를 두고 다투고 있을 때 남전이 "말하지 않는다면 베어 버리겠

---

148 화엄의 "상즉상입"은 사건의 다섯 가지 명제 중 "네 번째 명제: 사건들은 상호-표현적이다"에 해당한다. 사건의 다섯 가지 명제는 다음과 같다. ①사건은 우유성이나 본질이 아니다. ②사건은 현재 시간을 피해 간다. ③모든 사건들은 그 자체의 차이 속에서 존재한다. ④사건들은 상호-표현적이다. ⑤사건들은 신체들이 조직될 때 의사-원인적 요인들이다. 존 로페, 『질 들뢰즈의 저작 I: 1953~1969』, 400~416쪽.

다"고 했고, 스님들이 아무 말이 없자 남전은 칼로 고양이를 베었다. 남전의 "고양이를 벰"과 혜능의 "마음의 움직임"은 같은 것이다. 상호 부정, 상호 배척을 일순간에 사라지게 했으므로, 결국 혜능의 '마음의 움직임'은 "마음이 움직인다"라는 사태를 지시하는 것이 아니라, 마음의 움직임마저 사라지게 하는 공성이다.

[평창]

바람이 움직이는 것도 아니고, 깃발이 움직이는 것도 아니고, 마음이 움직이는 것도 아니니 어디서 조사를 볼 것인가? 만약 여기서 꼭 들어맞게 볼 수 있다면, 두 스님이 철을 샀는데 금을 얻었음을 알게 될 터이다. 조사는 웃음을 참을 수 없어 한바탕 허물을 드러냈다.

"바람이 움직인다", "깃발이 움직인다" 하며 두 스님이 다투는 모습을 보고, "그대들의 마음이 움직인다"고 했을 때, 혜능은 이 말로 "마음의 움직이지 않음"을 내보이고 싶었다. 마음이 움직이지 않을 때 마음은 깃발의 움직임이나 바람의 움직임으로 향하지 않기 때문이다. 이렇게 하여 혜능은 두 스님의 말이 각자의 사태를 지시할 때 생기는 문제를 지운다.

"어디서 조사를 볼 것인가?"는 "어디서 조사를 친견할 것인가?"라는 뜻이다. "친견"親見은 물론 제1칙 「조주구자」의 평창에 나온 말 "이 관문을 뚫어 통과할 수만 있다면, 조주를 친견할 뿐 아니라 역대 조사들과 손을 잡고 함께 걸으며 눈썹을 서로 비벼 가며 그들과 똑같은 눈으로 보고 똑같은 귀로 듣게 될 것이니, 어찌 유쾌하지 않겠는가?"의 "친견"이다.

"두 스님이 철을 샀는데 금을 얻었음을 알게 될 터이다"는 각자 "깃발이 움직인다", "바람이 움직인다"고 주장할 때는 철을 산 것이지만, 혜능의 말을 듣고 각자의 주장이 철회될 수 있음을 알 때는 금을 얻은 것을 뜻한다.

"조사는 웃음을 참을 수 없어 한바탕 허물을 드러냈다"에서 웃음을 참을 수 없다고 한 것은 두 스님의 말에 웃음을 참을 수 없어서가 아니라 두 스님의 대론에 자신도 참여하여 한마디한 것에 대해, 그러면서 자신이 한 말마저 떠난 것에 대해 그렇게 표현한 것이다.

[송]

바람이 깃발이 마음이 움직인다는 것은
한 통의 영장으로 다 같이 끌려가는 것이니
단지 입을 열 줄만 알 뿐
말에 떨어진 줄은 알아차리지 못하네.

혜능의 "바람이 움직이는 것도 아니고, 깃발이 움직이는 것도 아니다. 그대들의 마음이 움직이는 것이다"는 "바람이 움직인다, 깃발이 움직인다, 마음이 움직인다"로 바꾸어 이해해 볼 수 있다고 앞에서 설명한 바 있다. 마음이 움직일 때 바람도 깃발도 움직이기 때문이다. 그러나 혜능이 정작 이 말로 스님들에게 내보이고 싶어한 것은 깃발의 움직임과 바람의 움직임으로 향하여 "마음이 움직이지 않음"을 깨달아야 한다는 점이다. 그러므로 "바람이 움직인다", "깃발이 움직인다", "마음이 움직인다" 하며 입을 열 때, 무문은 스님들과 혜능 모두 "한 통의 영장으로 다 같이 끌려간다"고 묘사하고 있다. 혜능의 "마음이 움직인다" 역시 두 스님의 "깃발이 움직인다", "바람이 움직인다"처럼 말에 떨어진 것이다.

제30칙 즉심즉불卽心卽佛

: 마음이 곧 부처이다

[본칙]

마조149에게 대매150가 물었다.

"무엇이 부처입니까?"

마조가 대답했다.

"마음이 곧 부처이다."

(馬祖, 因大梅問, "如何是佛?" 祖云, "卽心是佛".)

[평창]

만약 곧바로 알아차릴 수 있다면, 부처의 옷을 입고, 부처의 밥을 먹고, 부처의 말을 하고, 부처의 행동을 할 것이니, 곧 부처이다.

---

149 마조도일馬祖道一(709~788). 남악회양南嶽懷讓(677~744)의 제자.

150 대매법상大梅法常(752~839). 마조도일의 제자. 제3칙 「구지수지」에 등장한 구지가 대매의 법손이다.

비록 그렇다 하더라도, 대매는 많은 사람을 이끌어 정반성[151]을 잘못 읽게 했으니, 이 "부처"라는 글자를 말하면 [그들이] 3일이나 입을 씻어 낸다는 것을 어찌 알겠는가? 만약 이런 자들이라면, "마음이 곧 부처이다"라는 말을 듣자마자 귀를 막고 바로 달아나리라.

(若能直下領略得去, 著佛衣, 喫佛飯, 說佛話, 行佛行, 卽是佛也. 然雖如是, 大梅引多少人, 錯認定盤星. 爭知道說箇佛字三日漱口? 若是箇漢, 見說"卽心是佛", 掩耳便走.)

[송]

푸른 하늘 흰 해
찾아 구함은 절대로 피할지니.
더구나 무엇인가 하고 묻는 것은
장물을 안고 억울하다고 외치는 짓이네.
(靑天白日　切忌尋覓
　更問如何　抱贓叫屈)

이 공안, 그리고 이 공안과 짝을 이룬다고 생각될 수 있는 공안 제33칙「비심비불」(마음도 아니고 부처도 아니다)이『선문염송설화』

151　정반성定盤星. 반盤은 저울 반, 성盤은 저울대의 눈(눈금), 정定은 일정하여 움직이지 않음. 정반성은 저울의 첫 눈으로 물건의 경중輕重과 관계가 없는 눈이다. 저울 추가 이 눈에 놓이면 저울은 평형을 이룬다. 정반성에는 두 가지 뜻이 있다. 하나는 나쁜 뜻으로, 움직일 줄 모르는 집착상執着想을 보이는 것. 다른 하나는 좋은 뜻으로, 경중에 동하지 않는 격외格外로 초출한 일점성一點星을 보이는 것. 운허용하,『불교사전』, 동국역경원, 1985, 777쪽.

의 다음과 같은 공안에 함께 나타난다.

마조에게 한 스님이 물었다.

"화상은 어찌하여 '마음이 곧 부처이다'라고 하십니까?"

선사가 대답했다.

"어린애 울음을 그치게 하기 위해서이다."

스님이 물었다.

"울음이 그쳤을 때엔 어떠합니까?"

선사가 대답했다.

"마음도 아니요, 부처도 아니다."

스님이 물었다.

"이 두 가지를 제한 사람이 오면, 어떻게 가르치시겠습니까?"

선사가 대답했다.

"그에게 '물物도 아니다' 하고 말하겠다."

스님이 물었다.

"홀연히 그 안의 사람을 마주치면 어찌하겠습니까?"

선사가 대답했다.

"우선 그에게 대도大道를 체득하게 하겠다."

(馬祖, 因僧問, "和尙爲什麽說卽心卽佛?" 師云, "爲止小兒
啼". 僧云, "啼止時, 如何?" 師云, "非心非佛". 僧云, "除此二
種人來, 如何指示?" 師云, "向伊道不是物". 僧云, "忽遇其中

人來時, 如何?" 師云, "且教伊體會大道".)[152]

"마음이 곧 부처이다"라고 할 때의 마음은 유루의 식이다. 초기
불교나 아비달마불교에서 심은 6식 즉 안식, 이식, 비식, 설식, 신식,
의식이고, 유식불교에서는 여기에 말나식과 아뢰야식을 더해서 8식
이다. 이 식들은 유루의 선성이거나 불선성이거나 무기성이다. 마
조는 "유루의 식인 마음(심)이 곧 부처이다"라고 했으므로, 우리는
"번뇌를 안고 있는 채로 그대로 부처이다"라고 생각하는 경향이 있
다. 그러나 마조는 이어 "마음도 아니요, 부처도 아니다"라고 했으므
로, 그렇게 새겨서는 안 된다. "마음이 곧 부처이다"라고 하면서 마
조는 마음과 부처의 각각의 동일성이 해체되어 소멸하는 자리를 보
이려 하고 있기 때문이다.

[평창]

만약 곧바로 알아차릴 수 있다면, 부처의 옷을 입고, 부처의 밥
을 먹고, 부처의 말을 하고, 부처의 행동을 할 것이니, 곧 부처이다.
비록 그렇다 하더라도, 대매는 많은 사람을 이끌어 정반성을 잘못
읽게 했으니, 이 "부처"라는 글자를 말하면 [그들이] 3일이나 입을
씻어 낸다는 것을 어찌 알겠는가? 만약 이런 자들이라면, "마음이
곧 부처이다"라는 말을 듣자마자 귀를 막고 바로 달아나리라.

---

152 『한국불교전서』 제5책, 160쪽 중단.

대매가 마조에게 "무엇이 부처입니까?"라고 물은 것을 두고, 무문은 "대매는 많은 사람을 이끌어 정반성을 잘못 읽게 했다"고 평하고 있다. "무엇이 부처이다", "부처는 무엇이다" 하고 개념적으로 규정해 주기를 요청하고 있기 때문이다. "부처라는 이 글자를 말하면 3일이나 입을 씻어 낸다는 것을 어찌 알겠는가?"는 "무엇이 부처입니까?" 혹은 "부처란 무엇입니까?"라는 질문은 부처의 동일성이 전제되어 있기에, 이러한 동일성을 제거하기가 어렵다는 것을 나타내는 말이다.

[송]

푸른 하늘 흰 해
찾아 구함은 절대로 피할지니.
더구나 무엇인가 하고 묻는 것은
장물을 안고 억울하다고 외치는 짓이네.

"무엇이 부처입니까?" 하고 묻는 자가 이미 부처 안에 있다는 것을 무문은 "푸른 하늘 흰 해"로 묘사하고 있다. 이어 무문은, 이미 부처 안에 있는 자가 "무엇이 부처입니까?" 하고 찾아 구하는 순간 부처는 이미 사라지고 없기에 "찾아 구함은 절대로 피할지니"라고 읊고 있다.
부처를 찾아 구해도 안 되는데, 더구나 그 부처가 무엇인가 하

고 묻는 것은 부처라는 장물을 안고 무죄라고 외치는 것이라고 무
문은 말한다. 왜 부처가 장물인가? 사라져 없는 물건을 있다고 감싸
안고 있기 때문이다.

제31칙 조주감파趙州勘婆

: 오대산 가는 길이 어디요?

[본칙]

①한 스님이 노파에게 물었다.

"오대산[153] 가는 길이 어디요?"

노파가 대답했다.

"곧바로 가시오."

스님이 겨우 몇 걸음 갔을 때 노파가 말했다.

"번듯한 스님이 또 저렇게 가는군."

②나중에 또 한 스님이 조주에게 이 이야기를 들려주자 조주가 말했다.

---

153 대산臺山. 오대산五臺山. 중국 산서성의 북동쪽에 있는 산으로, 높이는 3,058m이다. 문수보살의 성지로, 청량산淸涼山이라고도 한다. 동대, 서대, 남대, 북대, 중대의 다섯 개의 주요 봉우리로 이루어져 있기에 오대산이라는 이름이 생겼다. 오대산은 관음보살의 성지 보타산普陀山, 보현보살의 성지 아미산峨眉山, 지장보살의 성지 구화산九華山과 함께 중국 불교의 4대 성지 중 하나로 꼽힌다. 또, 오대산은 중국 불교와 티베트 불교의 유일한 공통 성지이기도 하다.

"내가 한번 가서 그대들을 위해 이 노파를 감파勘破[154]하겠다."

이튿날 바로 가서 또한 이와 같이 묻자, 노파 또한 저와 같이 대답했다.

조주는 돌아와서 대중에게 말했다.

"내가 그대들을 위해 오대산의 노파를 감파해 냈다."

(趙州, 因僧問婆子, "臺山路向甚處去?" 婆云, "驀直去". 僧纔行三五步, 婆云, "好箇師僧又恁麽去". 後有僧舉似州. 州云, "待我去與爾勘過這婆子". 明日便去亦如是問, 婆亦如是答. 州歸謂衆曰, "臺山婆子我與爾勘破了也".)

[평창]

노파는 그저 진영에 앉아서 계략을 세울 줄은 알아도 도리어 적을 불러들인 것은 알지 못했다. 조주 노인은 적의 진영에 잠입하여 요새를 약탈하는 기략은 잘 이용했지만 역시 대인의 모습은 없다. 점검해 보면 두 사람 다 허물이 있다. 자, 말해 보아라! 어디서 조주가 노파를 감파했는가를.

(婆子只解坐籌帷幄, 要且著賊不知. 趙州老人善用偸營劫塞之機, 又且無大人相. 撿點將來, 二俱有過. 且道! 那裏是趙州勘破婆子處.)

154 원문의 "감과"勘過, "감파"勘破에서 '감'勘은 '조사하다,' '검사하다'라는 뜻. '과'過와 '파'破는 동사의 뒤에서 동작의 완성을 나타내는 어조사. 두 단어 모두 "점검하다"로 번역될 수 있다.

질문이 이미 같은 이상

대답도 서로 같지만,

밥 속에 모래가 있고

진흙 속에 가시가 있구나.

(問既一般　答亦相似

　飯裏有砂　泥中有刺)

　두 부분으로 나누어 이 공안을 해독해 보겠다. 먼저 첫째 부분. 한 스님이 지혜의 보살 문수가 산다는 오대산을 향해 가고 있었다. 오대산으로 가는 길은 지혜 곧 깨달음을 얻으러 가는 길이다. 그런데 그 길목에 한 노파가 지키고 서 있다가, 스님이 "오대산으로 가는 길이 어디요?" 하고 질문했을 때 "곧장 가시오"라고 대답했다. 노파의 말을 들은 스님은 노파가 가르쳐 준 대로 곧바로 시작하고 몇 걸음 안 가서 "번듯한 스님이 또 저렇게 가는군" 하는 노파의 핀잔을 듣게 된다. 노파의 이 말에서 우리는 두 가지를 읽어 낼 수 있다.

　하나는, 이 스님 외에도 오대산 가는 길을 물은 스님들이 있었다는 점이다. 즉, 오대산 가는 길을 물은 스님들이 노파의 똑같은 말을 들었다는 점이다. 깨달음을 구하고자 묻는 모든 스님에게 똑같은 말을 했으므로, 노파의 그 말들은 노파가 얻은 진리를 담고 있다. 다른 하나는, 노파는 "번듯한 스님이 또 저렇게 가는군" 하고 말하며, 자신의 대답 "곧장 가시오"를 "곧장 가다"라는 사태를 지시하지 않는 말로 만들어 놓았다는 점이다. 그렇다면 노파의 "번듯한 스님이 또 저렇게 가는군"은 오대산이라는 대상을 비롯하여 깨달음을 얻기 위한 모든 대상을 해체하는 힘을 갖고 있다. 깨달음을 구하러 오대산으로 가는 스님은 노파가 깨달음으로 이끌어 주는데도 불구하고 노파의 말을 이해할 수 없었다. 스님은 "나는 노파가 말한 대로 곧장 갔는데 노파는 왜 곧장 간다고 핀잔을 주는 걸까?" 하며 생각했을 것이다. 스님은 "똑바로 간다", "똑바로 가서는 안 된다" 하며 양단 사이에서 머뭇거릴 뿐 아직 이 양단이 해체되어 노파가 드러나는 자리를 보지 못했다.

　나중에 또 한 스님이 앞의 스님처럼 똑같은 일을 겪고, 노파의 의중을 알 수 없어 조주에게 있었던 일을 전한다. 조주가 풀어 주길 바랐던 모양이다. 여기부터가 두 번째 부분이다. 앞의 스님의 경우든 지금 이 스님의 경우든 노파는 해결되어야 할 문제를 일으키며 그 자리에 그대로 있다. 이 스님이 전해 주는 말을 듣고, 조주는 "내가 한번 가서 그대들을 위해 이 노파를 감파하겠다"고 말한다. 조주는 스님이 전해 주는 말을 듣는 순간에 이미 노파가 스님들을 깨달음으로 이끌어 주었다는 사실을 간파했기 때문에, "그대들을 위해 노파를 감파하겠다"고 스님들에게 말할 수 있었다. 다음 날이 되자 조주는 바로 가서 노파에게 스님들이 질문한 대로 "오대산 가는 길이 어디요?" 하고 묻고, 노파는 스님들에게 대답한 대로 "번듯한 스님이 또 저렇게 가는군" 하고 조주에게 대답한다. 노파는 조주의 의중을 몰랐고 조주는 노파의 의중을 알고 있었지만, 노파와 조주는 스님들의 깨달음을 위해 서로 협력하고 있다. 돌아와서 조주는 대중에게 "내가 그대들을 위해 오대산의 노파를 감파해 냈다"고 선언한다. 이 공안에서 가장 의문이 크게 이는 부분이다. 조주는 감파하러 갔다 와서 "감파해 냈다"라는 말을 할 때 무엇을 어떻게 감파했는지는 왜 말하지 않을까? 조주는 스님들의 말을 전해 듣고 "그대들을 위해 노파를 감파하겠다"고 말했지만, 애초에 노파의 의중을 알고 있었다. 조주는 노파를 감파하러 갔다기보다는 그런 행위를 통하여 스님들을 깨달음으로 인도해 주려고 했다. 만약 조주가 갔다 와서 스님들이 겪었던 일이 노파와 자신 사이에도 있었다고 말했다면, 스님들이 노파와 있었던 일을 조주에게 전해 준 것과 마찬가지였을 터이고, 따라서 스님들의 의문을 해결해 줄 수 없었을 것이다. 조주는 노파의 의중을 알고 있었기에 감파할 필요가 없었으므로, 갔다 와서 한 말 "내가 그대들을 위해 노파를 감파해 냈다"는 노파의 "번듯한 스님이 또 저렇게 가는군"과 마찬가지로 침묵한 것과 다름이 없다. 조주의 이 말 곧 침묵은 노파의 행위에 조주 자신의 행위를 더해서 살펴보라는 메시지를, 조주 자신의 행위를 통해 노파의 행위가 더 극명하게 드러나게 되었다는 메시지를 전달하고 있다.

　이제 공안을 읽는 우리는 스님들과 더불어 노파와 조주의 말과 행동이 던지는 메시지를 해독하기 시작한다. 우리는 노파와 조주가 한편이 되어 던진 물음에 답해야 한다. 노파와 조주는 연극의 두 등장인물이고 이 공안을 읽는 우리는 스님들과 함께 관객이 된다. 조주는 갔다 와서 "그대들을 위해 감파해 냈다"라는 말 외에 아무 말도 하지 않았기에 무엇을 어떻게 감파했는지 우리는 단정할 수 없다. 우리는 조주가 도대체 무엇을 어떻게 감파해 냈는지 물어야 하며 그때 비로소 해결되어야 할 문제가 나타나고 그리하여 물음이 이는 곳을 우리가 살필 수 있다면 바로 그곳이 조주가 감파한 곳이다. 다시 말하지만, 조주는 노파를 감파한 것이 아니다. 조주는 감파하는 행위를 통하여 스님과 우리를 조주와 노파가 놓여 있는 자리로 이끌려 한 것이다.

그렇다면 조주와 노파가 놓인 자리는 어디일까? 조주는 스님들이 한 대로 했을 터이니, 조주와 노파의 대화는 다음과 같을 것이다.

조주: 오대산 가는 길이 어디요?
노파: 곧바로 가시오.
[조주, 곧바로 간다]
노파: 번듯한 스님이 또 저렇게 가는군.

조주가 "오대산 가는 길이 어디요?" 하고 물었을 때의 '오대산 가는 길'은 이전 스님들의 '오대산 가는 길'과 달리 오대산 가는 길을 지시하지 않는다. 조주는 이전의 스님들과는 달리 노파를 감파하기 위해 노파의 말에 활구로 대응했다. 이에 노파는 스님들에게 했듯이 조주에게 "곧바로 가시오"라고 대답한다. 이에 조주는 곧바로 간다. 이 조주의 "곧바로 간다" 역시 스님들의 "곧바로 간다"와 달리 곧바로 가는 행동을 지시하지 않는다. 이 행동 역시 노파를 감파하기 위한 활구이다. 이어 노파는 하던 대로 "번듯한 스님이 또 저렇게 가는군" 하며 핀잔을 주지만, 조주는 자신의 말과 행동으로 이전 스님들과 노파 사이의 대화를 모두 지우고 있다. 특히 조주는 노파의 "번듯한 스님이 또 저렇게 가는군"이라는 말로 인해 사구에서 활구가된 "곧바로 가시오"마저 무화하고 있다. 그리하여 "곧바로 가시오"가, 깨달음을 얻기 위해서는 오대산으로 갈 필요가 없고 깨달음을 구하려는 자신의 마음을 직시하라는, 중의적으로 해석될 가능성을 삭제하는 것은 물론, 노파가 스님들을 깨달음으로 인도하기 위해 했던 말들마저 모두 삭제하고 있다.

그러나 조주의 이 무화하는 말과 행동을 통해 오히려 노파가 생동하게 된다. 이 점을 살펴보자. 만약 스님들이 아직 깨달음을 얻지 못한 자라면(물론 이렇게 전제되어야 한다), 조주는 깨달은 자이다. 노파는 조주라는 깨달은 자에게든 스님이라는 깨닫지 못한 자에게든 똑같이 대답한다. 노파는 우리가 앞에서 본 제1칙 「조주구자」의 조주의 "무"이다. 이러한 "무" 곧 "무-의미"에서 깨달은 자인 조주와 깨닫지 못한 스님이 동시에 현현하고 있다. 깨달은 자인 조주든 깨닫지 못한 스님이든 노파 안에서 공속共屬해 있다. 조주는 감파하러 간 행위를 통하여 스님들, 노파, 자신이 한데 어울리는 자리, 평등한 자리를 내보여 주고 있다. 깨달은 자와 깨닫지 못한 자로 나누는 사람인 스님들은 오대산을 향해 가려 했으나, "곧바로 간다"와 "곧바로 가서는 안 된다" 사이에서 그 양단을 부단히 일게 하는 자리가 깨달은 자와 깨닫지 못한 자의 구별이 없는, "이다"와 "아니다"가 아직 구별되지 않는 자리라는 것을, 노파와 조주는 내보여 주고 있다. 이렇듯 조주의 말과 행동은 무화하는 말과 행동이며, 이러한 조주의 무화하는 행동을 통해 노파가 생동하게 되는 것이다.

[평창]

노파는 그저 진영에 앉아서 계략을 세울 줄은 알아도 도리어 적을 불러들인 것은 알지 못했다. 조주 노인은 적의 진영에 잠입하여 요새를 약탈하는 기략은 잘 활용했지만 역시 대인의 모습은 없다. 점검해 보면 두 사람 다 허물이 있다. 자, 말해 보아라! 어디서 조주가 노파를 감파했는가를.

노파에게는 조주라는 도적을 불러들인 허물이 있고, 조주에게는 대인의 모습이 없는 허물이 있다. 노파하고 이런 일이 있었다는 스님들의 말을 들었을 때 조주는 스님들이 노파의 가르침을 통해 깨달음을 얻지 못했음을 바로 알아채고 자신이 스님들의 깨달음을 위해 스님들과 똑같이 해보며 노파를 감파하려 했고, 그랬기에 노파에게는 조주를 불러들인 허물이 있다. 조주는 스님들이 겪은 일을 들어 잘 알면서도 아직 이런 사실을 모르는 노파가 어떻게 하나 보러 갔기에 대인의 모습이 없다는 허물이 있다. 무문은 허물이란 용어를 썼지만, 사실 이 허물은 스님들을 깨달음으로 인도하기 위해 노파와 조주가 공모를 벌인 데서 나온 것이기에 허물이 아니다. 반어이다.

조주가 노파를 감파한 곳은 조주가 스님들처럼 노파에게 "오대산 가는 길이 어디요?" 하고 물었을 때 노파가 "번듯한 스님이 또 저렇게 가는군" 하고 말한 곳에 있을까? 아니면 그 이전에 조주가 스님에게서 노파와 있었던 일을 전해 들을 때였을까? 조주가 "그대들을 위해 감파하겠다"고 말했으니, 후자이다. 조주는 스님에게서 노파하고 있었던 일을 전해 듣는 즉시, 노파를 감파하러 가기 전에 이미 노파를 감파했던 것이다.

[송]

질문이 이미 같은 이상
대답도 서로 같지만,
밥 속에 모래가 있고
진흙 속에 가시가 있구나.

스님과 노파, 조주와 노파 사이에는 똑같은 문답이 있었다.

스님: 오대산 가는 길이 어디요?
노파: 곧바로 가시오.

조주: 오대산 가는 길이 어디요?
노파: 곧바로 가시오.

겉으로 보면 이처럼 스님과 조주의 질문이 같고 노파의 대답이 같다. 그러나 조주의 말과 행동은 노파가 무엇을 어떻게 말할지 완전히 알고 한 것이기에, 노파가 스님들에게 그랬듯 똑같이 조주에게 한 말과는 다르다. 노파의 말이 밥이고 진흙이라면, 조주의 말과 행동은 밥 속의 모래이고 진흙 속의 가시이다. 왜 그런가? 조주는 모래와 가시로 밥과 진흙의 자성自性을 무화하듯 노파의 말들을 무화했기 때문이다.

제32칙 외도문불外道問佛

: "말 있음에 대해서도 말 없음에
대해서도 묻지 않겠습니다"

[본칙]

외도[155]가 물었다.

"말이 있음[유언有言]에 대해 묻지 않겠습니다. 말이 없음[무언 無言]에 대해 묻지 않겠습니다."

세존은 자리에 그대로 앉아 계셨다.

외도는 찬탄하며 말했다.

"세존께서는 대자대비하시어서 저의 미혹의 구름을 여시어 저를 깨달음에 들게 해 주셨습니다."

그러고는 절을 하고서 물러났다.

이어 아난이 부처님께 물었다.

"외도는 어떤 증득한 바가 있어 찬탄하며 나가는 것인지요?"

155　외도外道. 불교도佛敎徒가 불교 이외의 다른 종교에 속하는 자를 일컫는 말.

세존이 대답했다.

"마치 세간의 준마가 채찍의 그림자만 보아도 내달리는 것과
같다."

(世尊, 因外道問, "不問有言, 不問無言", 世尊據座. 外道贊歎
云, "世尊大慈大悲, 開我迷雲, 令我得入". 乃具禮而去. 阿難尋問
佛, "外道有何所證, 贊歎而去?" 世尊云, "如世良馬見鞭影而行".)

[평창]

아난은 부처님의 제자인데도 그야말로 외도의 견해만 못하구
나. 자, 말해 보라! 외도와 부처님 제자의 차이가 얼마나 되는가?

(阿難乃佛弟子, 宛不如外道見解. 且道! 外道與佛弟子相去
多少.)

[송]

칼날 위를 걷고
얼음 언저리 위를 달린다.
계단이나 사다리로 오르지 않고
절벽에 매달렸다가 확 손을 놓아 버리네.
(劍刃上行　冰稜上走

不涉階梯　懸崖撒手)

이 공안은 두 부분으로 되어 있다. 앞부분은 외도와 세존의 문

답이고, 뒷부분은 아난과 세존의 문답이다. 먼저 앞부분을 보자. 외도는 묻는 사람이 되어 "말이 있음[유언有言]에 대해, 말이 없음[무언無言]에 대해" 묻지 않겠다고 했다. 묻는 사람이 묻는다면 말 있음에 대해, 말 없음에 대해 묻게 될 터인데, 말 있음에 대해서도 말 없음에 대해서도 묻지 않겠다는 것이다. 외도는 말을 하면 유언이 되고, 말을 하지 않으면 곧 침묵하면 무언이 된다는 걸 알고 있다. 이렇듯 유언과 무언이라는 양변에 걸린다는 걸 잘 알고 있기에, 유언에 대해서도, 무언에 대해서도 묻지 않겠다고 했다. 유언과 무언 양변에 걸려 있는 사람들에게는 이 물음이 아무것도 묻지 않는 것으로 보일 것이다. 그러나 외도는 이 양변을 넘어서는 깨달음의 자리를 보고 싶어한다. 혹은, 외도는 자신의 물음을 말 있음과 말 없음 양변에 걸어 놓고 세존이 어떻게 대답하나 보려 하고 있다. 물음을 양변에 걸어 놓은 이는 외도이다. 그러나 양변에 걸어 놓은 물음은 올바른 물음일 수 없다. 근원적 물음은 긍정과 부정 양변에 앞서 일어나는 것이기 때문이다. 외도의 물음에 세존은 자리에 그대로 앉아 계셨다. 세존은 외도가 물음을 던지든 던지지 않든, 즉 물음 이전이든 물음 이후이든 달라진 것이 없다. 외도의 양변에 걸려 있는 물음에서 벗어나 있다. 세존이 외도의 통속적 물음 이전에도 벗어나 있고 물음 이후에도 벗어나 있는 모습을 이 공안의 작자는 "그대로 앉아 계심"[거좌據座]으로 표현하고 있다.

외도는 세존의 모습을 보고 깨달음을 얻은 후 "세존께서는 대자대비하셔서 저의 미혹의 구름을 여시어 저를 깨달음에 들게 해 주셨습니다" 하고 찬탄하여 말하고, 절을 하고는 나갔다. 세존이 자리에 그대로 앉아 계심은 외도의 미혹을 끊어 주고 깨달음을 얻게 해 준 대자대비한 행동이다. 이 행동은 외도가 세존의 "그 자리에 그대로 앉아 계심"을 대자대비한 모습으로 규정한 것이 아니라, 무언과 유언의 양변을 끊은 자리를 세존이 그대로 앉아 계신 모습으로 보여 준 적극적 행동이다. 그대로 앉아 있는 모습은 양변을 끊은 자리를 본 자만이 맞이할 수 있는 세존의 대자대비한 행동이다.

다음으로 뒷부분을 보겠다. 이어 아난이 부처님께 "외도는 어떤 증득한 바가 있어 찬탄하며 나가는 것인지요?" 하고 묻는다. 여기서 증득으로 번역한 증證은 앞의 외도의 말 "깨달음에 들게 한다"의 입入과 통하는 용어이다. 입入은 "깨달아 들어간다"라는 뜻인 오입悟入의 준말이다. 아난은 외도가 세존의 모습을 보고 깨달음을 얻었다는 것을 알기에 "외도는 어떤 증득한 바가 있어 찬탄하며 나가는 것인지요?" 하고 물었다. 이 말 그대로라면, 아난은 외도와 세존의 문답을 이해하지 못한 것이다. 세존은 이제 아난도 깨달음으로 인도해야 한다. 그러므로 이어 나오는 세존의 말 "마치 세간의 준마가 채찍의 그림자만 보아도 내달리는 것과 같다"는 아난을 깨달음으로 인도하기 위한 말로 보아야 한다. 세간의 준마는 세존의 의중을 바로 알아차린 외도를, 채찍의 그림자는 세존이 자리에 그대로 앉아 계심을 지시한다. 이렇게 보는 데 그친다면, 아난은 아무런 깨달음을 얻지 못할 것이다. 이미 외도의 물음을 들었고, 이 물음에 대해 세존이 자리에 그대로 앉아 계신 모습을 보았기 때문이다. 세존의 말 후에 아난의 반응이 묘사되어 있지 않아 우리는 아난이 깨달음을 얻었는지 어떠했는지는 알 수 없다. 그렇다면 이 말은 이 화두를 읽는 우리에게 향해 있다. 아난이 깨달음을 얻었다면 세존의 어느 말에서 얻었을까? 세존의 어느 말에 방점이 찍혀야 할까? 채찍의 그림자이다. 이 말씀은 『잡아함경』雜阿含經에서 따온 말이므로 그 앞뒤를 이 경에서 읽어 보면 이 말의 뜻이 더 명확하게 잡힐 것이다. 다음과 같다.

이와 같이 나는 들었다. 한때 부처님께서 왕사성 가란타迦蘭陀 죽원kalandaka-veṇuvana; 죽림정사竹林精舍에 머물고 계실 때, 세존께서 비구들에게 고하셨다. "세간에는 네 종류의 좋은 말이 있다. 편안하게 탈 수 있는 좋은 말은 그 채찍의 그림자를 돌아보고서 내달린다. 모는 이의 상태를 잘 살피고 그 의중을 따라서 좌우로 더디게 달리거나 빠르게 달린다. 비구여, 이를 일러 세간에서 첫째가는 품성을 지닌 좋은 말이라고 한다. 또 비구여, 세간의 좋은 말은, 채찍의 그림자를 돌아보고서 스스로 놀라 살피지 않지만, 채찍이 털끝에 닿으면 놀라서 모는 이의 의중을 재빨리 살펴서 좌우로 더디게 달리거나 빠르게 달린다. 이를 일러 세간의 둘째가는 좋은 말이라고 한다. 또 비구여, 세간의 좋은 말이 채찍의 그림자를 돌아보거나, 채찍이 털끝에 닿았을 때 모는 이의 의중을 따라 살피지 않지만, 채찍이 살갗을 조금이라도 때리면 모는 이의 의중에 따라 놀라 살펴서 좌우로 더디게 달리거나 빠르게 달린다. 비구여, 이를 일러 세간의 셋째 가는 좋은 말이라고 한다. 또 비구여, 세간의 좋은 말이 그 채찍의 그림자를 돌아보거나 채찍이 털끝에 닿거나, 살갗을 조금이라도 때리지 않지만, 쇠 송곳이 몸을 찔러 살갗을 꿰뚫고 뼈를 상하게 해야 비로소 놀라 수레를 이끌어 길에 다다른다."

(如是我聞. 一時, 佛住王舍城迦蘭陀竹園. 爾時, 世尊告諸比丘, "世有四種良馬. 有良馬駕以平乘, 顧其鞭影馳駃, 善能觀察御者形勢, 遲速左右, 隨御者心, 是名, 比丘, 世間良馬第一之德. 復次, 比丘, 世間良馬不能顧影而自驚察. 然以鞭杖觸其毛尾則能驚速察御者心, 遲速左右, 是名世間第二良馬. 復次, 比丘, 若世間良馬不能顧影, 及觸皮毛能隨人心, 而以鞭杖小侵皮肉則能驚察, 隨御者心, 遲速左右, 是名, 比丘, 第三良馬. 復次, 比丘, 世間良馬不能顧其鞭影, 及觸皮毛, 小侵膚肉, 乃以鐵錐刺身, 徹膚傷骨, 然後方驚, 牽車着路".)[156]

아난이 외도처럼 첫째가는 좋은 말이 되려면 채찍이 몸에 닿기 전에 그림자를 보아야 한다. 외도는 세존의 자리에 앉아 있는 모습에서 그림자를 보았다. 명료하고 판명하게 인식되는 "신체가 앉아 있는 모습"이 아니라, 신체의 앉아 있는 모습으로 "나타나려고 하는 그림자"를 보았다. 아난이 만약 이 그림자를 보았다면, 외도처럼 깨

---

156 『대정신수대장경』 2권, 2022, 234쪽 상단.

달음을 얻은 것이다. 이 "그림자"는 유언, 무언이라는 언어적 분별은 물론 지각적 분별을 넘어서는 것이다. 만약 아난이 세존의 말씀을 준마는 외도를, 채찍의 그림자는 앉아 있는 모습의 세존을 지시하는 것으로 알았다면 깨달음에서 멀리 벗어나 있는 것이다.

불교가 내도이므로 외도는 불교 이외의 종교나 철학을 믿는 자를 가리킨다. "외도"外道는 내도인 불교가 비아냥거리는 표현이 아니다. 아무튼 세존은 내도와 외도의 구별마저 넘어서고 있다. 어떻게? 외도는 세존이 자리에 그대로 앉아 계신 모습을 보고 깨달았다. 세존의 "자리에 그대로 앉아 계심"은 말 있음과 말 없음, 즉 물음과 묻지 않음으로 나아가게 하지 않는다. 오히려 이 모든 분별을 흡수하며 소멸시킨다. 아래 무문의 송이 이 점을 잘 나타내고 있다. 내도와 외도의 차별을 불식시킨다.

[평창]

아난은 부처님의 제자인데도 그야말로 외도의 견해만 못하다. 자, 말해 보라! 외도와 부처님 제자의 차이가 얼마나 되는가?

외도의 물음은 "말이 있음에 대해 묻지 않겠습니다. 말이 없음에 대해 묻지 않겠습니다"이고, 아난의 물음은 "외도는 어떤 증득한 바가 있어 찬탄하며 나가는 것인지요?"이다. 말 있음에 대해서도, 말 없음에 대해서도 묻지 않겠다고 하는 것을 보면, 외도는 깨달음을 얻는다는 것은 말 있음과 말 없음을 벗어난 자리를 본다는 것임을 알고 있다. 깨달음을 얻기 위해서는 말 있음 또는 말 없음에 대해 물을 필요가 없는 것이다. 깨달음의 자리는 있음과 없음 양변을 떠나 있기 때문이다. 아난은 부처님을 옆에서 가까이 모시고 있지만, 부처님이 자리에 그대로 앉아 계심이 무엇을 의미하는지 알지 못했다. 이제 부처님은 친절하게도 "마치 세간의 준마가 채찍의 그림자만 보아도 내달리는 것과 같다" 하며 답해 주었다.

[송]

칼날 위를 걷고

얼음 언저리 위를 달린다.

계단이나 사다리로 오르지 않고

절벽에 매달렸다가 확 손을 놓아 버리네.

세존의 말씀 "마치 세간의 준마가 채찍의 그림자만 보아도 내달리는 것과 같다"는 자신의 침묵을 두고 하는 말이다. 침묵 그것은 깎아지른 절벽에서 무언가를 꽉 잡고 있다가 순간 확 놓아 버리는 그것이다. 무언의 침묵이 아니다. 첫째 구와 둘째 구의 "칼날", "얼음 언저리"는 과거의 회상에 사로잡히거나 미래의 예상에 이끌려 차곡차곡 개념적으로 정리하는 곳이 아니다. 칼의 옆면처럼, 얼음 한가운데처럼 안정된 자리가 아니다. 그래서 무문은 안정된 "계단이나 사다리로 오르지 않고"라고 읊고 있다.

제33칙 비심비불非心非佛

: 마음도 아니고 부처도 아니다

[본칙]

마조에게 한 스님이 물었다.

"무엇이 부처입니까?"

마조가 대답했다.

"마음도 아니요, 부처도 아니다."

(馬祖, 因僧問, "如何是佛?" 祖曰, "非心非佛".)

[평창]

만약 여기에서 볼 수 있다면, 선을 닦고 도를 배우는 일參學[157]
은 끝난다.

(若向者裏見得, 參學事畢.)

---

157   참선학도參禪學道. 선을 닦고 도를 배우다.

[송]

길에서 검객을 만나면 반드시 검을 바치고,

시인을 만나지 않으면 시를 바치지 말라.

사람을 만나면 3할만 말해야 하지

전부를 다 베풀어서는 안 된다.

(路逢劍客須呈　不遇詩人莫獻

逢人且說三分　未可全施一片)

우리는 제30칙「즉심즉불」에서 이 공안의 물음과 똑같은 물음을 읽은 바 있다. "무엇이 부처입니까?" 하는 물음에 그 공안에서는 "마음이 곧 부처이다"라고 했고, 이 공안에서는 "마음도 아니요, 부처도 아니다"라고 하고 있다.

한 스님의 "부처란 무엇입니까?" 하는 물음에 마조는 "무엇이 부처이다" 혹은 "부처란 무엇이다" 하고 대답하지 않았다. 가령 "부처란 깨달은 자이다"라고 답했다고 치자. 스님이 알고 싶은 것은 '어떻게 하면 자신이 부처의 경지에 다다를 수 있을까?'에 대한 대답이다. 그 대답이 "부처란 깨달은 자이다"라면, 스님은 다시 "무엇이 깨달은 자입니까?" 또는 "깨달은 자는 무엇입니까?" 하고 물을 것이다. "깨달은 자는 무루의(번뇌가 없는) 지혜를 얻는 자이다" 하고 대답한다면, 그는 또 "무루의 지혜란 무엇입니까?" 등등으로 계속 물을 것이다. 끝나지 않는 대답 속에서 스님은 세속적인 물음을 내며 부처에 대한 이해는 늘어 가겠지만 그렇다고 부처의 자리에 바로 앉을 수 있는 것은 아니다. 마조는 "비심비불"이라고 답하면서 개념 규정의 연속을 끊어 버렸다. 통속적인 물음을 끊고 근원적인 물음을 내게 하고 있다.

제30칙 「즉심즉불」에서 마조는 "무엇이 부처입니까?"라는 대매의 질문에 "마음이 곧 부처이다"라고 대답했다. 마음을 개념적 동일성으로, 부처를 개념적 동일성으로 파악하는 사람들을 위해 마조는 이 제33칙 공안에서 "마음도 아니요, 부처도 아니다"라고 대답했으니, 이 말을 듣는 사람들은 "아니다"라는 말에 마음도 삭제하고 부처도 삭제하게 된다. 그러나 여전히 "아니다"라는 부정에 걸려 있을지도 모른다. 이러한 연속되는 부정에서 벗어나려면 "아니다"는 "이다"와 똑같은 말이라는 것을 깨달아야 한다.

[평창]

만약 여기에서 볼 수 있다면, 선을 닦고 도를 배우는 일은 끝난다.

무문관 48칙의 평창 중 가장 짧다. 단 한 문장이다. 짧기에 무언가 많은 뜻이 함축되었을 것 같지만, 그렇지도 않은 것 같다. 문장 그대로 받아들이면 될 것 같다. "만약 여기에서 볼 수 있다면(약향자리견득若向者裏見得)"에서 "본다(견見)"라는 것은 "부처란 무엇입니까?"라는 질문에 대한 마조의 대답 "비심비불", 곧 "마음도 아니요, 부처도 아니다"가 의미하는 바를 안다, 이해한다는 뜻일까? "보다"

를 이렇게 규정할 때 마조에게 질문한 스님은 과연 "마음도 아니요, 부처도 아니다"라는 답을 듣고 마조와 함께할 수 있었을까? 함께할 수 없었을 것이다. 여기서 "보다"는 "부처란 무엇입니까?" 하는 질문을 통속적인 물음에서 근원적인 물음으로 이끌고자 하는 말이며, 그러면서 부처, 마음뿐 아니라 모든 개념적 규정이 해체된 자리를 보게 하기 위한 말이기 때문이다.

[송]

길에서 검객을 만나면 반드시 검을 바치고,
시인을 만나지 않으면 시를 바치지 말라.
사람을 만나면 3할만 말해야 하지
전부를 다 베풀어서는 안 된다.

앞의 평창 "만약 여기에서 볼 수 있다면, 선을 닦고 도를 배우는 일은 끝난다"는 마조의 "마음도 아니요, 부처도 아니다"처럼 전부를 완전히 내주는 말이 아니다. 무문의 송대로 읽으면 10분의 3만 내준 말이다. 그렇기에 우리는 "보다"라는 말이 무엇을 의미하는지 사유하지 않으면 안 되었다. 그 덕분에 우리는 마조의 대답을 사유해 들어가듯 무문의 평창과 송을 사유해 들어가야 했다. 만약 우리가 마조의 비심비불을 얻었다면, 보았다면 우리는 검객이고 시인이기에, "부처란 무엇입니까?" 하고 묻는 어떤 사람이 우리에게 검을 바치고, 우리에게 시를 바칠 것이다.

제34칙 지불시도智不是道

: 지智는 도道가 아니다

[본칙]

남전이 말했다.

"마음은 부처가 아니요, 지智는 도道가 아니다."

(南泉云, "心不是佛, 智不是道".)[158]

[평창]

남전은 늙어서 부끄러움을 알지 못해, 냄새나는 입을 열자마자 집안의 추함이 밖으로 드러났다고 이를 만하다. 비록 그렇다 하더라도, 은혜를 아는 자가 적구나.

(南泉, 可謂, 老不識羞, 纔開臭口, 家醜外揚. 然雖如是, 知恩者少.)

---

158 박인성,『화두』, 70~74쪽에 자세하게 분석되어 있다.

[송]

하늘이 개면 해가 나오고
비가 내리면 땅이 젖는다.
마음을 다해 모두 설했지만
다만 믿음이 이르지 못할까 염려될 뿐이네.
(天晴日頭出　雨下地上濕
　盡情都說了　只恐信不及)

다음은 이 칙을 포함 직지인심의 심이 나오는 마조와 남전의
공안들이다.

　　제27칙 마음도 아니고, 부처도 아니고, 물도 아니다.—남전
　　제30칙 마음이 곧 부처이다.—마조
　　제33칙 마음도 아니고, 부처도 아니다.—마조
　　제34칙 마음은 부처가 아니요, 지는 도가 아니다.—남전

　남전의 공안 제27칙 "마음도 아니고, 부처도 아니고, 물도 아
니다"가 마조의 공안 제33칙 "마음도 아니고, 부처도 아니다"에 "물
도 아니다"를 덧붙였다면, 이 남전의 공안 제34칙은 마조의 공안 제
30칙 "마음이 곧 부처이다"를 "마음은 부처가 아니요"로 바꾸고 "지
智는 도道가 아니다"를 덧붙였다고 할 수 있다. "지는 도가 아니다"
가 덧붙였지만 이 어구 역시 마조 식의 표현인 "지가 곧 도이다"를

바꾸어 놓은 것으로 볼 수 있다. 그렇다면 우리는 마조 식으로 "마음이 곧 부처이고, 지가 곧 도이다"라는 문장을 만들어 볼 수 있다. "지"智는 산스끄리뜨어 "jñāna"의 번역어로, 유식학 용어 "전식득지"轉識得智의 그 지智이다. 깨달음을 얻어 혜慧(심소心所)가 풍부해진 식識(심왕心王)을 지智라고 한다. 즉, 무분별지無分別智의 지智이다. 이 지智는 성자의 계위階位가 시작되는 견도見道 초찰나에서 처음 얻는 것이므로, 지는 곧 도라 할 수 있다. 그런데 남전은 이 지智를 수행 단계인 견도見道나 수도修道의 도로 달리 표현하여 "지는 도가 아니다"라고 말한 것이 아니다. 마조가 그러했듯, "지가 곧 도이다"의 '이다'와 "지는 도가 아니다"의 '아니다'가 그 각각의 긍정과 부정의 성격을 상실한다는 것을 보여 주기 위한 것이다. 그러므로 마음, 부처, 지, 도 모두 "마음은 부처가 아니요, 지智는 도道가 아니다"라는 남전의 말에서 소멸한다.

[평창]

남전은 늙어서 부끄러움을 알지 못해, 냄새나는 입을 열자마자 집 안의 추함이 밖으로 드러났다고 이를 만하다. 비록 그렇다 하더라도, 은혜를 아는 자가 적구나.

마음, 부처, 지, 도가 모두 부정되어 소멸함을 남전이 "마음은 부처가 아니요, 지智는 도道가 아니다"로 표현한 것을 두고, 무문은 "늙어서 부끄러움을 알지 못해, 냄새나는 입을 열자마자 집안의 추함이 밖으로 드러났다" 하며 반어적으로 칭찬하고 있다. 이 말이 반어라는 것을 어떻게 확인할 수 있는가? 이어 무문이 "비록 그렇다 하더라도"는 말을 사용함으로써 이어지는 "은혜를 아는 자가 적구나"라는 말과 앞의 말이 같은 것임을 보여 주기 때문이다.

[송]

하늘이 개면 해가 나오고
비가 내리면 땅이 젖는다.
마음을 다해 모두 설했지만
다만 믿음이 이르지 못할까 염려될 뿐이네.

첫째, 둘째 구 "하늘이 개면 해가 나오고/ 비가 내리면 땅이 젖는다"는 제19칙 「평상시도」 무문의 송 첫째 구와 둘째 구의 "봄에는 갖가지 꽃, 가을에는 달/ 여름에는 시원한 바람, 겨울에는 눈이 있네"와 유사한 표현이다. 하늘이 갬과 해가 나옴, 비가 내림과 땅이 젖음은 세속적 인과관계를 나타내는 어구들이 아니다. 이 어구들은 봄에 꽃을 보고, 가을에 달을 보고, 여름에 시원한 바람을 맞고, 겨울에 눈을 보는 것은 성자이든 범부이든 아무런 높고 낮음의 차별 없이(평平) 변함없이(상常) 체험할 수 있는 일들이듯 누구나 평등하고(평平) 항상적으로(상常) 체험할 수 있는 일들임을 나타낸다. 이러한 평등하고 항상적인 체험이야말로 마조가 "평상심"平常心이라는 용어로 말하고자 하는 것이다. 이 제34칙 『지불시도』와 제19칙 『평상시도』 무문의 송은 결국 제25칙 「삼좌설법」 무문의 송 첫째 구 "흰해 푸른 하늘(백일청천白日靑天)", 제30칙 「즉심즉불」 무문의 송 첫째 구 "푸른 하늘 흰 해(청천백일靑天白日)"로 귀결된다. 이 모든 어구는 실제로 일어나는 사태들을 넘어서 있다. 마치 조주의 "뜰 앞의 잣나무"처럼.

셋째, 넷째 구 "마음을 다해 모두 설했지만/ 다만 믿음이 이르지 못할까 염려될 뿐이네"는 남전의 "마음은 부처가 아니요, 지智는 도道가 아니다"가 더는 말로 향하지 않는 극한의 말임을 나타내고 있다. 앞에서 제13칙 「덕산탁발」에서 본 용어로 표현해 본다면, 남전의 이 말은 말후구이자 최초구이다.

제35칙 천녀리혼倩女離魂

: 천녀, 혼이 떨어져 나가다

[본칙]

오조[159]가 한 스님에게 물었다.

"천녀倩女는 혼이 떨어져 나왔는데, 어느 쪽이 진짜 천녀인가?"

(五祖, 問僧云, "倩女離魂, 那箇是眞底?")

[평창]

만약 여기에서 진짜 천녀를 깨닫는다면, 껍질에서 나와 껍질로 들어가는 것이 마치 여관에 묵는 것과 같다는 것을 알게 되리라. 혹 그렇지 않다면, 절대로 이리저리 뛰어다니지 말라. 돌연 지, 수, 화, 풍 4대가 일시에 흩어지면, 마치 펄펄 끓는 탕 속에 빠진 방게가 팔과 다리를 바둥대는 것과 같을 것이니, 그때 아무 말도 해 주지 않았

---

159 오조법연五祖法演(?~1104). 오조는 법연이 머물던 오조산五祖山을 가리킨다. 백운수단白雲守端(1025~1072)의 제자이며 『벽암록』의 저자 원오극근의 스승.

다고 하지 말라.

(若向者裏悟得眞底, 便知出殼入殼, 如宿旅舍. 其或未然, 切莫亂走. 驀然地水火風一散, 如落湯螃蟹七手八脚. 那時莫言 不道.)

[송]

구름 사이의 달은 같아도
계곡과 산은 각기 다르구나.
복 많이 받으세요! 복 많이 받으세요!
하나인가, 둘인가?
(雲月是同　溪山各異
　萬福萬福　是一是二)

이 공안을 풀려면 먼저 다음과 같은 이야기를 알고 있어야 한
다. 『태평광기』[160]에 실려 있는, 당의 진현우陳玄祐가 지은 「이혼기」
離魂記라는 전기傳奇[161] 소설이다. 다음은 이 이야기 전문이다.

---

160 『태평광기』太平廣記는 "태평흥국太平興國(송나라 2대 황제 태종의 연호) 시대에 편찬된 광
대한 이야기"라는 뜻으로, 송나라 초에 이방李昉 등이 978년에 그때까지 전해지던 이야기
를 총 6965편, 500권으로 편찬하고 981년에 판각한 중국 고대 소설小說(근대적 의미의 소설
이 아니라, 문자 그대로 "자질구레한 이야기") 모음집이다. 『태평광기』는 지식인 독자와 일반
독자가 함께 감상하는 텍스트로서, 중국의 『전등신화』, 한국의 『금오신화』, 일본의 『가비자』
등 동아시아 고전문학의 원류이다.

161 여기서 '전기'는 기이한 일을 전한다는 뜻으로, 본래 당나라 때의 글말로 쓰인 문언소설文言
小說의 형태를 말한다.

[당唐나라] 천수天授 3년(692)에 청하淸河 사람 장일張鎰은 관직 때문에 형주衡州에서 살았다. 장일은 성격이 얌전하고 조용하여 알고 지내는 친구도 적었다. 그는 아들이 없고 딸만 둘 있었는데, 큰딸은 일찍 죽었고 작은 딸 천낭倩娘은 비할 데 없이 단정하고 고왔다. 장일의 외조카인 태원太原 사람 왕주는 어려서부터 총명했으며 용모가 뛰어났기 때문에 장일은 늘 그를 매우 아껴서 매번 이렇게 말했다.

"훗날 내 틀림없이 천낭을 꼭 네 처로 주마."

후에 두 사람은 각각 자라서 성인이 되어 오매불망 서로를 그리워했지만, 집안사람들은 아무도 알아차리지 못했다.

후에 장일의 막료 중에서 관리 선발에 응시한 자가 천낭에게 청혼하자 장일은 곧바로 허락했다. 그 소식을 들은 천낭은 몹시 울적했으며 왕주도 원망에 사무쳤다. 왕주가 이부에서 주관하는 관리 선발에 참여해야 한다면서 도성으로 가겠다고 하자 장일도 더 이상 그를 붙잡을 수 없음을 알고 여비를 넉넉하게 주면서 그를 떠나보냈다.

왕주는 속으로 원한을 품은 채 비통해하면서 장일과 이별하고 배에 올라탔다. 날이 저물었을 때 왕주는 산곽山郭[산 밑의 성城에 둘러싸인 마을]에서 몇 리 떨어진 곳에 이르렀다. 왕주는 한밤중이 되도록 잠을 이루지 못하고 있었는데, 그때 갑자기 강 언덕에서 누군가의 급한 발걸음 소리가 나더니 곧장 배가 있는 곳까지 왔다. 왕주가 누구냐고 묻자 천낭이라고 했는데,

그녀는 맨발로 걸어서 온 것이었다. 왕주가 미칠 듯이 기뻐하면서 천낭의 손을 잡고 어찌 된 영문인지 물었더니 천낭이 울면서 말했다.

"당신의 두터운 정이 이와 같으니, 자나 깨나 당신을 그리워했어요. 지금 부친께서 저의 마음을 빼앗으려 하지만, 당신의 정 情[원문에는 '俑'이라 되어 있는데 '情'의 오기로 보임]이 변하지 않음을 알고 있었기 때문에 이렇게 도망쳐서라도 당신의 은혜에 보답해야겠다고 생각했습니다. 그래서 죽을 목숨을 다해 당신에게 달려온 것입니다."

왕주는 뜻밖의 일에 뛸 듯이 기뻐하며 결국 천낭을 배에 숨기고 그날 밤으로 달아났다.

왕주는 길을 재촉하여 급히 내달려서 몇 개월 만에 촉蜀에 도착했다. 왕주와 천낭은 5년 동안 함께 살면서 아들 둘을 낳고, 장일과는 소식을 끊고 살았다. 그러나 천낭은 늘 부모님을 생각하면서 눈물을 흘리며 말했다.

"내 지난날 당신을 저버릴 수 없어 예禮를 버리고 당신을 따라 도망 와서 지금까지 5년 동안 부모님과 떨어져서 지냈으니, 세상 천지에 무슨 낯으로 살아갈 수 있겠습니까?"

왕주는 그녀를 가련하게 여기면서 말했다.

"곧 돌아갈 테니 괴로워 마시오."

그리하여 두 사람은 함께 형주로 돌아왔다. 형주에 도착하자 왕주는 먼저 혼자서 장일의 집으로 찾아가 이전의 일에 대해서 머리를 숙여 사죄했다. 그러자 장일이 말했다.

"천낭이 규방에 병들어 누워 있는지 몇 년째이거늘, 자네는 어찌하여 그런 터무니없는 말을 하는가?"

왕주가 말했다.

"천낭은 지금 배 안에 있습니다."

이 말에 깜짝 놀란 장일은 급히 사람을 보내 어찌 된 일인지 확인해 보게 했다. 하인이 가서 보았더니 천낭이 정말 배 안에 있었는데, 그녀는 환하고 기쁜 얼굴로 심부름 온 사람에게 물었다.

"아버님께서는 잘 계시느냐?"

하인은 깜짝 놀라 집으로 달려가서 장일에게 그 사실을 보고했다. 그때 방 안에 있던 딸이 그 이야기를 듣고는 기뻐하여 일어나더니 화장을 하고 옷을 갈아입은 뒤 웃으면서 아무런 말도 하지 않고 밖으로 나와 그녀를 맞이했다. 그 순간 갑자기 두 사람이 합쳐져서 한 몸이 되면서 저고리와 치마까지 모두 겹쳐졌다. 그 집안에서는 부정한 일이라 생각해서 그 일을 비밀에 부쳤는데, 친척들 중에는 은밀히 그 사실을 안 사람도 있었다. 40년 뒤에 부부는 모두 죽었고 두 아들은 모두 효렴孝廉[162]으로 합격해서 벼슬이 현승縣丞과 현위縣尉에까지 이르렀다.

---

162 글자 뜻 그대로는, 효성스러운 사람과 청렴한 사람을 이른다. 중국 전한前漢 때에 치르던 관리 임용 과목, 또는 그 과목에 뽑힌 사람을 가리킨다. 한나라의 무제武帝가 군국郡國에서 매년 부모에 효도하고 형제간에 우애 있는 사람과 청렴한 사람을 각각 한 명씩 천거하게 한 데서 비롯한다.

이 이야기는 진현우의 「이혼기」에서 나왔다고 한다. 진현우는 어려서부터 늘 이 이야기를 들었는데, 이야기마다 차이가 많아 어쩌면 거짓말일지도 모른다고 생각했다. 대력연간大曆年間 (766~780) 말에 내무현량萊蕪縣令 장중규를 만났는데, 장중규가 이야기의 자초지종을 모두 말해 주었다. 장일은 바로 장중규의 당숙이었다. 장중규가 아주 자세하게 갖추어 말해 주었기 때문에 진현우가 이렇게 기록하게 되었다.(『이혼기』)[163]

애초에 천녀는 한 사람이었는데 혼이 분리되고 난 후 두 사람이 되었다. 혼이 떠난 육체의 천녀와 육체를 떠난 혼의 천녀 이렇게 두 사람 중 오조법연이 스님에게 어느 쪽이 진짜 천녀냐 하고 물었을 때 우리는 스님과 더불어 육체의 천녀가 진짜 천녀인가, 아니면 영혼의 천녀가 진짜 천녀인가 하고 두 천녀 중 한 사람을 선택하라는 강요를 받기라도 한 듯 두 천녀를 놓고 한 천녀를 선택하려고 노력하게 된다. 육체의 천녀를 선택하자니 영혼이 없고, 영혼의 천녀를 선택하자니 육체가 없다. 이렇게 분별하다 보면 우리는 영혼이라는 한 극단, 또 육체라는 한 극단에 빠져들게 된다. 어느 한쪽으로 결정을 내리지 못하더라도 우리는 이미 육체의 천녀나 영혼의 천녀

---

163 이방, 김장환 외 옮김, 『태평광기 15』, 학고방, 2004, 205~209쪽. 이 이야기는 장국영, 왕조현 주연의 영화 「천녀유혼」倩女幽魂으로 제작된 바 있다. 이 영화는 청나라 때 사람 포송령蒲松齡이 쓴 『요재지이』聊齋志異 중 「섭소천」聶小倩을 원작으로 한 것이다. 「섭소천」의 원류가 바로 「이혼기」이다.

라는 두 대립하는 술어에 놓이게 된다. 즉, "진짜 천녀는 육체의 천녀이다", "아니다, 진짜 천녀는 영혼의 천녀이다"라는 두 명제 중 한 명제가 참이라면 다른 한 명제는 거짓이다. 육체의 천녀가 참이라면 영혼의 천녀는 거짓이고, 영혼의 천녀가 참이라면 육체의 천녀는 거짓이다. 이렇게 해서 우리는 참과 거짓 둘 중의 하나를 선택해야 하기에, 둘 모두 천녀가 아니다.

그렇다면 병 들어 침상에 누워 있던 천녀와 집을 찾아온 천녀가 합체했을 때 이 천녀가 진짜 천녀일까? 합체된 천녀는 이미 둘로 나뉜, 두 천녀의 합체이다. 두 천녀가 진짜 천녀가 아니라면 합체된 천녀가 진짜 천녀일 리도 없다. 그렇다면 애초 둘로 나뉘기 전의 천녀가 진짜 천녀일 것이다. 그러나 둘로 나뉘기 전의 천녀가 지금 우리 눈앞에 표상되고 있다면 이 천녀는 진짜 천녀가 아니다. 둘로 나뉘기 전의 천녀는 우리 눈앞에 표상될 수 없고, 따라서 "둘이다, 하나이다" 하고 말로 표현될 수 없기 때문이다.

[평창]

만약 여기에서 진짜 천녀를 깨닫는다면, 껍질에서 나와 껍질로 들어가는 것이 마치 여관에 묵는 것과 같다는 것을 알게 되리라. 혹 그렇지 않다면, 절대로 이리저리 뛰어다니지 말라. 돌연 지, 수, 화, 풍 4대가 일시에 흩어지면, 마치 펄펄 끓는 탕 속에 빠진 방게가 팔과 다리를 바둥대는 것과 같을 것이니, 그때 아무 말도 해 주지 않았다고 하지 말라.

"껍질에서 나와 껍질로 들어가는 것이 마치 여관에 묵는 것과 같다"라는 말에서 "껍질"은 육체를 가리킨다. 무문은 이 말로 영혼이 마치 여관에 묵듯이 태어날 때 육체라는 껍질에 들어갔다가 죽을 때 육체라는 껍질에서 나온다는 뜻을 전하고자 하는 것일까? 무문이 바로 앞에서 "만약 여기에서 진짜 천녀를 깨닫는다면(약향자리오득진저若向者裏悟得眞底)"이라 말한 것을 보면, "진짜 천녀"는 그렇듯 육체에서 분리된 영혼을 가리키는 것이 아니다. 무문은 진짜 천녀는 윤회하는 생사에 구속되지 않는다는 점을 말하고자 했다. 진짜 천녀는 생사 윤회에 내재해 있는 초월이기 때문이다.

[송]

구름 사이의 달은 같아도
계곡과 산은 각기 다르구나.
복 많이 받으세요! 복 많이 받으세요!
하나인가, 둘인가?

셋째 구 "복 많이 받으세요!"는 원문의 "만복"萬福을 번역한 말이다. 만복은 문안드리는 말, 안부를 묻는 말이다. 당대에는 남녀가 같이 썼으나 송대에는 여자가 사용했다고 한다. 따라서 여기서 만복은 천녀가 부모에게 문안드리는 말이다. 하나는 집에 누워 있는 천녀가, 다른 하나는 밖에서 돌아온 천녀가 문안을 드렸다. 그래서 두 번 적은 것이다.[164] 집의 천녀와 바깥의 천녀가 분리되었다가 다시 결합되었다. 이를 무문은 넷째 구에서 "하나인가, 둘인가" 하고 묻고 있다. 애초에 하나였고, 다시 결합해서 하나가 되었으니 하나일까? 집의 천녀와 바깥의 천녀 둘로 분리된 적이 있으니 둘일까? 아니면 하나이면서 둘일까? 아니면 하나도 아니고 둘도 아닐까? 어느 경우든 하나와 둘에 매여 있다. 우리는 제3칙 「구지수지」에서 한 손가락의 하나를 보았을 때, 이 "하나"에 매여서는 안 된다는 점을 발견했고, 또 앞으로 읽게 될 제48칙 「건봉일로」에서 한 획의 "하나"에 매여서는 안 된다는 점을 발견하게 될 것이다. "하나"는 잠깐 하나로 나타나지만 이내 "무"로 소멸한다. 첫째 구와 둘째 구 "구름 사이의 달은 같아도/ 계곡과 산은 각기 다르구나"에서 같음同은 다름異과 반대되는 같음이 아니다. 그렇기에 이러한 같음은 넷째 구의 "하나"로, 혹은 "둘"로 나타난다. "하나"는 본칙에서 영혼과 육체가 합체된 천녀이고, "둘"은 영혼과 육체가 분리된 천녀이다.

164   김태완 역주, 앞의 책, 192쪽.

제36칙 노봉달도路逢達道

: 길에서 도에 달한 이를 만나다

[본칙]

오조가 말했다.

"'길에서 도에 달한 이를 만나면, 말이나 침묵으로 응대하지 않는다.'[165] 자, 말해 보아라! 무엇으로 응대하겠는가?"

(五祖曰, "路逢達道人, 不將語黙對. 且道! 將甚麼對".)

[평창]

만약 여기에서 딱 들어맞게 응대할 수 있다면, 당연히 유쾌하지 않겠는가? 혹 그렇지 않다면, 또한 모든 곳을 눈여겨보아야 한다.

(若向者裏對得親切, 不妨慶快? 其或未然, 也須一切處著眼.)

---

165   향엄지한의 송 「담도」譚道에 나오는 문구이다. 혜원 역해, 『한 권으로 읽는 무문관』, 252쪽.

[송]

길에서 도에 달한 이를 만나면

말이나 침묵으로 응대하지 않네.

뺨을 붙잡고 정면으로 주먹을 날리니

그 자리에서 바로 알아차리면 알아차리는 것이리라.

(路逢達道人　不將語默對

攔腮劈面拳　直下會便會)

"도에 달한 이"는 깨달음을 얻은 자이다. 오조는 길을 가다가 깨달은 자를 만나면 말로도 침묵으로도 응대하지 않는다고 말했다. 그렇다면 무엇으로 응대해야 하는가? 이 "무엇"은 말도 아니고 침묵도 아니다. 오조는 질문하면서 이미 답을 암시하고 있는 셈이다.

길을 가다가 깨달은 자를 마주친다. 깨달은 자를 마주치는 사람을 나라고 해 보자. 내가 깨달은 자를 마주칠 때 내가 마주치는 사람이 깨달은 자라는 걸 나는 어떻게 아는가? 내가 믿을 만한 누군가가 옆에서 "저분은 깨달은 자이다"라고 말을 해 주어서? 아니면 내가 그림으로 본 적이 있어서? 어느 경우든 내가 직접 저분이 깨달은 자라는 걸 확인한 것은 아니다. 저분이 깨달은 자라는 걸 알든 모르든, 이제 나는 저분이 깨달은 자라는 걸 확인해야 한다. 그러기 위해서 나는 깨달은 자여야 한다. 그렇다면 이는, 저분이 나에게, 깨달음을 얻은 나에게 "깨달음이란 무엇인가?" 하고 나에게 물어 오고 나는 이 물음에 답해야 하는 일과 같다.

저분이 깨달은 자라는 것을, 혹은 깨달음이란 무엇인가를 확인하기 위해 나는 어떻게 해야 하는가? 오조가 단언하듯이, 나는 개념적 규정이 담긴 말을 던질 수도, 그렇다고 해서 침묵할 수도 없다. 이때의 침묵은 말 없음, 곧 말의 부정태이기 때문이다. 혹은, 말을 하지 않아도 나는 이미 마음속으로 말을 하고 있기(의언분별意言分別; manojalpa) 때문이다. 만약 아무 생각도 일어나지 않는 삼매(사마디 samādhi; 정정定) 속에 있다면? 역시 마찬가지다. 깨달음은 제6의식과 함께하는 혜慧의 작용인 반면, 삼매는 그것이 색계 4선천의 무상정 無想定이든, 무색계 비상비비상천非想非非想天을 넘어 있는 멸진정 滅盡定이든 제6의식이 현행하지 않는 것이기 때문이다. 따라서 삼매는 깨달음의 침묵이 아니다. 그렇다면 어떻게 해야 하는가? 무문이 송에서 답을 제시하고 있다.

[평창]

만약 여기에서 딱 들어맞게 응대할 수 있다면, 당연히 유쾌하지 않겠는가? 혹 그렇지 않다면, 또한 모든 곳을 눈여겨보아야 한다.

어떻게 해야 딱 들어맞게 응대할 수 있는가? 무문은 바로 답을 제시한다. "모든 곳을 눈여겨보라"라고 말하고 있다. 내가 놓여 있는 바로 이 상황의 모든 것이 나에게 답을 줄 수 있다. 다음 공안에 나오는 조주의 "뜰 앞의 잣나무"와 같이. 또 앞에서 읽은 동산의 "마삼근"과 같이.

[송]

길에서 도에 달한 이를 만나면
말이나 침묵으로 응대하지 않네.
뺨을 붙잡고 정면으로 주먹을 날리니
그 자리에서 바로 알아차리면 알아차리는 것이리라.

무문은 첫째, 둘째 구에서 오조를 따라가며 질문하고 또 대답을 암시하고 있다. 암시된 대답은 평창에서 평한 "모든 곳을 눈여겨보는 것"이고, 이 송에서 읊은 "[내가 마주치는 깨달은 자의] 얼굴에 주먹을 날리는 것"이다. 내가 저분의 얼굴을 주먹으로 가격했을 때 저분이 그 자리에서, 곧 맞는 즉시, 알아차리면 진정으로 알아차리는 것이다. 내가 저분의 얼굴을 가격할 때 저분이 그 자리에서 내가 깨달은 자라는 걸 알아차리면 나 역시 저분이 깨달은 자라는 걸 알아차린다. "얼굴을 가격함"은 저분과 나를 넘어서 있는 자리의 일어남이다. 이러한 일어남이 나에게 알리고 물러날 때 저분은 나를, 나는 저분을 깨달은 자로서 응대한다.

제37칙 정전백수庭前柏樹

: 뜰 앞의 잣나무

[본칙]

조주에게 한 스님이 물었다.

"무엇이 조사가 서쪽에서 온 뜻입니까?"

조주가 대답했다.

"뜰 앞의 잣나무!"

(趙州, 因僧問, "如何是祖師西來意?" 州云, "庭前柏樹子!")

[평창]

만약 조주가 답한 곳에서 딱 들어맞게 볼 수 있다면, 전의 석가
도 없을 것이요, 후의 미륵도 없을 것이다.

(若向趙州答處見得親切, 前無釋迦, 後無彌勒.)

[송]

말은 사事를 나타내지 못하고

말은 기機에 투합하지 못하네.

언어를 받아들이는 자는 잃고

언어에 머무는 자는 헤맬지니.

(言無展事　語不投機

承言者喪　滯句者迷)¹⁶⁶

　　조사 곧 달마가 서천 곧 인도에서 온 뜻을 묻는(조사서래의祖師
西來意) 공안은 매우 많다. 『무문관』에서는 이 공안에서만 이 물음
이 등장하지만, 『무문관』 48칙 모두 조사서래의에 대한 물음이고 답
이라 할 수 있다. 아니, 모든 공안집의 모든 공안이 조사서래의에 대
한 물음이고 답이라 할 수 있다. 조사서래의에 대한 답들은 선불교
의 위대한 선언인 교외별전, 불립문자, 직지인심, 견성성불을 담고
있다. 이 공안 역시 마찬가지다. 물음이 조사서래의이므로, 조주의
대답 "뜰 앞의 잣나무"는 눈앞에 보이는 뜰 앞의 잣나무를 가리키는
것이 아니다. 『무문관』에서 이 공안은 여기서 끝나지만, 『선문염송
설화』에는 이후 스님과 조주의 대화가 더 부가되어 있다.

　　조주에게 한 스님이 물었다.

　　"무엇이 조사께서 서쪽에서 오신 뜻입니까?"

166　당대唐代 선사인 동산수초의 말을 무문이 그대로 인용했다. 혜원 역해, 『한 권으로 읽는 무
　　문관』, 261쪽.

선사가 말했다.

"뜰 앞의 잣나무!"

스님이 말했다.

"화상께서는 경계를 사람들에게 보이지 마십시오."

선사가 말했다.

"나는 경계를 사람들에게 보이지 않는다."

스님이 다시 말했다.

"무엇이 조사께서 서쪽에서 오신 뜻입니까?"

선사가 말했다.

"뜰 앞의 잣나무!"

(법안이 각절취에게 물었다.

"조주에게 뜰 앞의 잣나무가 있다고 하는데 그런가?"

각절취가 대답했다.

"선사께서는 그런 말씀이 없었소."

법안이 다시 물었다.

"지금 천하의 모든 이가 한 스님이 조주에게 '어떤 것이 조사께
서 서쪽에서 오신 뜻입니까?' 하니, 조주가 대답하되 '뜰 앞의
잣나무이니라' 했다고 전하는데, 어째서 없다 하시오?"

각절취가 대답했다.

"선사를 비방치 않는 게 좋겠소. 선사께서는 그런 말씀이 없었소.")

[趙州, 因僧問, "如何是祖師西來意?" 師云, "庭前栢樹子". 僧
云, "和尙莫將境示人". 師云, "我不將境示人". 僧云, "如何是

祖師西來意?” 師云, “庭前栢樹子”. (法眼問覺鐵觜, “承聞趙
州有栢樹子話是否?” 覺云, “先師無”. 眼云, “而今天下盡傳僧
問趙州, ‘如何是祖師西來意?’ 州云, ‘庭前栢樹子’. 如何言無?”
覺云, “莫謗先師好. 先師無此語”)]¹⁶⁷

여기서 우리가 주목해서 보아야 할 곳은 다음 부분이다.

스님이 말했다.
“화상께서는 경계를 사람들에게 보이지 마십시오.”
선사가 말했다.
“나는 경계를 사람들에게 보이지 않는다.”
스님이 다시 말했다.
“무엇이 조사께서 서쪽에서 오신 뜻입니까?”
선사가 말했다.
“뜰 앞의 잣나무!”

불교에서 철학의 “대상”에 해당하는 용어는 산스끄리뜨어 “vi-
ṣaya”를 한역한 “경”境 혹은 “경계”境界이다. 조주가 “뜰 앞의 잣나무”
하고 대답하자, 스님은 조주와 자신이 있는 곳의 뜰 앞 잣나무를 가
리킨다고 생각하고는, “화상께서는 경계를 사람에게 보이지 마십시

---

167 『한국불교전서』 제5책, 351쪽 상단.

오" 하고 말한다. 만약 조주의 "뜰 앞의 잣나무"가 그런 눈앞에 보이는 대상을 가리킨다면 조사서래의에 대한 대답이 될 수 없는데도 말이다. 조주가 "나는 경계를 사람들에게 보이지 않는다"고 했을 때 바로 알아들었어야 했지만, 스님은 그래도 조주의 의중을 몰라 다시 "무엇이 조사가 서쪽에서 오신 뜻입니까?" 하고 묻는다. 그러자 조주는 다시 "뜰 앞의 잣나무" 하고 대답한다. 조주가 "경계를 사람들에게 보이지 않는다"고 말했으므로, 이는 눈앞에 보이는 뜰 앞의 잣나무를 지시하지 않는다. 뜰 앞의 잣나무를 지시한다면, 그 뜰 앞의 잣나무는 동일성을 유지하며 나타나는, 나라는 주체에 의해 지시될 수 있는, 상위 개념과 하위 개념이 있는 대상을 지시하는 것이다. 달마가 서쪽에서 온 뜻이 이렇게 가우따마 붓다의 가르침인 무아를 벗어난 말일 수는 없다. 무상無常을 말하고 무아無我를 말하려면, 일단 말하는 주체, 지시되는 대상을 벗어나야 한다. 그러므로 조주의 "뜰 앞의 잣나무"는 주체, 대상, 개념을 벗어나 있는, 들뢰즈의 용어로 표현하면, 이것들에 선행하는 사건event이다.

[평창]

만약 조주가 답한 곳에서 딱 들어맞게 볼 수 있다면, 전의 석가도 없을 것이요, 후의 미륵도 없을 것이다.

조주의 대답 "뜰 앞의 잣나무"에 부합하게 볼 수 있다면, 바로 깨달음을 얻는다. 이 깨달음은 전의 석가의 깨달음이기도 하고 후의 미륵의 깨달음이기도 하다. 하지만 이 깨달음은 스님의 "무엇이 조사가 서쪽에서 오신 뜻입니까?"라는 물음과 조주의 대답 "뜰 앞의 잣나무"가 일으킨 바로 지금의 독특한 깨달음이다. 그래서 무문은 "전의 석가도 없을 것이요, 후의 미륵도 없을 것이다" 하고 평하는 것이다.

[송]

말은 사事를 나타내지 못하고
말은 기機에 투합하지 못하네.
언어를 받아들이는 자는 잃고
언어에 머무는 자는 헤맬지니.

"무엇이 조사가 서쪽에서 오신 뜻입니까?"라는 물음에 조주가 "뜰 앞의 잣나무"라고 대답했을 때, 만약 우리가 듣는 "뜰 앞의 잣나무"라는 말이 눈앞에 보이는 뜰 앞의 잣나무라는 대상을 가리킨다고 생각한다면, 무문이 동산의 말을 인용하여 말한 대로 "사事를 나타내지 못하고 기機에 부합하지 못한 것"이다. 실재적 대상을 뜻하는 "사"事[168], 그리고 한 마음과 다른 한 마음이 깨달음을 향해 직접적으로 소통하는 말이나 행동을 뜻하는 "기"機는 그때마다 의미 sense를 생산하는 부단한 유동 속에 있기 때문이다. 명사적이고 형

---

168 "사"事는 실제로 존재하는 사물 혹은 대상을 뜻하는 산스끄리뜨어 "vastu"의 한역어.

용사적인 것이 아니라 동사적이고 부사적인 이러한 의미를 언어가 파악하는 순간 의미는 이미 사라지고 없다. 그런데도 지시된 의미대로 事나 機가 존재한다고 생각하는 자는, 무문이 말한 대로 언어를 승인하는 자이고 언어에 체류하는 자이기에 진리를 상실하여 혼미하게 된다.

제38칙 우과창령牛過窗櫺

: 왜 꼬리는 격자창을 통과할 수
없는가?

[본칙]

오조가 말했다.

"예를 들어 물소가 격자창을 통과하는 것과 같다. 머리도 뿔도
네 발굽도 모두 통과하는데, 왜 꼬리는 통과할 수 없는가?"

(五祖曰, "譬如水牯牛過窗櫺. 頭角四蹄都過了, 因甚麼尾巴
過不得?")

[평창]

만약 여기서 뒤집어서 일척안을 붙이고 일전어를 내릴 수 있다
면, 이로써 위로는 4은恩에 보답하고, 아래로는 3유有를 도울 수 있
을 것이다. 혹 그렇지 않다면, 더욱 꼬리를 성찰하지 않으면 안 된다.

(若向者裏顚倒著得一隻眼, 下得一轉語, 可以上報四恩, 下資
三有. 其或未然. 更須照顧尾巴始得.)

창을 통과하면 구덩이에 빠지고,

되돌아오면 도리어 부서지는구나.

이 조그마한 꼬리

참으로 심히 기괴하도다.

(過去墮坑塹　回來卻被壞

　者些尾巴子　直是甚奇怪)

머리, 뿔, 네 발굽이 있는 몸통이 격자창을 통과하면 꼬리도 당연히 통과해야 하는데, 오조는 꼬리는 통과할 수 없다고 말한다. 큰 것이 통과하면 이 큰 것에 포함되는 작은 것은 당연히 통과한다. 큰 것은 통과하는데 작은 것이 통과하지 못한다면, 작은 것에 큰 것이 포함될 수 있게 하는 "그 무엇"이 존재해야 한다. 여기서 "그 무엇"은 꼬리이다. 꼬리는 작은 것에 큰 것을 포함하게 하고 큰 것에 작은 것을 포함하게 하지만, 그 자신은 작은 것과 큰 것을 벗어나 있다.

원문의 "미파"尾巴는 꼬리를 뜻하는데, 이 용어는 이미 제6칙 「세존염화」에 대한 무문의 송에서 만난 일이 있다.

꽃을 들어 올리자

꼬리가 이미 드러났도다.

가섭은 빙긋이 웃었으나

인간과 천신은 어찌할 줄 몰랐네.

(拈起花來　尾巴已露

迦葉破顔　人天罔措)

(제6칙 「세존염화」 무문의 송)

　　세존이 꽃을 들어 올리자 대중들은 아무 말이 없었지만 가섭이
빙긋이 웃었다. 이에 세존은 가섭에게 정법안장正法眼藏을 부촉한
다고 했다. 세존의 "꽃을 들어 올림"에 가섭이 "빙긋이 웃음"으로 호
응했지만, 세존과 가섭은 각자 자기 안으로 숨어든다. 세존의 "꽃을
들어 올림"이 가섭의 "빙긋이 웃음"이 호응하는 "꽃을 들어 올림"에
그친다면, 세존의 "꽃을 들어 올림"은 "꽃을 들어 올림"이라는 말로
표현됨으로써 "꽃을 들어 올림"이라는 깨달음을 상실하고 만다. 그
러므로 세존의 "꽃을 들어 올림"은 "꽃을 들어 올리지 않음"이고, 가
섭의 "빙긋이 웃음"은 "빙긋이 웃지 않음"이다(이 점은 제17칙 「국사
삼환」에서 혜충이 "시자!" 하고 부르고, 시자가 "예!" 하고 응답하는 것과
유사하다. 혹은 제22칙 「가섭찰간」에서 가섭이 "아난!" 하고 부르고, 아
난이 "예!" 하고 응답하는 것과도 유사하다). 첫째, 둘째 구의 "꽃을 들
어 올리자/ 꼬리가 이미 드러났도다"의 "꼬리"가 바로 이 공안 「우과
창령」에서 오조법연의 말 "(…) 왜 꼬리는 통과할 수 없는가?"의 "꼬
리"이다.

[평창]

　　만약 여기서 뒤집어서 일척안을 붙이고 일전어를 내릴 수 있다

면, 이로써 위로는 4은에 보답하고, 아래로는 3유를 도울 수 있을 것이다. 혹 그렇지 않다면, 더욱 꼬리를 성찰하지 않으면 안 된다.

일척안과 일전어는 각각 우리가 앞서 제8칙「해중조차」에 들어 있는 무문의 평창에서 본 바 있는 "안"眼, "기"機이다. 임제의 용어로 말한다면, 일척안은 견처見處이고, 일전어는 용처用處이다. 일척안의 깨달음을 얻는 것이 견처이고, 그 직후 혹은 동시에 이 깨달음을 말이나 행동으로 표현하여 대화 상대를 깨달음으로 인도하는 활동이 용처이다.

4은과 3유는 수행자들이 조석으로 예불을 올릴 때 부처님을 향하여 축원하는 내용 중 일부이다.[169] 4은恩은 네 가지 은혜라는 뜻으로 부모, 중생, 국왕, 3보寶의 은혜를 가리킨다. 세간과 출세간을 위한 모든 은혜이다. 이 중 불, 법, 승 3보의 은혜에 주목할 필요가 있다. 불佛은 열반을 성취한 부처, 법法은 열반을 성취한 부처가 우리의 열반 성취를 돕는 가르침, 그리고 승僧은 열반을 성취하고자 수행하는 수행자들의 공동체, 그리고 이를 돕는 세간인들의 사회 공동체를 뜻한다. 3유有는 욕유欲有, 색유色有, 무색유無色有를 가리킨다. 3계界인 욕계欲界, 색계色界, 무색계無色界를 계界; dhātu 대신 유有; bhava로 표현한 것이다. 계界는 "요소"란 뜻이지만, 유有는 "존재하고자 함"이란 뜻이다. "존재함"으로 번역될 수 있는 "유"有; bhāva

---

169 혜원 역해, 『한 권으로 읽는 무문관』, 265쪽.

와 구별되어야 하는 용어이다. 가령 12연기緣起[170]의 유는 "bhava"를 번역한 말로, "존재함"이란 뜻이 아니라 "존재하고자 함", "생존하고자 함"이라는 뜻이다.[171] "~하고자 함", 이는 의지 곧 업業이다. 생사 윤회를 나타내는 12연기에서 뒤에 나오는 애愛, 취取, 유有의 애와 취는 번뇌를, 유는 업을 나타낸다. 전생의 번뇌와 업이 인因이 되어 현생의 생과 노사의 과果를 받는다. 또 현생의 번뇌와 업이 인이 되어 후생의 생과 노사의 과를 받는다. 따라서 3유는 3계의 생사윤회를 보여 주는 용어라 할 수 있다.

[송]

창을 통과하면 구덩이에 빠지고,
되돌아오면 도리어 부서지는구나.
이 조그마한 꼬리
참으로 심히 기괴하도다.

물소의 "꼬리"는 권權이면서 동시에 실實이기에 제1칙 『조주구자』의 "무"이다. "무"는 무문이 제1칙 평창에서 평한 대로 "허무의 무"도 아니고 "유무의 무"도 아니다. 꼬리는 안 나갔는데 몸통이 나

---

170 무명無明, 행行, 식識, 명색名色, 6입六入, 촉觸, 수受, 애愛, 취取, 유有, 생生, 노사老死.

171 "bhāva"든 "bhava"든 동사 원형은 "일어나다"라는 뜻의 "bhū"이다. "존재함"이란 뜻의 "bhāva"의 반대어는 "abhāva"(존재하지 않음, 비존재)이고, "존재하고자 함"이란 뜻의 "bhava"의 반대어는 "vibhava"(존재하지 않고자 함)이다.

가 구덩이에 빠지는 일은 허무의 무에 떨어지는 것을 나타낸다. 꼬리가 안 나가니 다시 돌아오려 해도 되돌아오지 못하고 창에 부딪혀 부서지는 일은 "유무의 무"에 떨어지는 것을 나타낸다. 혹은, 이 두 경우를 바꾸어 생각해 볼 수 있다.

제39칙 운문화타雲門話墮

: 말에 떨어졌구나

[본칙]

운문에게 한 스님이 묻기 위해 읊었다.

"[부처님의] 광명이 고요히 비추어 항하사[172] 세계들에 두루 미치니……."

한 구가 채 끝나기도 전에 운문이 느닷없이 물었다.

"이는 장졸張拙 수재[173]의 말이 아닌가?"

스님이 대답했다.

"그렇습니다."

운문이 말했다.

"말에 떨어졌구나!"

---

172 항하사恒河沙. 하사河沙. 인도 갠지스강의 모래.

173 수재秀才. 장졸은 거사로, "장"은 성이고 "졸"은 이름이다. "수재"는 관리 등용 시험에 합격한 자를 이른다.

후에 사심[174]이 이 이야기를 들어 말했다.

"자, 말해 보아라! 이자가 말에 떨어진 곳이 어디인가?".

(雲門, 因僧問, "光明寂照遍河沙……", 一句未絶, 門遽曰,
"豈不是張拙秀才語?"僧云, "是". 門云, "話墮也". 後來, 死心拈
云, "且道! 那裏是者僧話墮處?")

[평창]

만약 여기에서 운문의 고고한 용처用處와, 이 스님이 왜 말에
떨어졌는가를 볼 수 있다면, 인간과 천신을 위해 스승이 되기에 충
분하리라. 만약 아직도 분명히 알지 못한다면, 자신조차 구해 낼 수
없으리라.

(若向者裏, 見得雲門用處孤危, 者僧因甚話墮, 堪與人天爲師.
若也未明, 自救不了.)

[송]

급류에 낚싯바늘을 드리우니

먹이를 탐하는 놈이 걸려든다.

입을 열자마자

목숨을 잃고 만다.

(急流垂釣 貪餌者著

---

174 사심死心. 황룡오신黃龍悟新(1043~1114)으로, 호가 사심이다. 임제종 황룡파의 선사.

口縫纔開　性命喪卻)

장졸은 처음에는 선월禪月(832~912) 선사한테서 배웠다. 선월은 어느 날 장졸에게 석상경저石霜慶諸(807~888)에게 가 보라고 권했다. 아래는 장졸과 석상의 대화이다.

수재가 이 말을 듣고 용모를 단정히 하고, 마침내 함께 방장으로 가서 절을 올렸다. 석상이 물었다.

"그대의 성이 무엇인가?"

장졸이 대답했다.

"장張입니다."

석상이 물었다.

"이름은 무엇인가?"

장졸이 대답했다.

"졸拙이라 합니다."

석상이 물었다.

"교巧를 찾아도 얻을 수 없거늘 졸拙은 어디에서 왔는가?"

공이 이 말을 듣자마자 깨달음을 얻고, 이에 다음과 같은 송을 읊었다.

(才聞之 端容, 遂同謁方丈設拜. 霜曰, "汝何姓?"曰"張." 曰"諱什麼?"曰"名拙." 曰"覓巧了不可得, 拙自何來?"公於言下有省, 乃有偈曰.)

석상을 낮추어 보고 있던 장졸 수재는, 석상은 육신보살肉身菩
薩이고 문하에 덕과 학식이 높은 수행자들이 있다는 선월의 말을 듣
고 석상이 머무는 방장으로 찾아가 절을 올린다. 이 문답은 그때 석
상과 수재가 나눈 것이다. 석상이 장졸에게 성과 이름을 물은 후 "교
巧를 찾아도 얻을 수 없거늘 졸拙은 어디에서 왔는가?" 하고 묻자,
이 물음에 장졸은 바로 깨달음을 얻는다. 먼저 이 문답을 풀어내야
지 이어지는 장졸의 게송을 원활하게 풀 수 있다.

장졸의 이름 "졸"은 장졸을 지시하는 고유명사이다. 석상은 장
졸의 이름 "졸"이 교와 뜻이 반대됨을 이용하여, 먼저 "교巧가 없다"
고 말하고 이어 "졸拙이 없다"고 말한다. 장졸이 "졸"이라는 말로 지
시된다면, "교"라는 말로는 지시될 수 없다. 즉, 장졸이 자신을 굳게
지키려고 자만하여 자신을 장졸의 "졸"이라는 말로 지시하게 되면
"교"巧라는 말로는 자신을 지시할 수 없게 된다. 즉, 졸이라는 말로
자신을 지시하면 졸만 남고 이와 반대되는 교巧라는 말은 사라진다.
그래서 석상은 "교巧를 찾아도 얻을 수 없거늘 졸拙은 어디에서 왔
는가?" 하고 묻는 것이다. 그렇게 졸을 악착같이 지키고 있으면 졸
과 반대되는 교는 장졸에게 들어올 틈이 없다. 교라는 말이 지칭할
것이 없으니 이와 반대되는 졸이라는 이름도 지칭할 만한 것이 없
게 된다. 그리하여 이제 석상은 졸로 지시할 만한 것도 없음을 일깨
워 준다. 결국 졸이라는 말로 자신을 한정하게 되면 자신을 못 보게
된다는 것이다. 즉, 장졸 자신이 자신의 근원을 보려면 졸이라는 이
름을 떠나야 한다는 것이다.

요약하면 이렇다. 석상은 장졸에게 "졸은 어디에서 왔는가?" 하고 묻는다. 교와 졸은 교묘巧妙와 졸렬拙劣, 혹은 능숙함과 서투름이라는 뜻이다. 교가 있어야 졸이 있는 법인데, 졸을 꽉 잡고 놓지 않고 있으니, 교도 찾을 수 없다. 수재 그대가 자신의 이름을 졸이라 하지만, 다시 말해 "졸"이라는 이름은 장졸을 지시하지만, 결국 졸劣은 장졸을 완전하게 지시할 수 없다는 뜻이다. 이렇게 석상은 졸劣도 떠나고 교도 떠난 자리를 드러내 보이고 있다.

장졸은 졸이라는 이름이 지시하지 않는 자리, 이 이름이 장졸이라는 인격을 한정하지 않는 그 자리를 다음과 같이 읊는다. 이 송을 보면 장졸은 석상의 말을 듣고 깨달음을 얻었음이 분명하다.

광명이 고요히 비추어 항하사 세계들에 두루 미치니
범부와 성인 중생이 함께 한집을 이루네.
한 생각을 내지 않으면 전체가 나타나고
6근이 움직이자마자 구름에 가려지네.
번뇌를 끊으려 한다면 거듭 병을 더하고
보리를 향해 나아가려 한다면 이 또한 삿되다네.
뭇 연들을 따르되 걸림이 없으니
열반과 생사가 허공의 꽃이로다.
(光明寂照遍河沙　凡聖含靈共一家
一念不生全體現　六根才動被雲遮
斷除煩惱重增病　趣向菩提亦是邪

隨順衆緣無罣礙　涅槃生死是空花)

셋째 구의 "한 생각을 낸다"라는 것은 주체인 내가 특정한 대상을 지각하거나 판단하며 집착한다는 것이다. 이런 생각을 내지 않을 때 내가 지각하거나 판단한 특정 대상이 전체 속에서 현현하는 것임을 알게 된다. 이러한 전체는 광명 속에 세계가 현현하고 범부, 성인 등 모든 중생이 서로 차별 없이 한집을 이루게 된다는 첫째 구와 둘째 구에 잘 표명되어 있다. 넷째 구의 "6근根이 움직이자마자"는 "한 생각을 내면"과 같은 표현으로 간주될 수 있다. "6근이 움직인다"는 안근, 이근, 비근, 설근, 신근, 의근이 각각 색경, 성경, 향경, 미경, 촉경, 법경이라는 대상으로 향한다는 뜻이다. 이렇게 대상으로 향하여 대상을 지각하고 판단하면 이러한 지각 작용과 판단 작용, 지각 대상과 판단 대상이 전체 속에서 현현한 것임을 놓치게 된다. 그래서 "6근이 움직이자마자 구름에 가려진다"고 장졸 수재는 읊고 있다.

후반 네 구 가운데서는 단연코 여덟째 구 "열반과 생사가 허공의 꽃이로다"에 주목해야 한다. 허공의 꽃은 본래 시각에 장애가 일어나 허공에 꽃과 같은 것이 보이는 것을 말한다. 그러나 여기서는 실존하지 않는 꽃을 허공의 꽃으로 표현하고 있다. 열반과 생사가 실제로 존재하는(실존하는) 실체적인 것이라면 열반과 생사는 서로 배척한다. 그러나 열반과 생사는 실제로 존재하는 것이 아니기에 서로 스며든다. 이 점을 바로 앞의 일곱째 구에서 "뭇 연들을 따르되 걸림이 없으니"로 표현하고 있다. 다섯째 구와 여섯째 구의 번뇌와 보리는 각각 마지막 구의 생사와 열반의 다른 표현이다. 결국 후반 네 구는 생사는 생사대로 내세우고 열반은 열반대로 내세워 끊거나 얻으려 한다면, 뭇 연들을 따르되 걸림이 없는 생사와 열반을 그릇되게 이해하게 된다는 점, 생사는 열반을 만나서 그리고 열반은 생사를 만나서 각각의 독립적 성격이 해체되어 생성 과정에 놓이게 된다는 점을 보여 준다.

장졸 수재의 송을 읽었으니, 이제 제39칙의 본칙으로 돌아가 보자. 한 스님이 운문 앞에서 수재의 게송 "광명이 고요히 비추어 항하사 세계들에 두루 미치니……"를 읊는다. 그러자 운문은 스님이 수재의 게송을 다 읊기 전에, 그것도 칠언절구로 8구나 되는 게송의 첫째 구를 말하자마자 돌연 말을 자르고, "장졸 수재의 말이 아닌가?" 했다. 운문 자신도 수재의 송을 잘 알고 있으니 더는 말할 필요가 없다는 뜻일까? 그렇지 않다. 왜냐하면 스님이 운문의 말을 받아 "그렇습니다" 하고 답하자, 바로 "말에 떨어졌구나"라고 했기 때문이다. 운문은 깨달음을 얻고자 하는, 장졸 수재의 게송을 읊는 스님을 올바른 깨달음으로 이끌어 주어야 한다. 그렇다면 운문이, 스님이 게송을 다 읊기도 전에 잘라 버리고 "장졸 수재의 말이 아닌가?" 하며 묻고, 스님이 "그렇습니다" 하고 대답했을 때, 말이 떨어지기가 무섭게 "말에 떨어졌구나" 한 말은 스님을 깨달음으로 이끌기 위한 말이다. 스님은 수재의 말을 읊은 것뿐인데, 운문은 왜 "말에 떨어졌구나" 하고 말하는가? 스님이 읊은 수재의 송은 스님의 송도 수재의 송도 아님을 드러내 보이기 위해서이다.

황룡사심은 운문을 거들어 "자, 말해 보아라! 이자가 말에 떨어진 곳이 어디인가?" 하고 다그치고 있다. 말에 떨어진 곳은 스님의 "그렇습니다"이기도 하지만, "그렇습니다" 하고 인정한, 스님이 읊은 수재의 송이다.

[평창]

만약 여기에서 운문의 고고한 용처와, 이 스님이 왜 말에 떨어졌는가를 볼 수 있다면, 인간과 천신을 위해 스승이 되기에 충분하리라. 만약 아직도 분명히 알지 못한다면, 자신조차 구해 낼 수 없으리라.

운문의 용처 곧 기機는 "이는 장졸 수재의 말이 아닌가?"이다. 스님이 장졸 수재의 송을 읊는 것을 듣고 운문이 곧바로 "말에 떨어졌구나" 했기 때문이다. 스님은 장졸 수재의 게송을 읊으며 그 의미를 운문에게 물어 깨달음을 얻으려 했던 것 같다. 운문은 "이는 장졸 수재의 말이 아닌가?" 하며 스님의 말이 채 끝나기도 전에 스님을 깨달음으로 인도하고 있다. 스님은 운문의 "이는 장졸 수재의 말이 아닌가?"에 "그렇습니다" 하고 수재의 송임을 인정했다. 운문은 이에 스님에게 "말에 떨어졌구나!" 하며 결정적으로 그를 깨달음으로 인도하고 있다. 운문의 이 말에 "그렇습니다" 하는 "말에 떨어짐"은 스님이 읊은 수재의 송의 "[부처님의] 광명이 고요히 비추어 항하사 세계들에 두루 미치니……"로 넘어가 이 송을 읊은 것이야말로 스님이 말에 떨어진 것임을 보여 주고 있다. 운문은 이렇게 하여 스님이 읊은 수재의 송을 사구에서 깨달음의 활구로 바꾸어 주고 있다.

[송]

급류에 낚싯바늘을 드리우니
먹이를 탐하는 놈이 걸려든다.
입을 열자마자
목숨을 잃고 만다.

첫째 구 "급류에 낚싯바늘을 드리우니"는 운문이 스님이 장졸 수재의 송을 읊는 모습을 보고, "장졸 수재의 말이 아닌가?" 하고 말한 것을 두고 하는 말이다. 스님이 만약 자신의 깨달음의 체험을 읊은 것이라면 운문의 이 낚싯바늘에 걸려들지 말았어야 했는데, 스님은 "그렇습니다" 하며 그것이 장졸 수재의 송임을 인정하고 말았다. 둘째 구 "먹이를 탐하는 놈이 걸려든다"는 바로 스님의 "그렇습니다" 하는 대답을 두고 읊은 말이다. 그런데 첫째 구에서 무문은 "급류"라는 말을 썼다. 왜 급류인가? 주고받는 선문답에는 주고받음 사이에 한 치의 격차도 없기 때문이다. 즉, 아무런 개념적 매개도 없어 현장에서 즉흥적으로 일어나기 때문이다.

셋째, 넷째 구 "입을 열자마자/ 목숨을 잃고 만다"는 스님이 장졸 수재의 송을 읊은 것을 두고 하는 말이다. 스님이 읊은 장졸 수재

의 송은 운문이 "말에 떨어졌구나!" 하는 말에, 수재의 송이 아닌 것
이 된다. 이 송이 깨달음의 노래라면, 그렇다면 이 송은 누구의 송인
가? 스님의 송인가, 수재의 송인가? 스님의 송이라 해도 사구이고,
수재의 송이라 해도 사구이다.

제40칙 적도정병趯倒淨瓶

: 정병을 차서 넘어뜨리다

[본칙]

위산[175] 화상은 처음에 백장의 문하에서 전좌[176]를 담당하고 있었다. 백장은 대위산大潙山의 주인을 선정하고자 했다. 이에 수좌[177]와 함께 위산을 불러 놓고서 대중이 뭔가 한마디씩 말하도록 시키고, "격식을 벗어난 자가 갈 수 있다"[178]라고 했다. 드디어 백장은 정병[179]을 땅바닥에 놓고는 물었다.

"정병이라 불러서는 안 된다. 그대들은 무엇이라 부르겠느냐?"

그러자 수좌가 대답했다.

---

175   위산영우潙山靈祐(771~853). 제자 앙산혜적仰山慧寂과 함께 위앙종潙仰宗의 개조가 되었다.

176   전좌典座. 공양간(식당)에서 수행자 대중의 식사를 채비하는 일을 맡은 스님.

177   수좌首座. 수행자 대중 가운데 수위首位에 앉은 스님. 제일좌第一座.

178   출격자가왕出格者可往. "뛰어난 자가 맡을 수 있다"라는 뜻을 담고 있다.

179   정병淨瓶. 정수淨水를 담는 병. 수행자들은 이 병을 휴대하며 손을 씻는 일 등에 사용한다.

"나막신이라 불러서는 안 됩니다."

백장은 이번에는 위산에게 물었다.

그러자 위산은 정병을 차 넘어뜨리고는 나가 버렸다.

백장은 웃으며 말했다.

"제일좌가 도리어 촌놈에게 졌구나."

그래서 위산을 개산[180]으로 임명했다.

(潙山和尙, 始在百丈會中, 充典座. 百丈將選大潙主人. 乃請同首座對衆下語, 出格者可往. 百丈遂拈淨瓶置地上, 設問云, "不得喚作淨瓶. 汝喚作甚麽?" 首座乃云, "不可喚作木楱也". 百丈卻問於山. 山乃趯倒淨瓶而去. 百丈笑云, "第一座輪卻山子也". 因命之爲開山.)

[평창]

위산 일생일대의 용기가 백장의 올가미에 걸려 빠져나오지 못했으니 어찌하리오? 잘 살펴보면, 무거운 일을 따르고 쉬운 일을 따르지 않았다. 왜 그런가? 보라! 두건을 벗고 철가鐵枷를 메었구나.

(潙山一期之勇, 爭奈跳百丈圈圚不出. 檢點將來, 便重, 不便輕. 何故? 聻! 脫得盤頭, 擔起鐵枷.)

---

180 개산開山. 한 종파를 처음 연 사람. 개조開祖.

[송]

조리와 국자를 내팽개치고

정면으로 일시에 돌파해서 군더더기 말들을 잘라 버렸네.

백장의 두터운 관문이 막으려 해도 저지하지 못하니

삼 줄기처럼 많은 부처가 발끝에서 뛰쳐나오는구나.[181]

(颺下笊籬幷木杓　　當陽一突絕周遮

　百丈重關攔不住　　脚尖趯出佛如麻)

백장은 대위산의 주인을 정하려고 바닥에 정병을 놓고 "정병이라 불러서는 안 된다. 그대들은 무엇이라 부르겠느냐?" 하며 대중에게 묻는다. 대중은 백장의 이 말에 바닥에 놓여 있는 물건은 정병인데 왜 정병이라고 불러서는 안 된다고 하는 것이지 하는 의문을 내면서 자신들도 모르게 바닥에 놓여 있는 사물과 말을 분리시키기 시작한다. 바닥에 놓여 있는 사물은 "그 무엇"이 된다.

백장이 만약 "정병이라 불러서는 안 된다"라는 말을 하지 않고 대중들에게 자신이 바닥에 놓은 물건을 두고 무엇이라 부르겠느냐 하고 물었다면 대중들은 모두 정병이라 불렀을 것이다. 수행자 대중은 정병이 맑은 물을 담는 병이라는 것을, 지니고 다니다가 손을

---

181 Kōun Yamada, "Countless Buddhas come forth from his toes", *The Gateless Gate — The Classic Book of Zen Koans*, p.190. "발끝에서 뛰쳐나오는 부처가 삼대 같구나", 김태완 역주, 앞의 책, 207쪽. 여기서 마 즉 삼대는 빽빽하게 솟아나기 때문에 빽빽하고 많다는 뜻이다. 김태완 역주, 앞의 책, 207쪽 각주 549.

씻을 때 사용하는 병이라는 것을 이미 알고 있기 때문이다. 그러나 백장은 이 정병을 두고 "정병이라 불러서는 안 된다" 하며 조건을 걸어 놓고 "무엇이라 부르겠느냐?" 하고 물었다. 대중 가운데 첫째가는 자리에 앉는 수행자인 수좌(제일좌)가 나와서 "나막신이라 불러서는 안 된다"고 대답한다. 수좌의 이 말도 백장의 말처럼 의미심장한 말이므로 잘 톺아보아야 한다.

　백장이 무엇이라 부르겠느냐 하고 물었을 때 수좌는 "나막신이라 부릅니다" 하지 않고, "나막신이라 불러서는 안 됩니다"라고 하며, 백장의 어법을 따라 대답했다. 바닥에 놓인 물건을 정병이라 불러서는 안 되듯이, 나막신이라 불러서는 안 된다고 대답한 것이다. 수좌는 바닥에 놓여 있는 물건을 나막신이라 불러서는 안 된다고 했으므로, 백장처럼 "그 무엇"을 남겨둔 것이다. 하지만 "그 무엇"이 백장을 비롯한 모든 대중이 보는 정병으로, 자신이 보는 (혹은 대중의 일부가 보는) 나막신으로 의미를 발생하게 할 수 있음을 관찰했다고는 볼 수 없다. 수좌는 백장의 어법을 그대로 따라했기 때문에, 수좌의 "그 무엇"은 자신의 나막신을 비롯한 모든 의미로부터 자유로워졌다고 보기 어려운 것이다. 백장이 위산에게 물었을 때 위산은 바닥에 놓인 물건을 차 쓰러뜨리고는 나가 버렸다. 위산이야말로 "격식을 벗어난 자(출격자出格者)"이다. 위산은 정병, 나막신 등 온갖 의미가 발현하는, 바닥의 물건을 치워 버림으로써 "그 무엇"을 바로 드러냈다. "그 무엇"은 무-의미, 곧 무-의미의 공성이다.

위산 일생일대의 용기가 백장의 올가미에 걸려 빠져나오지 못했으니 어찌하리오? 잘 살펴보면, 무거운 일을 따르고 쉬운 일을 따르지 않았다. 왜 그런가? 보라! 두건을 벗고 철가를 메었구나.

"위산 일생일대의 용기"란, 백장이 바닥에 놓고 "정병이라고 불러서는 안 된다. 그대들은 무엇이라 부르겠는가?" 하고 물은 정병을 차서 넘어뜨리고 나가 버린 일을 가리킨다. 백장은 문제를 제시하기 전에 위산이 답을 내리라는 것을 알고 있었다. 그런데도 대중들에게 문제를 제시한 것은 정당한 절차를 거쳐 위산을 개산으로 삼으려는 의도가 있었기 때문이다. 이를 무문은 "백장의 올가미에 걸려 (위산이) 빠져나오지 못했다"고 묘사하고 있다.

"무거운 일을 따르고 쉬운 일을 따르지 않았다"란, 이런 백장의 의도에 호응하여, 위산 역시 전좌라는 쉬운 일을 버리고 개산이라는 어려운 일을 택했다는 것을 말한다. 앞 문장에서는 위산의 그릇을 간파한 백장을 높이고, 이 문장에서는 그런 백장에 호응하는 위산을 높이고 있다.

"보라! 두건을 벗고 철가를 메었구나"는 새로운 종파의 개조로서 등장하는 위풍당당한 위산의 모습을 보여 주고 있다. 반두盤頭는 머리에 두르는 두건이고, 철가鐵枷는 죄인의 목에 씌울 수 있도록 쇠로 만든 형구刑具이다. 대중의 식사를 위해 두건을 두르고 주방에서 일하는 위산의 모습에서 수행자들을 깨달음으로 인도하기 위해

수행을 지도하는 위산의 모습으로 바뀌는 모습을 무문은 "두건을
벗고 철가를 메었구나"로 묘사하고 있다.

[송]

조리와 국자를 내팽개치고
정면으로 일시에 돌파해서 군더더기 말들을 잘라 버렸네.
백장의 두터운 관문이 막으려 해도 저지하지 못하니
삼 줄기처럼 많은 부처가 발끝에서 뛰쳐나오는구나.

둘째 구의 "군더더기 말들[주차周遮]"은 수좌의 "나막신이라 불
러서는 안 됩니다"와 같은 답, 백장의 "정병이라 불러서는 안 된다.
그대들은 무엇이라 부르겠는가?"와 같은 문제를 모두 가리킨다. "~
면 안 된다"로 백장처럼 문제를 내걸거나 수좌처럼 대답을 할 때는
소거되지 않는 것이 무한히 남게 된다. 이것을 삭제하기 위해 위산
은 정병을 발로 차 넘어뜨렸다. 이를 무문은 "정면으로 일시에 돌파
해서(당양일돌當陽一突)"로 묘사하고 있다. 원문의 "당양"當陽은 "해
를 마주하다"라는 뜻으로, 남면南面하는 왕의 자리 혹은 부처를 가
리키지만, 여기서는 "한 점 가림 없이 환하게"라는 뜻으로 보아야 한
다("당양"을 "정면으로"라고 번역한 것은 "정면으로"가 "에두르지 않고",
곧 "가리지 않고 곧바로"의 뜻을 담고 있기 때문이다). 백장의 문제, 수
좌의 대답은 "~면 안 된다" 하는 말의 가림이 있는데, "~면 안 된다"
라는 말로 해도 남는 것이 있어 가려지는 것을 사물 자체가 완전히

드러나도록 일시에 제거한다는 것이다. 이 뜻을 원문의 "일돌"—突 (일시에 돌파하다)이 담고 있다. "~면 안 된다"라는 말로는 아직 가림이 있기에 정병 자체가 완전히 드러나지 않는다. 아직 부처가 나타나지 않는다. 그러나 위산이 발끝으로 정병을 차서 넘어뜨렸을 때는 남아 있던 것이 소거되었기에 부처가 나타난다. 이 모습을 무문은 넷째 구에서 "삼 줄기처럼 많은 부처가 발끝에서 뛰쳐나오는구나"로 묘사하고 있다.

제41칙 달마안심達磨安心

: 마음을 가지고 오너라

[본칙]

달마가 면벽 수행을 하고 있는데, 이조[182]가 눈밭에 서서 팔을 자르고 말했다.

"제자는 마음이 아직 편하지 못합니다. 부디 스승께서 마음을 편안하게 해 주십시오."

달마가 말했다.

"마음을 가지고 오너라! 그대를 위해 편안하게 해 주겠다."

이조가 말했다.

"마음을 찾아도 찾을 수가 없습니다."

달마가 말했다.

"그대를 위해 마음을 편안하게 해 주었다."

(達磨面壁. 二祖立雪斷臂云, "弟子心未安. 乞師安心". 磨云,

---

182 이조二祖. 혜가慧可(486~593)를 가리킨다. 본명은 신광神光. 선종 제2대 조사.

"將心來! 與汝安". 祖云, "覓心了不可得". 磨云, "爲汝安心竟".)

[평창]

이빨 빠진 늙은 이방인이 십만 리 바다를 건너 일부러 왔다. "바람이 없는데 물결이 일어났다"고 이를 만하다. 최후에 한 사람의 문인을 받아들여 가르쳤으나, 이마저 6근을 갖추지 못한 자로다. 쯧쯧! 사삼랑謝三郎은 네 글자도 알지 못하는구나.[183]

(缺齒老胡, 十萬里航海, 特特而來. 可謂是無風起浪. 末後接得一箇門人, 又卻六根不具. 咦! 謝三郎不識四字.)

[송]

서쪽에서 와서 곧바로 가리켰으니

사단이 이렇게 부촉한 데서 일어났다.

총림을 떠들썩하게 한 이가

원래 그대였구나.

(西來直指   事因囑起

撓聒叢林   元來是爾)

---

183 사삼랑불식사자謝三郎不識四字. 세상 사람 누구나 다 아는 것도 모르는 일자무식을 표현한 중국 속담. 사삼랑은 배움이 없는 사람을 가리키는 말이며, 사자四字는 개원통보開元通寶와 같이 동전 표면에 새기는 네 글자 전문錢文을 말한다. 김태완 역주, 앞의 책, 209쪽 각주 555.

『선문염송설화』에는 이 앞에 다음과 같은 문답이 놓여 있다.

달마 대사에게 혜가가 물었다.

부처님들의 법인法印을 들려주십시오.

달마가 대답했다.

부처님들의 법인은 남한테 들을 수 있는 것이 아니다.

(達磨大師因慧可問, "諸佛法印可得聞乎!" 師云, "諸佛法印
匪從人得")[184]

법인法印의 법은 진리를, 인은 인장이니 승인, 인가를 뜻한다.
따라서 부처님의 법인은 부처님이 승인한 진리 혹은 부처님을 통해
드러난 진리를 뜻한다. 이조 혜가가 부처님의 법인을 들려 달라고
하자 달마는 "부처님의 법인은 남한테 들을 수 있는 것이 아니다"라
고 대답한다. 이 문답을 보면, 위 공안에서 혜가가 마음이 편안하지
못하다고 말하는 이유가 남한테 들을 수 없는 법인을 스스로 찾지
못하고 있기 때문임을 알 수 있다.

혜가는 스스로 법인을 찾지 못해 편안하지 않은 마음을 스승인
달마에게 편안하게 해달라고 청하고 있다. 달마는 이제 혜가로 하
여금 스스로 법인을 찾게 해 그의 마음을 편안하게 해 주는 길로 인
도해야 한다. 그 길은 "마음이 편안하다", "마음이 편안하지 않다"고

---

184 『한국불교전서』, 103쪽 하단.

분별하는 마음을 지우는 길이어야 한다. 다시 말해, 직지인심하려면 달마는 사구인 혜가의 말을 딛고 활구를 제시해야 한다. 그 활구는 "마음을 가지고 오너라"이다. 달마의 이 활구는 혜가의 마음이 분별된 마음임을 보여 주는 동시에 본래의 마음을 드러내고 있다. 달마는 이 활구로 혜가의 분별된 마음을 흔적도 없이 지워 버렸다. 마음은 마음이면서 마음이 아니다. 조주의 무가 무이면서 무가 아니듯이. 분별된 마음을 구할 수 없었기에 본래의 마음이 나타나게 되었다. 마음을 편안하게 한 것은 혜가 본인이지 달마가 아니다.

[평창]

이빨 빠진 늙은 이방인이 십만 리 바다를 건너 일부러 왔다. "바람이 없는데 물결이 일어났다"고 이를 만하다. 최후에 한 사람의 문인을 받아들여 가르쳤으나, 이마저 6근을 갖추지 못한 자로다. 쯧쯧! 사삼랑은 네 글자도 알지 못하는구나.

"이빨 빠진 늙은 이방인"은 인도에서 중국으로 건너온 달마를 가리킨다. 무문은 달마가 "십만 리 바다를 건너 일부러 왔다"고 말했다. "일부러 왔다[특특이래特特而來]"라는 말에 주목해야 한다. 이어지는 문장, "바람이 없는데 물결이 일어났다"는 바로 이 "일부러 왔다"를 비유적으로 표현한 말이다. 실제로는 바람이 없으면 물결이 일어나지 않는다. 바람이 일어야 물결이 일어난다. 깨달음을 얻고자 하는 이들의 바람이 있을 때 깨달음을 얻은 이가 깨달음을 전한다. 즉, 바람이 있을 때 물결이 일어난다. 그러나 달마는 사람들의 바람과 무관하게 깨달음을 전하려고 중국으로 왔다. 깨달음을 원하는 이들이 없어도 깨달음은 이미 물결치고 있다. 아니, 모든 이가 깨달음을 원하고 있기에, 깨달음은 이미 물결치고 있다. 바람이 없는데 물결이 일어난 것이다.

혜가는 "마음을 가지고 오너라! 그대를 위해 편안하게 해 주겠다"라는 달마의 말대로 마음을 가져오려 했지만, 즉 마음을 찾으려고 했지만 끝내 찾을 수 없었다. 그래서 혜가는 "마음을 찾아도 찾을 수 없습니다" 하고 말하고, 달마는 이에 "그대를 위해 이미 마음을 편안하게 해 주었다" 하며 호응한다. 혜가가 찾고자 하는 본래의 마음은 "마음이 편안하지 않다", "마음이 편안하다" 할 때의 마음이 아니다. 혜가는 달마의 "마음을 가지고 오너라" 하는 한마디에 자신이 찾고자 하는 마음이 조주의 "무"라는 것을 알게 되었다.

6근은 안근, 이근, 비근, 설근, 신근, 의근을 가리킨다. 여기서는 안·이·비·설·신·의근이 있는 신체(유근신有根身)를 가리킨다. 혜가는 달마의 가르침을 받고 싶은 절실한 마음에 팔을 잘랐으므로 신체를 온전하게 갖추지 않아 6근을 갖추지 못했다고 말한 것이다.

"사삼랑은 네 글자도 알지 못하는구나"는 무식한 자[사삼랑謝三郎]는 "개원통보"開元通寶 같은 동전 위에 쓰인 글자조차 알아보지 못한다는 의미이다. 여기서 무식한 자는 달마와 혜가이다. 동전 위에 새겨진 글자를 읽을 수 있다면 글자가 매개가 되어 깨달음을 전하게 된다. 글자가 매개 되어 전해지는 깨달음은 달마와 혜가의 교외별전에 어긋난다. 그러나 문자를 세우지 않는다는 뜻의 불립문자를 얻었기에 그들은 글자를 알아도 글자로써 깨달음을 전하지 않는다. 직지인심이다!

[송]

서쪽에서 와서 곧바로 가리켰으니
사단이 이렇게 부촉한 데서 일어났다.
총림을 떠들썩하게 한 이가
원래 그대였구나.

첫째 구의 "곧바로 가리켰으니"는 사람의 마음을 바로 가리킨다는 뜻의 직지인심直指人心의 "직지"이다. 무문은 첫째 구와 둘째 구에서 달마가 혜가를 받아들여 가르친 것을 "부촉"(촉囑)이라는 말로 표현하고 있다. 달마가 이렇게 혜가를 제자로 삼은 것, 직지인심의 진리를 혜가로 하여금 세상에 전하라고 부촉했기에 수행자들의 공동체인 총림이 떠들썩하게 되었다. 왜 총림이 어지럽고 떠들썩한가? 달마의 말과 행동이 교외별전 곧 "교敎 바깥에서 별도로 전함"이기 때문이다. 달마의 말과 행동이 교 안에 있었다면 총림은 예전대로 교를 배워 가며 아무 일 없는 듯 조용했을 것이다.

제42칙 여자출정女子出定

: 여자가 선정에서 나오다

[본칙]

옛날에 문수[185]가 부처님들이 모인 곳에 이르렀을 때 마침 부처님들이 각각 본래의 처소로 돌아가고, 오직 한 여인만이 저 부처님 가까이에 앉아서 삼매에 들고 있었다.

이에 문수가 부처님께 아뢰었다.

"이 여인은 부처님 가까이에 앉을 수 있는데 왜 저는 그럴 수 없습니까?"

부처님께서 문수에게 말씀하셨다.

"이 여인을 깨워 삼매에서 일어나게 해서 그대가 직접 물어보아라."

문수는 여인의 주위를 세 번 돌고 손가락을 한 번 퉁기고는 여

---

185 문수文殊. 산스끄리뜨어 "mañjuśri"의 음역 "문수사리"文殊師利의 준말. 문수보살은 "지혜 제
일의 보살"이다.

인을 범천[186]으로까지 받쳐 올려 그의 신력[187]을 다했으나, 삼매에서 나오게 할 수 없었다.

세존께서 말씀하셨다.

"설사 백 명 천 명의 문수가 있더라도, 이 여인을 선정에서 나오게 할 수 없다. 아래쪽으로 12억 항하사의 국토를 지난 곳에 망명罔明 보살이 있는데, 그가 이 여인을 선정에서 나오게 할 수 있다."

잠시 뒤 망명 대사가 땅에서 솟아나 세존께 절을 했다. 세존께서 망명에게 명하니, 망명이 여인의 앞으로 가서 손가락을 한 번 튕겼다. 그러자 여인이 선정에서 나왔다.

(世尊, 昔因文殊至諸佛集處, 値諸佛各還本處, 惟有一女人近彼佛坐, 入於三昧. 文殊乃白佛, "云何女人得近佛坐, 而我不得?" 佛告文殊, "汝但覺此女, 令從三昧起, 汝自問之". 文殊遶女人三匝, 鳴指一下, 乃托至梵天, 盡其神力, 而不能出. 世尊云, "假使百千文殊亦出此女人定不得. 下方過一十二億河沙國土, 有罔明菩薩, 能出此女人定". 須臾罔明大士從地湧出, 禮拜世尊. 世尊敕罔明, 卻至女人前, 鳴指一下. 女人於是從定而出.)[188]

---

186 범천梵天. 산스끄리뜨어 "brahma-deva"의 의역. 색계色界 초선初禪의 천天. 이 천天에 거주하는 유정(중생)은 욕계欲界의 음욕이 없다.

187 신력神力. 불佛과 보살의 불가사의한 힘.

188 『제불요집경』諸佛要集經에 들어 있는 이야기가 공안으로 만들어져, 『전등록』에 수록되었다. 정성본 역주, 『무문관』, 302~303쪽에 『제불요집경』의 이야기가 서술되어 있다.

[평창]

석가 늙은이가 이 한 막의 잡극雜劇을 연출하다니, 대단하다 하지 않을 수 없다. 자, 말해 보아라! 문수는 일곱 부처의 스승인데, 왜 여인을 선정에서 나오게 할 수 없었는가? 망명은 초지 보살[189]인데, 왜 오히려 나오게 할 수 있었는가? 만약 여기에서 딱 들어맞게 볼 수 있다면, 시끌벅적한 업식이 곧 부처의 깊은 선정이다.

(釋迦老子做者一場雜劇, 不通小小. 且道! 文殊是七佛之師, 因甚出女人定不得. 罔明初地菩薩, 爲甚卻出得. 若向者裏見得親切, 業識忙忙那伽大定.)

[송]

나오게 하든, 나오게 하지 못하든
그도 나도 스스로 말미암은 것[자유自由]이로다.
신두神頭와 귀면鬼面,
실패도 풍류에 해당하는구나.
(出得出不得　渠儂得自由

---

189 유식불교에서는 수행의 계위를 자량위資糧位, 가행위加行位, 통달위通達位, 수습위修習位, 구경위究竟位로 나눈다. 이 중 통달위는 견도見道, 수습위는 수도修道이다. 견도(통달위) 초찰나에 무분별지(무루지, 출세간지)를 증득하고 난 후, 불과佛果(등각等覺과 묘각妙覺)인 구경위에 도달할 때까지 수도(수습위)에서 무분별지를 계속 수습하며 심화해 간다. 수습위에는 10단계가 있는데 이를 보살 10지地라고 한다. 보살 10지는 순차적으로 환희지歡喜地, 이구지離垢地, 발광지發光地, 염혜지焰慧地, 난승지難勝地, 현전지現前地, 원행지遠行地, 부동지不動地, 선혜지善慧地, 법운지法雲地이다. 무문에 따르면, 망명 보살은 초지인 환희지 보살이다.

神頭幷鬼面　敗闕當風流)

　　여러 국토國土의 부처님들이 석가모니 부처님이 계신 곳으로
와서 모여 있었다. 문수는 부처님들이 모여 계신다는 이야기를 듣
고 부처님들을 보러 왔지만, 부처님들이 각자의 처소로 돌아갔기에
부처님들을 볼 수 없었다. 그런데 문수는 부처님들이 안 계신 그곳
에서 석가모니 부처님 가까이에 앉아 선정에 들어 있는 한 여인을
보았다. 부처님들을 보러 온 문수는 여인처럼 부처님 곁에서 선정
에 들고 싶었지만 그렇게 할 수 없었다. 그래서 문수는 여인처럼 부
처님 곁에서 선정에 들 수 없는 이유를 알고 싶어, 부처님께 "저 여
인은 부처님 가까이에 앉을 수 있는데 저는 왜 그럴 수 없습니까?"
하고 묻는다. 이에 부처님은 그 이유를 알고 있었지만, 문수에게 여
인을 선정에서 깨어나게 해서 직접 물어보라고 답한다. 문수는 여
인을 선정에서 깨어나게 하려고 온갖 노력을 다했지만 여인을 깨어
나게 할 수 없었다. 여인이 선정에서 깨어나야 자신이 부처님 곁에
서 선정을 들 수 없는 이유를 물을 수 있을 텐데, 여인이 깨어나지 않
으니 이유를 물을 수 없다. 『제불요집경』諸佛要集經에서는 여인
(이름은 이의離意)이 인도하여 문수가 깨달음을 얻었으므로, 문수가
여인을 선정에서 깨어나게 할 수 없었다고 이유를 밝히고 있다. 여
인과 문수 사이에는 수행 능력의 위계가 성립한다. 수행 능력이 자
신보다 높은 여인을 문수는 깨울 수 없었던 것이다.
　　부처님은 이런 사실을 인지하고 있었기에, "설사 백 명 천 명의

문수가 있더라도 이 여인을 선정에서 나오게 할 수 없다. (…) 망명 보살은 이 여인을 선정에서 나오게 할 수 있다"고 말한다. 그러자 망명 보살이 땅에서 솟아나 부처님의 명을 받고, 여인을 선정에서 깨어나게 한다. 망명 보살은 여인을 깨달음으로 인도한 보살이다. 문수가 여인을 선정에서 깨어나게 했을 때 여인은 깨어 나오지 않았지만, 망명 보살이 깨어나게 했을 때 여인은 선정에서 깨어 나왔다.

『제불요집경』에 실린 대로 한다면 문수, 여인, 망명 보살 사이에 수행 능력의 위계가 성립한다. 문수가 가장 낮고, 망명 보살이 가장 높다. 그러나 무문의 평창을 보면, 문수는 과거 7불佛의 스승이고, 망명은 초지 보살이다. 문수가 이처럼 망명보다 수행 능력이 높은데, 『제불요집경』에는 역으로 망명이 문수보다 수행 능력이 높다고 되어 있다. 이 공안도 그 점에서 『제불요집경』을 따르지만, 문수가 자신이 여인처럼 부처님 곁에서 선정에 들 수 없는 이유를 밝히고 있지는 않다. 부처님께서 말씀하신 대로, 여인을 선정에서 깨어나게 해 직접 물어야 하는데, 그렇게 할 수 없었기 때문에, 문수는 여인에게 묻지 않았고(물을 수 없었고), 여인 또한 아무런 물음도 받지 않았기에 문수에게 대답할 수 없었다. 여기가 이 공안의 낙처落處(해결점)이다. 여인은 선정에 들어 있든, 선정에서 깨어났든, 물음과 대답이 없는 침묵 속에 있었던 것이다. 그런데 여인의 이 침묵은 이 공안에서 매우 중요한 기능을 한다. 문수는 여인을 선정에서 깨어나게 해 물을 수 없었으므로, 문수가 여인을 선정에서 깨어나게 할 수 있는 능력이 망명 보살보다 못하다는 점은 도외시된다. 상호 비교되는 우열의 차이에서, 각자 안의 능력의 차이로 전환된다. 능력의 차별이 있지만, 문수와 여인과 망명은 평등하다.

이 공안의 작자 무문은 "문수는 묻지 않았고 여인은 아무 답도 하지 않았다"고는 말하지 않았다. 그냥 공백으로 남겨 두었다. 마치 제13칙 「덕산탁발」에서 암두가 덕산한테 귓속말 하듯이. 침묵, 귓속말, 양구 등은 물음을 일게 하는 문제가 놓이는 곳, 곧 전환점이다.

[평창]

석가 늙은이가 이 한 막의 잡극을 연출하다니, 대단하다 하지 않을 수 없다. 자, 말해 보아라! 문수는 일곱 부처의 스승인데, 왜 여인을 선정에서 나오게 할 수 없었는가? 망명은 초지 보살인데, 왜 오히려 나오게 할 수 있었는가? 만약 여기에서 딱 들어맞게 볼 수 있다면, 시끌벅적한 업식이 곧 부처의 깊은 선정이다.

무문은 왜 부처가 한 막의 잡극을 연출했다고 하는가? 답은 부처의 다음 말에 담겨 있다.

"설사 백 명 천 명의 문수가 있더라도, 이 여인을 선정에서 나오게 할 수 없다. 아래쪽으로 12억 항하사의 국토를 지난 곳에 망명 보살이 있는데, 그가 이 여인을 선정에서 나오게 할 수 있다."

부처는 이미 문수는 여인을 선정에서 나오게 할 수 없고 망명은 나오게 할 수 있다는 것을 알고 있었다. 부처의 이 말 이전에 문수는 여인을 선정에서 깨어나게 하려고 했지만 깨어나게 할 수 없었고, 이 말 이후에 망명은 여인을 깨어나게 할 수 있었다. 부처는 일어날 모든 일을 미리 알고 있었기에 문수, 여인, 망명 등이 등장하는 잡극의 연출자가 될 수 있었다.

문수는 과거 7불의 스승이었으나 여인을 선정에서 나오게 할 수 없었다. 문수가 자신이 여인처럼 부처님 곁에서 선정에 들 수 없는 이유를 선정에 든 여인을 깨어나게 하여 그 이유를 묻고자 했지만, 여인은 문수의 온갖 노력에도 불구하고 선정 속에서 침묵하고 있었다. 또 망명 보살이 여인을 선정에서 깨어나게 한 후에도 여인은 아무 말도 하지 않고 계속 침묵을 유지했다.

"시끌벅적한 업식[업식망망業識忙忙]"은 윤회전생하는 식의 산란한 모습을 묘사한 것이다. 업식은 전생의 업력에 의해 초감招感된 식을 말한다. "나가대정"那伽大定의 "나가"는 용의 범어 "nāga"의 음역어로 부처를 가리킨다. 따라서 "나가대정"은 "부처의 깊은 선정"을 뜻한다. 여인을 선정에서 나오게 할 수 없음(문수)과 나오게 할 수 있음(망명)을 무문은 "산란함이 곧 산란하지 않음"이라는 뜻의 "시끌벅적한 업식業識이 곧 부처님의 깊은 선정이다"로 표현하고 있다. 여기서도 우리는 두 반대되는 것이 일치를 이룬다는 점을 발견한다. 마조의 "마음은 부처이다"와 "마음은 부처가 아니다"처럼.

나오게 하든, 나오게 하지 못하든

그도 나도 스스로 말미암은 것[자유]이로다.

신두와 귀면,

실패도 풍류에 해당하는구나.

신두가 문수라면, 귀면은 망명이다. 신두 문수는 여인을 깨어나 게 할 수 없었기에 실패했고, 귀면 망명은 여인을 깨어나게 할 수 있 었기에 성공했다. 그러나 여인이 선정에서 깨어났을 때 문수가 묻 고 여인이 답하는 장면이 없기에, 우리는 여인이 선정에 들었을 때 든 깨어났을 때든 침묵하고 있다는 점을 알 수 있다. 여인이 선정에 서 깨어나서 문수가 부처님 곁에서 선정에 들 수 있는 이유를 말해 주어야 우열을 가릴 객관적 기준이 생기는데 여인은 계속 선정 속 에서 침묵했다. 문수는 자신의 능력이 닿는 대로 할 바를 했고, 망명 또한 자신의 능력이 닿는 대로 할 바를 했다. 문수도, 망명도 스스로 말미암은 것[자유]이다. 객관적 기준으로 볼 때 문수는 실패했고 망 명은 성공했지만, 여인은 선정에 들어 있을 때든 선정에서 나왔을 때든 입을 연 것이 아니기에, 문수는 실패하고 망명은 성공한 것이 아니다. 여인의 침묵 속으로 문수의 실패와 망명의 성공이 녹아들 고 있다.

과거 7불의 스승인 문수는 여인을 선정에서 깨어나게 할 수 없 었고, 초지 보살인 망명은 여인을 깨어나게 할 수 있었다. "깨어나게 할 수 없음"과 "깨어나게 할 수 있음"은 무능력과 능력의 대립, 부정과 긍정의 대립이 아니다. 여인이 어느 경우든 침묵 속에 있기 때문이다. 다시 말해, 여인의 침묵이 깨어나게 함의 계열과 깨어나게 하지 못함의 계열을 이루게 했다고 말할 수 있다. 여인의 침묵은 무-의미의 공성이다. 여인의 침묵이라는 평등 속에서 깨어남과 깨어나지 못함의 차별이 있는 것이다. 깨어남과 깨어나지 못함의 차별은 평등하다.

우리는 이 공안과 유사한 구도의 공안을 이미 만난 적이 있다. 제11칙 「주감암주」와 제26칙 「이승권렴」이다.

조주가 한 암주의 처소에 이르러 물었다. "계십니까? 계십니까?" 암주가 주먹을 세웠다. 조주는 "물이 얕아서 배를 댈 만한 곳이 못 되는군" 하고는 곧 가 버렸다. 또, 한 암주의 처소에 이르러 물었다. "계십니까? 계십니까?" 이 암주 역시 주먹을 세웠다. 조주는 "놓아줄 수도 빼앗을 수도 있고, 죽일 수도 살릴 수도 있구나" 하고는 곧 절을 했다.

(제11칙 「주감암주」)

청량의 대법안은 스님들이 공양 전에 참문하러 왔을 때 손가락으로 발을 가리켰다. 그때 두 스님이 같이 가서 발을 말아 올렸다. 법안이 말했다. "한 사람은 얻었고 한 사람은 잃었다."

(제26칙 「이승권렴」)

두 암주가 각각 "주먹을 세움"은 평등하다. 하지만 한 주먹은 물이 얕아서 배를 댈 만한 곳이 없는 주먹이고, 다른 한 주먹은 놓아줄 수도 있고 빼앗을 수도 있는 주먹이라는 차별이 있다. 법안이 "손가락으로 발을 가리킴"은 평등하다. 하지만 한 스님은 얻었고 다른 한 스님은 잃었다는 점에서 차별이 있다.[190] "주먹을 세움"과 "손가락으로 발을 가리킴"이 이 공안에서는 여인의 침묵이다. 선정에서 깨어남과 깨어나지 않음은 모두 여인의 침묵 속에서 일어나는 일이다. 즉, 여인의 침묵의 다른 표현들이다. 조주의 말로 인해 두 암주의 "주먹을 세움"이라는 침묵이 서로 다른 표현으로 나타나고, 법안의 "손가락으로 가리킴"이라는 침묵이 서로 다른 표현으로 나타나듯이.

---

190 제26칙 「이승권렴」에서 보았듯이, 두 스님이 같이 발을 말아 올렸으므로, 얻으면 두 스님 모두 얻었고 잃으면 두 스님 모두 잃었다. 이때의 얻음과 잃음은 자성(중관불교) 곧 변계소집성(유식불교)으로서의 얻음과 잃음이다. 그런데 변계소집성으로서의 얻음과 잃음을 끊은 직후 원성실성의 "무"(조주의 "무")가 일어나면, 모든 차별의 법이 평등하게 현현한다.

제43칙 수산죽비首山竹篦

: 죽비를 들어 보이다

[본칙]

수산[191] 화상이 죽비를 들어 대중에게 보이며 말했다.

"여러분이 만약 죽비라고 부른다면 촉접觸接하는 것이요, 죽비라고 부르지 않는다면 위배하는 것이다. 여러분, 자, 말해 보아라! 무엇이라 부르겠는가?"

(首山和尙, 拈竹篦, 示衆云, "汝等諸人若喚作竹篦則觸, 不喚作竹篦則背. 汝諸人, 且道! 喚作甚麼?")

[평창]

죽비라고 부르면 촉접하는 것이고, 죽비라고 부르지 않으면 위배하는 것이니, 말이 있을 수도 없고 말이 없을 수도 없다. 빨리 말하라! 빨리 말하라!

---

191   수산성념首山省念(926~993). 풍혈연소의 제자. 임제의현의 5대 법손.

(喚作竹篦則觸, 不喚作竹篦則背. 不得有語, 不得無語. 速道!
速道!)

[송]

죽비를 들고
죽이고 살리는 명령을 내린다.
위배와 촉접으로 번갈아 몰아대니
부처도 조사도 목숨을 애걸하는구나.
(拈起竹篦　行殺活令
　背觸交馳　佛祖乞命)

수산은 수행자 대중 앞에서 죽비를 들어 보이며 "무엇이라 부
르겠는가?" 하고 묻는다. 죽비를 들어 보였으니 죽비라고 부르면 될
것 같은데, 수산은 "죽비라고 부르면 촉접하는 것이요" 하고 조건을
달았기에 대중은 그것을 죽비라고 부를 수 없다. "촉접한다[촉觸]"
는 말 죽비가 사물 죽비에 달라붙어 고착된다는 의미이다. 다시 말
해, 죽비라는 사물이 죽비라는 말로만 불리고 죽비의 용도로만 쓰인
다는 것이다. 죽비는 선방에서 선을 닦는 수행자들이 졸면 졸음을
깨도록 선사가 그들의 어깨를 때릴 때 쓰는 물건이다. 선방에서 수
행하는 수행자들은 수산이 들어 보인 죽비를 죽비로 알아본다. 설
사 죽비라는 말을 아직 배우지 않았고, 설사 배운 말을 잊었더라도
죽비를 죽비로, 경책警策할 때 사용하는 물건으로 알아본다. 사물

죽비를 이미 개념 죽비로 규정해 왔기 때문이다.

수산이 수행자 대중 앞에서 죽비를 들어 보이며, "죽비라고 부른다면 촉접하는 것이다"라고 말했을 때, 수행자들은 "죽비를 죽비라고 부를 수 없다면 무엇이라 부르지?" 하고 의문을 품을 것이다. 이러한 의문과 더불어 수행자들은 사물 죽비로부터 말 죽비를 분리하기 시작한다. 이어 수산은 이렇게 말 죽비를 떠나려는 스님들에게 "죽비라고 부르지 않는다면 위배하는 것이다"라고 말한다. 말 죽비를 다시 사물 죽비 쪽으로 잡아당기고 있다. 이에 수행자들은 수산의 말에 이러지도 저러지도 못하고 아무런 결정도 내리지 못한 채 망설이게 된다.

그렇다면 다른 이름을 지어 부르면 되겠구나 생각한 어떤 수행자가 등을 긁을 때 죽비를 사용해 본 적이 있어서 "등긁이"라고 말했다고 해 보자. 그러면 수산이 들어 보인 사물은 "등긁이"이다. 그러나 수산은 자신이 죽비를 들어 보이며 "죽비라고 부른다면 촉접하는 것"이라 말했기 때문에 죽비를 등긁이라고 부르려는 수행자에게도 "등긁이라고 부른다면 촉접하는 것"이라 말할 것이다. 죽비는 선방에서는 수행자들의 졸음을 깨우는 용도로 사용되지만, 다른 상황에서는 다른 용도로 사용될 수 있다. 그렇다면 다양한 상황 속에서 다양한 용도로 사용될 수 있는 사물 죽비에 말 죽비가 더는 그 같은 상황에 적합지 않다고 생각될 때는 다른 이름으로 불릴 것이고, 그게 아니라면 다른 용도에 맞게 죽비의 형태가 바뀔 것이다.

이리하여 수산이 들어 보인 물건은 수행자들이 다양한 상황에서 "죽비"라는 이름으로 부르든 "등긁이"라는 이름으로 부르든, 또는 다른 어떤 이름으로 부르든, 부르면 촉접하고 부르지 않으면 위배하는 것이 될 것이다. 수산이 "말해 보아라! 무엇이라고 불러야 하겠는가?" 하고 다그치듯 말했을 때 수행자들이 "죽비" 등으로 대답하지 못하고 머뭇거린 것은 "그것"을 가변적인 일정한 한계 내에서 죽비 등으로 불러 왔기 때문이다. 그런데 가변적인 일정한 한계 내에서 수행자들이 죽비 등으로 불러 올 수 있었던 것은, 수산이 들어 보인 사물 자체는 어떤 말, 어떤 이름으로도 불릴 수 없기 때문이다. 수산은 자신이 들어 보인 죽비에 도대체 아무 말도, 아무 이름도 붙일 수 없음을 드러내 보이고자 했다. 다시 말해, 수산은 바로 "그것", 죽비라고 말을 하려면 죽비라는 말을 떠난 자리에 있어야 하는 바로 "그것"을 드러내 보이고자 했다.

[평창]

죽비라고 부르면 촉접하는 것이고 죽비라고 부르지 않으면 위배하는 것이니, 말이 있을 수도 없고 말이 없을 수도 없다. 빨리 말하라! 빨리 말하라!

사물 x를 두고 "죽비"라고 부른다면 가변적인 일정한 한계 내에서 다양한 이름을 갖고 현현할 수 있는 사물 x를 "죽비"로 고착시키는 것이고, "죽비"라고 부르지 않는다면 사물 x는 무한하게 다양한 이름을 갖고 현현할 것이기에 "죽비"라고 부를 수 있는 특정한 상황에 부합하지 않게 된다. 그러니 말을 할 수도 없고 말을 하지 않을 수도 없다.

무문은 "말해 보아라! 무엇이라 부르겠는가?" 하며 우리를 다그치지만, 이는 우리가 "그래도 죽비다", "아니다, 등긁이다" 등등으로 대답하기를 바라서가 아니다. 우리가 아무런 해답 없이 양변으로 뻗어 나가는 문제 속에서 머뭇거리고 있다는 점을 우리 스스로 발견하게 하기 위해서이다.

[송]

죽비를 들고
죽이고 살리는 명령을 내린다.
위배와 촉접으로 번갈아 몰아대니
부처도 조사도 목숨을 애걸하는구나.

첫째 구와 둘째 구는 수산이 죽비를 들고 죽비라고 불러서는 안 된다, 죽비라고 부르지 않아서도 안 된다고 말한 일을 읊은 것이다. 이는 수산의 법문을 듣는 대중을 대답할 줄 모르는 어리석은 자들로 만들기 위함이 아니라, 죽이고 살리기 위함이다. 수산은 죽비라 불러서는 안 된다고 명하며 대중을 죽이고, 죽비라 부르지 않아서는 안 된다고 명하며 대중을 살린다. 이렇게 죽이고 살리는 명령을 내리며 수산은 대중을 깨달음의 자리에 곧바로 앉힌다. 이때 대중 가운데 눈 밝은 이라면 자신이 본래 깨달음의 자리에 앉아 있었음을 알아차리게 될 것이다.

셋째 구 "위배와 촉접으로 번갈아 몰아대니"에서 "번갈아"는 죽비를 두고 죽비라고 불러서는 안 된다, 죽비라고 부르지 않아서도 안 된다고 돌아가며 이야기하는 것을 표현하는 말이다. "몰아대다"라는 말의 의미가 무문의 평창 "빨리 말하라! 빨리 말하라!"에 잘 담겨 있다.

넷째 구는 부처도 조사도 이 깨달음의 자리에 앉기에 부처이고 조사라는 점을 보여 준다.

다음 칙으로 넘어가기 전에, 우리 근현대사 시사에 큰 족적을 남긴 오규원의 시를 소개한다. 인구에 회자되는 그 유명한 김춘수의 「꽃」을 패러디한 「꽃의 패러디」이다. 수산의 "죽비"에 오규원은 "꽃"으로 멋지게 화답하고 있다.

「꽃」의 패러디

내가 그의 이름을 불러 주기 전에는
그는 다만
왜곡될 순간을 기다리는 기다림
그것에 지나지 않았다.

내가 그의 이름을 불렀을 때

그는 곧 나에게로 와서

내가 부른 이름대로 모습을 바꾸었다.

내가 그의 이름을 불렀을 때

그는 곧 나에게로 와서

풀, 꽃, 시멘트, 길, 담배꽁초, 아스피린, 아달린이 아닌

금잔화, 작약, 포인세티아, 개밥풀, 인동, 황국 등등의

보통명사나 수명사가 아닌

의미의 틀을 만들었다.

우리들은 모두

명명하고 싶어했다.

너는 나에게 나는 너에게.

그리고 그는

그대로 의미의 틀이 완성되면

다시 다른 모습이 될 그 순간

그리고 기다림 그것이 되었다.[192]

---

192   오규원, 「「꽃」의 패러디」 전문, 『이 땅에 씌어지는 서정시』, 문학과지성사, 1981, 36~37쪽.

제44칙 파초주장芭蕉拄杖

: 주장자가 있다면 주겠고, 없다면 빼앗겠다

[본칙]

파초[193] 화상이 시중[194] 법문을 했다.

"그대에게 주장자[195]가 있다면 나는 그대에게 주장자를 주겠다. 그대에게 주장자가 없다면 나는 그대에게서 주장자를 빼앗겠다."

(芭蕉和尙, 示衆云, "爾有拄杖子, 我與爾拄杖子. 爾無拄杖子, 我奪爾拄杖子".)

193　파초혜청芭蕉慧淸(?~?). 남탑광용의 제자. 백장회해의 제자 위산영우의 4대 법손. 신라인이다.

194　시중示衆. "대중들에게 보이다", "대중들을 법을 알게 해 주다"라는 뜻이다. 상당上堂 법문이 반드시 높은 법상法床에 올라가서 하는, 극치의 법을 드러내 드날리는 격이 높은 법문이라면, 시중示衆 법문은 책상을 앞에 놓고 의자에 앉아 대중이 알아들을 수 있게 친절하게 자세히 풀어서 하는 법문이다. 무비 스님, 『임제록 강설』, 불광출판부, 2005, 69쪽.

195　주장자拄杖子. 선사들이 지니고 다니며 몸을 의지하는 지팡이. 선사들이 진리를 나타내고자 할 때 사용하는 법구法具이기도 하다.

[평창]

[이것을]¹⁹⁶ 붙들고 다리가 끊어진 강을 건너, [이것과] 짝하여 달이 없는 마을로 돌아간다. 만약 [이것을] 주장자라고 부른다면, 화살과 같이 지옥에 떨어진다.

(扶過斷橋水, 伴歸無月村. 若喚作拄杖, 入地獄如箭.)

[송]

제방의 깊음과 얕음은

모두 움켜쥔 손아귀 안에 있을지니,

하늘을 지탱하고 땅을 떠받치면서

곳곳에서 종풍¹⁹⁷을 드날리네.

(諸方深與淺　都在掌握中

　撐天拄地　隨處振宗風)

선을 이미 공부한 이라면 이 공안의 주장자가 진리를 나타낸다고 생각할 것이다. 그렇다. 그러나 주장자를 진리를 나타낸다고 앞서서 미리 단정하고 이 공안을 풀려 한다면 파초가 법문에서 보이고자 하는 바를 파악하지 못하게 될 것이다. 왜냐하면 주장자 곧 진

196　괄호 안에 써넣은 "이것"이라는 말이 영은자각의 송에는 없다. 영은자각靈隱慈覺(靈隱雲知慈覺)이 법문할 때 의도적으로 생략한 게 아닌가 싶다. 즉 글자 수를 맞추기 위해서만은 아닐 것이다.

197　종풍宗風. 한 종파의 기풍. 여기서는 선종의 기풍이다.

리는 이 화두를 풀어 가는 과정에서 점차 드러나는 것이기 때문이다. 그러므로 우리는 한 단어 한 단어 읽어 나갈 때 우리의 마음에 나타나는 것들을 있는 그대로 관할 수 있어야 한다.

설법 현장에서 실제로 주장자를 쥐고 있는 이는 설법을 펴는 이일 터이므로, 또 설법을 듣는 이에게는 주장자가 없을 터이므로, 주장자를 설법하는 이와 설법을 듣는 이가 모두 손목에 차고 있다고 여겨지는 염주로 바꿔 보자. 그러면 파초의 "그대에게 주장자가 있다면 주장자를 주겠다. 그대에게 주장자가 없다면 주장자를 빼앗겠다"는 "그대에게 염주가 있다면 염주를 주겠다. 그대에게 염주가 없다면 염주를 빼앗겠다"가 된다. 이 말을 하는 상황이 염주를 주고 빼앗는 상황이라면 그 염주가 없을 때 주고 있을 때 빼앗아야 한다(물론 이 공안은 염주를 주고 빼앗는 상황이 전제되어 있다. 없을 때 주지 않고 있을 때 빼앗지 않는 상황 등도 있기 때문이다). 그런데 이 공안에서는 있을 때 준다, 없을 때 빼앗는다고 했다. 있을 때는 있기 때문에 줄 필요가 없고 또는 줄 수가 없고, 없을 때는 없기 때문에 빼앗을 수가 없다. "있다"는 "있다"대로 완고하고, "없다"는 "없다"대로 완고하다. 즉, "있다"는 "있다"를, "없다"는 "없다"를 벗어나려 하지 않는다. 이러한 "있다", "없다"를 깨려면, 전제된 "없을 때 주고 있을 때 빼앗는" 상황에서 완전히 벗어나야 한다. 파초의 "있을 때 주겠고 없을 때 빼앗겠다"라는 법문은 이 상황을 벗어나 있다. 그러면서 엇갈리고 있다.

"엇갈리면서 벗어남", 혹은 "벗어나면서 엇갈림", 혹은 "애초에 엇갈려 있음"이야말로 이 공안이 전하는 진리다. 염주는 이 모든 과정을 담고 있다. 염주는 더 이상 손목에 차는 염주가 아니다. 그러므로 염주는 염주라고 불릴 수 없다. 즉, 주장자는 주장자라고 불릴 수 없다.[198]

[평창]

[이것을] 붙들고 다리가 끊어진 강을 건너, [이것과] 짝하여 달이 없는 마을로 돌아간다. 만약 [이것을] 주장자라고 부른다면, 화살과 같이 지옥에 떨어진다.

"[이것을] 붙들고 다리가 끊어진 강을 건너, [이것과] 짝하여 달이 없는 마을로 돌아간다[부과단교수扶過斷橋水, 반귀무월촌伴歸無月村]"는 영은자각 선사의 상당 법문에 나오는 말이다. 영은의 법문을 읽으면서 무문의 평창을 풀어 보겠다. 영은의 법문은 다음과 같다.

"해·달·구름·노을은 하늘의 표식이고, 산·강·풀·나무는 땅의 표식이고, 어질고 현명한 사람을 불러들임은 덕德의 표식이고, 한가히 머물며 고요함에 잠김은 도道의 표식이다." 주장자를 들고서 말했다. "말해 보라. 이것은 어떤 표식이냐? 알겠

---

198 『의미의 논리』 계열 19 「익살」에서 들뢰즈는 이 파초혜청의 화두를 말라르메, 크뤼시포스의 말과 함께 거론하며 해설하고 있다. 이에 대해서는 박인성, 『화두』, 358~360쪽을 볼 것.

느냐? 들면 문채文彩가 있고, 내려놓으면 우당탕 부딪힌다. 그
럼 들지도 않고 놓지도 않으면, 또 어떠냐?" 잠시 묵묵히 있다
가 말했다. "다리 끊어진 물을 이것에 의지하여 건너, 달도 없는
캄캄한 마을로 함께 돌아온다네." 아래를 한 번 내리치고는 법
좌에서 내려왔다.[199]

영은은 주장자를 들어 올리고 이것은 어떤 표식인가 하고 묻
는다. 들어 올리는 순간 주장자는 설법 현장에 있는 청중의 이목을
모으는 아름다운 광채(문채文彩)를 띠지만, 내려놓는 순간 주장자
는 바닥에 부딪히는 평범한 지팡이일 뿐이다. 그러면 애초에 들지
도 않고 놓지도 않았을 때는 어떠한가? 구체적 현실 속에서 영은은
주장자를 들어 올리거나 내려놓는다. 그러나 주장자 자체는 영은이
들어 올리거나 내려놓거나 하는 일을 벗어나 있다. 그렇기에 영은
은 묵묵히 있다(양구)가 말을 하는데, 이 양구는 양변을 벗어나는 과
정을 보여 준다. 주장자는 양변을 벗어나 있기에 선사는 이것을 붙
들고 끊어진 다리를 건널 수 있고, 이것과 짝을 하여 달이 없는 캄캄
한 마을로 돌아올 수 있다. 즉, 주장자가 있으면 다리가 끊어지든 끊
어지지 않든 강을 건널 수 있고, 달이 없든 있든 마을로 돌아올 수 있
다. 그렇기에 이것을 주장자라고 부르면 화살같이 곧바로 지옥에
떨어진다. 주장자는 들어 올릴 때의 주장자도, 내려놓을 때의 주장

---

199 김태완 역주, 앞의 책, 226쪽 각주 586.

자도 아니요, 들어 올릴 때 광채를 띠는 주장자도, 내려놓을 때 바닥에 딱 하고 부딪히는 주장자도 아니기 때문이다.

[송]

제방의 깊음과 얕음은
모두 움켜쥔 손아귀 안에 있을지니,
하늘을 지탱하고 땅을 떠받치면서
곳곳에서 종풍을 드날리네.

첫째 구의 "제방"諸方은 "여러 곳"을 뜻하는 말로, 여기서는 선수행을 하는 이들이 모여 있는 도량들, 혹은 종사宗師이든 운수雲水이든 선 수행을 하는 이들을 가리킨다. 마주하는 수행자의 깊고 얕음에 따라 기機(선기)를 펼 수 있는 눈(안목)을 지닌, 파초의 주장자를 얻은 이의 모습을 무문은 "제방의 깊음과 얕음은 모두 움켜쥔 손아귀 안에 있을지니"라고 표현한다.

셋째 구는 파초의 주장자를 얻은 자가 하늘과 땅과 일체가 되는 모습을 표현하고 있다. 하늘과 땅을 끌어와 우리가 서 있는 모습을 표현한다면, 보통은 "하늘 아래에 땅 위에 서 있다"고 할 것이다. 이는 하늘과 땅에 푹 감싸인 모습이다. 그러나 무문은 이를 "하늘을 지탱하고 땅을 떠받치다"로 표현하여 주장자를 얻은 이의 힘이 하늘과 땅과 일체가 되어 하늘과 땅으로 뻗어 나가는 모습을 보여 준다. 이 표현은 둘째 구의 "움켜쥔 손아귀 안에 있을지니"를 이어받아, 넷째 구의 "곳곳에서 종풍을 드날리네"로 잘 이어 주고 있다.

제45칙 타시아수他是阿誰

: "그"는 누구인가?

[본칙]

동산 법연[200] 사조[201]가 말했다.

"석가도 미륵도 역시 그의 종이다. 자, 말해 보아라! '그'는 누구인가?"

(東山演師祖曰, "釋迦彌勒猶是他奴. 且道! 他是阿誰?")

[평창]

만약 그를 확연히 볼 수 있다면, 가령 네거리에서 아버지를 만난 것과 같아서 다시 다른 사람에게 물어 자기 아버지인지 아닌지 말할 필요가 없다.

(若也見得他分曉, 譬如十字街頭撞見親爺相似, 更不須問別

---

200 오조법연五祖法演을 가리킨다.

201 사조師祖. 스승의 스승. 원문의 "연사조"演師祖에서 무문이 법연의 법손法孫임을 알 수 있다.

人, 道是與不是.)

[송]

타인의 활을 당기지 말라.

타인의 말을 타지 말라.[202]

타인의 허물을 말하지 말라.

타인의 일을 알려고 하지 말라.

(他弓莫挽　他馬莫騎

他非莫辨　他事莫知)

　　3계의 대도사이고 4생의 자부인 석가모니불(예불문에 나오는 말이기도 하다)이든, 미래에 성불해서 석가모니불이 제도하지 못한 중생들을 모두 구제한다고 하는 미륵불이든, 오조법연은 "그의 종이다"라고 말한다. 과거의 석가모니불과 미래의 미륵불을 들었지만, 성불했고 성불할 모든 부처는 "그"를 보고 성불했고 성불할 것이기에 이렇게 말한 것이리라. 법연은 "그"는 누구인가 하고 묻는다. 법연의 "그"는 유식학의 진여眞如(또는 여여如如)나 진실眞實과 통하는 말이다. 진여로 한역되는 "tathātā"는 "그러함"이란 뜻이고 "진실" 眞實로 한역되는 "tattva"는 "그것임"이란 뜻이기 때문이다.[203] 그런데

202　당대의 속담. 혜원 역해, 『한 권으로 읽는 무문관』, 303쪽.

203　"tathātā"는 'tathā'(그러하게)에 영어 '‒ness'에 해당하는 접미사 '‒tā'가 붙은 말로, 'suchness' 또는 'thusness'로 영역된다. 'tattva'는 'tad'(그것)에 역시 '‒ness'에 해당하는 '‒tva'가 붙은 말

법연은 깨달음의 지혜인 무분별지(혹은 무루지, 출세간지)는 진여를 경계(대상)로 한다는 것을, 그리고 경계라는 용어를 사용했지만 이 경계는 승의勝義；paramartha라는 것을 보여 주기 위해, 다시 말해 이 경계는 관하는 주체의 경계가 아니라 법신불法身佛의 오묘한 경지라는 것을 보여 주기 위해 진여를 의인화한 "그"라는 표현을 썼다.

[평창]

만약 그를 확연히 볼 수 있다면, 가령 네거리에서 아버지를 만난 것과 같아서 다시 다른 사람에게 물어 자기 아버지인지 아닌지 말할 필요가 없다.

"그를 확연히 본다"라는 것은 깨달음을 증득한다는 뜻이다. "깨달음을 증득한다"라는 것은 "증득"證得의 "증"證이란 말에서 알 수 있듯이 스스로 확증하는 문제이지, 다른 사람에게 물어 자신이 깨달음을 얻었는가 아닌가 물어보아야 하는 문제가 아니다. 무문은 이를 "네거리에서 아버지를 만난 것과 같아서 다시 다른 사람에게 물어 자기 아버지인지 아닌지 말할 필요가 없다"고 표현한다. 깨달음을 증득하는 일을 네거리에서 우연히 아버지를 만나는 일에 비유하고 있다. 누구든 아버지와 우연히 부딪치더라도 아버지를 알아본다. 다른 사람에게 이 사람이 아버지인지 아닌지 물어 확인하지 않

로, 'itness'로 영역된다.

는다. 다른 사람에게 아버지인지 아닌지 묻는다는 것은 "이 사람은 아버지이다", "이 사람은 아버지가 아니다" 하는 판단으로 돌리는 일이다. 그렇게 되면 깨달음의 증득은 깨달음의 증득이 아닌 것이 된다.

우리는 제4칙 「호자무수」를 다룰 때 다음과 같은 무문의 평창을 읽은 적이 있다.

> 참구할 때는 반드시 진실을 참구해야 하고, 깨달을 때는 반드시 진실을 깨달아야 한다. 이 이방인을 반드시 한 번 직접 보아야 한다. [그러나] 직접 본다고 말하면, 벌써 둘이 되어 버린다. (參須實參, 悟須實悟. 者箇胡子直須親見一回始得. 說親見, 早成兩箇.)

이방인은 우선은 달마 선사지만, 혹암의 "서천의 달마에게는 어찌하여 수염이 없는가?" 하는 물음에 답해 갈 때, 이 이방인은 법신불이 된다. "직접 본다"는 것은, 유식학의 용어로 말하면, "무분별지가 진여를 연려緣慮한다"는 뜻이고, "직접 본다고 말하면, 벌써 둘이 되어 버린다"는 "후득지後得智가 무분별지를 반성한다"는 뜻이다.

[송]

타인의 활을 당기지 말라.
타인의 말을 타지 말라.

타인의 허물을 말하지 말라.

타인의 일을 알려고 하지 말라.

이 송에서 "타"他는 본칙의 "타"他 곧 "그"가 아니라, 타인을 가리킨다. 무문은 바로 앞 평창에서 "그"를 확연히 본다는 것은 네거리에서 아버지를 만나는 것과 같다고 했다. 내가 만나는 "그" 곧 "본래인"本來人은 굳이 다른 사람에게 물어 아버지인지 아닌지 확인할 필요가 없고 그렇게 할 수 있는 것도 아니다. 무문은 타인과 어떤 식으로든 교섭하면서(송에서는 네 경우로 열거하고 있다) 얻는 깨달음은 진정한 깨달음이 아니라고 말한다. 다른 사람을 통해 보는, 내가 만난 "그"는 "이다" 혹은 "아니다"로 규정되기에, 그때그때의 "나"로 나타날 수 없다. 또 "그"는 그때그때의 "나"로 나타나지만, 그렇다 해도 이 "나"는 바로 "그" 자체인 것은 아니다.

우리는 여기서 제17칙 「국사삼환」을 다시 떠올려 볼 필요가 있다.

[혜충] 국사가 시자를 세 번 부르자 시자가 세 번 응답했다.

국사가 말했다.

"내가 너를 등지고 있다고 생각했는데, 알고 보니 오히려 네가 나를 등지고 있구나."

(國師三喚侍者, 侍者三應. 國師云, "將謂吾辜負汝, 元來卻是汝辜負吾!")

혜충과 시자가 등지고 있을 때야말로, 즉 무문의 송대로 하면 타인의 활을 당기지 않고, 타인의 말을 타지 않고, 타인의 허물을 말하지 않고, 타인의 일을 알려고 하지 않을 때야말로, 전달 불가능하고 형언 불가능한 깨달음의 경지를 영속해서 누릴 수 있는 것이다.

다음 본칙으로 넘어가기 전에 오규원의 시 두 편을 읽고 가겠다.

보리수 아래

동서베를린을 가로지르는
대로의 이름이
UNTER DEN LINDEN
우리말로 옮기자면
보리수 아래

보리수가 길을 따라가며

대로를 감싸고 있다.

한 사내가 나무 밑에
팬티 바람으로 누워 있고
나는 옷은 물론

짐까지 어깨에 메고 있다

물론 그도 나도
法 속에 있다[204]

돌멩이와 편지

편지 한 통 받았습니다.

눈송이가 몇 날아온 뒤에 도착했습니다.

편지지가 없는 편지입니다.

편지봉투가 없는 편지입니다.

언제 보냈는지 모르는 편지입니다.

발신자도 없는 편지입니다.

수신자도 없는 편지입니다.

한 마리 새가 날아간 뒤에

한 통의 편지가 도착한 것을 알았습니다.

돌멩이 하나 뜰에 있는 것을 본 순간

편지가 도착한 것을 알았습니다.[205]

---

204 오규원, 「보리수 아래」 전문, 『길, 골목, 호텔 그리고 강물소리』, 문학과지성사, 1995, 11쪽.

205 오규원, 「돌멩이와 편지」 전문, 『새와 나무와 새똥 그리고 돌멩이』, 문학과지성사, 2005, 63쪽.

법연의 "그"는 오규원의 "법"法이고 "편지"이다.

제46칙 간두진보竿頭進步

: 백척간두에서 더 나아가다

[본칙]

석상[206] 화상이 말했다.

"백척간두[207]에서 어떻게 해야 더 나아가는가?"

또 고덕[208]이 말했다.

"백척간두에 앉은 자는 비록 깨달음에 들었다 하더라도 아직 진실하지 않다. 백척간두에서 모름지기 더 나아가야 시방 세계에 온몸이 나타난다."

(石霜和尙云, "百尺竿頭, 如何進步?" 又, 古德云, "百尺竿頭坐底人, 雖然得入, 未爲眞. 百尺竿頭須進步, 十方世界現全身".)

---

206 석상초원石霜楚圓(986~1039). 임제의 7대 법손. 무문혜개가 석상초원의 9대 법손이다.

207 백척간두百尺竿頭. 백 척 장대 끝.

208 고덕古德. 덕이 높은 옛 스님. 여기서는 장사경잠長沙景岑(?~868)을 가리킨다.

더 나아가서 몸을 날릴 수 있다면,[209] 다시 무엇을 꺼려 존귀한 이라 칭하지 않겠는가? 비록 그렇다 하더라도, 자, 말해 보아라! 백척간두에서 어떻게 더 나아가는가? 아아!

(進得步翻得身, 更嫌何處不稱尊. 然雖如是, 且道! 百尺竿頭如何進步. 嗄!)

[송]

정문안[210]을 못 쓰게 만들고
정반성定盤星을 잘못 읽는다.
몸을 날려[211] 능히 목숨을 버리니
한 맹인이 많은 맹인을 이끄는구나.[212]
(瞎卻頂門眼　錯認定盤星
拚身能捨命　一盲引衆盲)

209　"翻"을 송의 "拚(날 반)"에 맞추어 "날리다"로 번역했다. 백척간두에서 더 나아가는 모습은 "뒤집다"보다는 "날리다"가 더 어울린다고 생각했기 때문이다.

210　정문안頂門眼. 정수리에 있는 또 한 개의 눈. 보통 사람이 가진 두 눈에 보이지 않는 일체의 사리를 환하게 비쳐 아는 특별한 안력眼力. 운허용하,『불교사전』동국역경원, 1985. 777쪽.

211　"拚"을 평창의 "翻(날 번)"에 맞추어 "날리다"로 번역했다. "能" 자가 "捨命" 앞에 있기에 "拚身"의 "拚"은 捨(버릴 사)와는 다른 뜻으로 보는 게 좋을 듯싶다.

212　일맹인중맹一盲引衆盲.『열반경』권29에 나오는 말. 혜원 역해,『한 권으로 읽는 무문관』, 308쪽.

이 공안은 두 부분으로 되어 있다. 앞부분은 석상石霜의 말, 뒷부분은 장사長沙의 말이다. 장사의 말에서 우리는 이 공안을 푸는 데 필요한, 백척간두에서 한 걸음 더 나아가야 하는 이유를 비롯해 몇 가지 중요한 내용을 얻게 된다. 첫째, 백척간두에 앉은 자는 깨달음을 얻은 자이다. "득입"得入의 "입"入은 "오입"悟入, 곧 "깨달음에 들어감"을 뜻한다. 둘째, 깨달음을 얻었다고 해서 아직 진실을 얻었다(수연득입雖然得入, 미위진未爲眞)고 말할 수 없다. 원문의 "진"眞은 "tattva"의 한역 "진실"眞實의 준말로 이해될 수 있다. 대승불교에서 진실 곧 진여는 자리행自利行의 깨달음은 물론 이타행利他行의 깨달음을 나타낼 때 쓰이는 용어이다. 셋째, 시방 세계에 온몸을 나타나게 해야 한다. 여기서 "나타나다"로 번역된 "현"現은 "화신化身을 나투다" 할 때처럼 전통적으로 "나투다"로 번역되던 용어이다. 시방 세계에 온몸을 나투려면, 곧 나타나게 하려면, 자리행의 깨달음에 정착해서는 안 되고, 모든 법이 나-주체에 구애받지 않고 나타나게 하는(현현하게 하는) 법공法空을 얻을 수 있어야 한다. 이 세 번째 내용이 장사의 말씀을 덧붙인 이유를 가장 잘 보여 주고 있다.

시방 세계에 온몸을 나타나게 한다는 뜻은 제8칙 「해중조차」에 잘 기술되어 있다. 다시 적어 보겠다.

월암 화상이 한 스님에게 물었다.

"해중은 수레 일백 대를 만들었는데 양쪽 바퀴를 들어내고 굴대를 떼어 냈다. 이는 어떤 일을 밝히고 있는가?"

(月庵和尙問僧, "奚仲造車一百輻, 拈卻兩頭去卻軸. 明甚麼
邊事?")

이 공안에 대해 무문은 아래의 송을 읊었다.

기機의 바퀴가 굴러가는 곳은
통달한 자도 알지 못하니
사유, 상하,
남북, 동서이네.
(機輪轉處　達者猶迷
四維上下　南北東西)

장사의 시방 세계를 무문은 사유, 상하, 동서, 남북으로 표현하
고 있다. 수레에서 일정한 방향으로 나아가게 하는 바퀴와 굴대가
제거되면 시방 세계로 굴러가는 기機의 바퀴가 현현하게 된다. 또
역으로 말하면, 기機의 바퀴는 시방 세계에 현현한다. 해중은 일백
대의 수레를 만들어 바퀴와 굴대를 제거했지만 고정시키는 바퀴와
굴대가 없는 기機의 바퀴는 일백 대의 수레를 굴러갈 수 있게 한다.
이것이 백척간두에서 한 걸음 더 나아갈 때 나타나는 일이리라.

[평창]

더 나아가서 몸을 날릴 수 있다면, 다시 무엇을 꺼려 존귀한 이

라 칭하지 않겠는가? 비록 그렇다 하더라도, 자, 말해 보아라! 백척
간두에서 어떻게 더 나아가는가? 아아!

　무문은 "백척간두에서 어떻게 더 나아가는가?" 하는 물음을 던
졌다. 과연 어떻게 더 나아가는가? 조금 전에 인용한 제8칙「해중조
차」의 해중처럼 수레를 일백 대 만들어 양쪽 바퀴와 굴대를 제거하
면 된다. 바퀴와 굴대가 제거된 수레는 일정한 방향에 한정되지 않
고 모든 방향으로 나아가는 수레를 산출할 수 있기에 일백 대의 수
레가 수레로서 제 기능을 하는 것과 같이, 아래 송에서 보듯 한 맹인
이 많은 맹인을 인솔하게 되는 것이다.

[송]

정문안을 못 쓰게 만들고
정반성을 잘못 읽는다.
몸을 날려 능히 목숨을 버리니
한 맹인이 많은 맹인을 이끄는구나.

　첫째 구 "정문안을 못 쓰게 만들고"란, 자신의 깨달음에 안착하
지 않는다는 뜻이다. 둘째 구 "정반성을 잘못 읽는다"란 물건을 잴
때 저울의 기준 눈금을 읽어야 물건의 무게를 정확히 잴 수 있는데
그렇게 하지 않는다는 뜻이다. 이 첫째 구와 둘째 구는 자리행의 백
척간두에 놓인 자가 이타행의 진실을 얻으려면 정문안과 정반성을

버려야 한다는 것을 보여 주고 있다.

셋째 구 "몸을 날려 능히 목숨을 버리니"는 백척간두에서 더 나아가는 것을 뜻한다. 그때 무문이 넷째 구에서 읊듯 한 사람의 맹인이 많은 맹인을 인솔하게 된다. 이는 장사경잠의 말 "백척간두에서 모름지기 더 나아가야 시방 세계에 온몸이 나타난다"를 뜻한다. 왜 맹인인가? 정문안을 못 쓰게 만들고 정반성을 읽지 못하기 때문이다. 왜 많은 맹인을 인솔하는가? 백척간두에 있는 자가, 깨달음의 눈을 잃고 눈이 먼 범부들을 인도하기 때문이다.

제47칙 도솔삼관兜率三關

: 그대의 본성은 어디에 있는가?

[본칙]

도솔사의 종열[213] 화상은 세 개의 관문을 설치하고 학인에게 물었다.

"①행각[214]하며 선지식을 찾아 참구하는 것[215]은 오직 본성을 봄[견성見性]을 목적으로 하는 것이다. 이 자리에 있는 스님 그대의 본성[성性]은 어디에 있는가?

②자기의 본성[자성自性]을 알 때 이에 곧 생사에서 벗어난다.

---

213 도솔종열兜率從悅(1044~1091). 임제종 황룡파의 선승. 보봉극문寶峰克文(1025~1102)의 제자로, 황룡혜남黃龍慧南(1002~1069)의 3대 법손이다.

214 행각行脚. 여기저기 돌아다니며 수행함.

215 발초참현撥草參玄. 발초撥草는 풀로 덮인 땅을, 수풀을 헤치며 걷는다는 뜻이고, 참현參玄에서 현玄은 불도佛道를 가리키며, 참參은 수행한다는 뜻이다. 따라서 발초참현은 여러 지방의 고승을 찾아다니며 불법 수행에 전념하는 일을 말하거나, 무명 번뇌의 거친 풀을 제거하고 불법의 현오玄奧에 참여하는 일을 말한다. 안재철·수암,『무문관』, 427쪽.

눈빛이 떨어질 때[216] 어찌 생사에서 벗어나겠는가?

③생사에서 벗어나는 즉시 가는 곳을 알게 된다. 4대大가 뿔뿔이 흩어질 때 어디로 가는 것이겠는가?"

(兜率悅和尙, 設三關, 問學者. "①撥草參玄, 只圖見性. 卽今上人性在甚處? ②識得自性, 方脫生死. 眼光落時, 作麼生脫? ③脫得生死, 便知去處. 四大分離, 向甚處去?")

[평창]

만일 이 세 가지의 전어轉語를 내릴 수 있다면, 가는 곳마다 주인이 될 수 있고,[217] 인연을 마주칠 때마다 종지에 들어맞을 수 있다. 혹 그렇지 않다면, "잘 씹어서 먹지 않으면 배부르기 쉽고, 잘게 씹어 먹으면 배고프기 어렵다."

(若能下得此三轉語, 便可以隨處作主, 遇緣卽宗. 其或未然, 麤餐易飽, 細嚼難飢.)

[송]

일찰나에 무량겁을 두루 보니[218]
무량겁의 일이 바로 지금이다.

---

216 안광락시眼光落時. 죽을 때.

217 수처작주隨處作主.『임제록』臨濟錄「시중」示衆에 나오는 말.

218 일념보관무량겁一念普觀無量劫.『육십화엄경』권5에 나오는 말.

지금 이 일찰나를 힐끗 보면

지금 힐끗 보는 사람을 힐끗 본다.

(一念普觀無量劫　無量劫事卽如今

如今覿破箇一念　覿破如今觀底人)

　　세 관문 모두 전구와 후구가 대對가 되어 있다. 첫째 관문에서
는 후구에서, 둘째와 셋째 관문에서는 전구에서 깨달음으로 가는 돌
파구를 얻는다. 하지만 각각 전구와 후구의 힘을 입지 않고는 안 된
다. 다시 말해, 가령 첫째 관문에서 후구는 전구를 버려야 한다는 것
을, 둘째와 셋째 관문에서는 전구가 후구를 버려야 한다는 것을 의
미한다. 첫째 관문의 후구는 둘째 관문의 전구에 답이 있고, 둘째 관
문의 전구는 셋째 관문의 전구에 답이 있다. 이렇게 해서 최종 답은
셋째 관문의 전구 "생사에서 벗어나는 즉시 가는 곳을 알게 된다"에
있다. 그런데 역으로 셋째 관문에서 가는 곳을 알려면, 둘째 관문에
서 자기의 본성을 알아야 하고, 첫째 관문에서 "자기의 본성이 어디
에 있는가?" 하고 스스로 물어야 한다.

　　셋째 관문 "가는 곳을 알게 된다" 할 때 "가는 곳"은 어디인가?
둘째 관문 "자기의 본성[자성自性]을 안다" 할 때 "자기의 본성"은
무엇인가? 이 물음들에 대한 대답은 각각 후구에 있다. 즉, "눈빛이
떨어질 때[곧 죽을 때] 어찌 생사에서 벗어나겠는가?", "4대가 뿔뿔
이 흩어질 때 어디로 가는 것이겠는가?"이다. 그렇다면 깨달음의 자
리는 우리가 과거의 경험을 토대로 하여 예기하는 미래에 있지 않

고 바로 지금에 있다. 첫째 관문의 후구야말로 이 점을 잘 보여 준다. "나의 본성은 어디에 있는가?" 하고 묻는 나! 나로 하여금 그렇게 묻게 하는 그 무엇!

무문의 평창으로 넘어가기 전에 용어에 대해 지적해 둘 것이 있다. 위 본칙에 순차적으로 견성見性, 성性, 자성自性이라는 용어가 나오는데, 이 세 용어를 구별하려면 "성"은 "본성"으로 번역하는 게 적합하다. 그리하여 ①에서 견성은 "본성을 봄"이라는 뜻이다. 우리가 선을 공부할 때 불립문자, 교외별전, 직지인심과 함께 자주 듣는 견성성불의 그 견성이다. ②에 자성이란 말이 나오므로, 견성을 "자성을 봄"이라고 번역할 수도 있겠지만, 이렇게 번역하면, 용수의 『중론』에 나오는 자성과 혼동이 될 수 있다. 선에서 자성을 본다는 것은 깨달음을 얻는다는 것과 동의이지만, 『중론』에서는 자성을 타파해야 깨달음을 얻는다고 말하기 때문이다. 『중론』에서 자성은 "svabhāva"의 번역으로, 보통 "동일성"identity, "실체"substance 등의 철학어로 번역된다. 선학을 공부하는 이들이 자성이라는 용어를 그대로 쓰고자 한다면, 이 용어가 유식학의 원성실성圓成實性과 동의어라는 점을 잊지 말아야 한다. 선학의 자성은, 중관학中觀學의 무자성, 유식학의 원성실성과 동의어다. 원성실성은 원성실자성의 줄임말인데, 이때 자성은 선학의 자성과 같은 말이 아니다. 그냥 어떤 특성을 가리키는 말일 뿐이다. 원성실자성은 의타기자성, 변계소집자성과 함께 유식학에서 3자성을 이룬다.

만일 이 세 가지의 전어를 내릴 수 있다면, 가는 곳마다 주인이 될 수 있고, 인연을 마주칠 때마다 종지에 들어맞을 수 있다. 혹 그렇지 않다면, "잘 씹어서 먹지 않으면 배부르기 쉽고, 잘게 씹어 먹으면 배고프기 어렵다."

"잘 씹어서 먹지 않으면 배부르기 쉽고, 잘게 씹어 먹으면 배고프기 어렵다(추찬이포麤飡易飽, 세작난기細嚼難飢)"는 비슷해 보이는 세 관문의 차이를 철저히 보라는 것. 세 관문은 각각 특정한 의미를 띠면서 순차적으로 전개되고, 다시 첫째 관문의 후구로 돌아온다. 이렇게 보아야 이 세 관문의 전어를 참답게 내릴 수 있고, 가는 곳마다 주인이 될 수 있고(수처작주隨處作主), 인연을 마주칠 때마다 선의 종지에 들어맞을 수 있다, 혹은 선의 종지를 내세울 수 있다(우연즉종遇緣卽宗).

"만일 이 세 가지의 전어를 내릴 수 있다면"은 "세 가지의 전어를 도솔사의 종열 화상처럼 내릴 수 있다면"이라는 뜻으로 보아야 한다. 그때 이 말은 "종열이 내린 이 세 가지 공안을 해결할 수 있다면"이라는 뜻이 된다. 공안을 제시하는 사람은 이미 공안을 해결한 사람이기 때문이다.

[송]

일찰나에 무량겁을 두루 보니

무량겁의 일이 바로 지금이다.

지금 이 일찰나를 힐끗 보면

지금 힐끗 보는 사람을 힐끗 본다.

첫째 구와 셋째 구의 "일념"一念은 "일찰나"이다. 념과 찰나는 각각 산스끄리뜨어 "kṣaṇa"의 의역과 음역일 뿐, 같은 뜻이다.

첫째 구와 둘째 구 "일찰나에 무량겁을 두루 보니／무량겁의 일이 바로 지금이다"는 "일찰나에 무량겁을 두루 보니／무량겁의 일이 바로 지금 현현한다"로 고쳐 써 볼 수 있다. 이 구는, 일찰나는 지금 일찰나이니 이 지금 일찰나에 무량한 겁의 일이 현현한다는 뜻을 담고 있다. 첫째 구에서 "두루(보普)"라는 말에 특히 주목할 필요가 있다. "두루"는 여기서 "무한히 뻗어 나가"를 의미한다.

셋째 구 "지금 이 일찰나를 힐끗 보면"에서 "이 일찰나"는 첫째 구의 일찰나이므로, 지금 일찰나에 무량겁의 일이 현현하는 일찰나이다. 무량겁의 일이 현현하므로, 이 일찰나는 눈앞에 표상되는, 시간 잇달음 속의 일찰나가 아니며, 미래에서 들어왔다가 과거 속으로 나가는 현재의 한순간이 아니다. 이 일찰나는 연이어지는 시간 잇달음에 선행하는 시간 개념이다. 그렇기에 이 일찰나는 무한히 뻗어 나가는 가장 긴 시간 곧 무량겁이다. 또, 이 일찰나는 영원히 새로 맞이하는 일찰나이다. 일찰나는 무량겁으로 무한히 뻗어 나가므로, 일찰나는 일一에 갇히지 않고, 부단히 열린다.

넷째 구 "지금 힐끗 보는 사람을 힐끗 본다"에 셋째 구 "지금 이 일찰나를 힐끗 보면"을 반영해서 다시 써 보면 "지금 이 일찰나를 힐끗 보는 사람을 힐끗 본다"이다. "지금 이 일찰나를 힐끗 보는 사람"은 제45칙 『타시아수』에서 동산 법연이 "석가도 미륵도 역시 그의 종이다. 자 말해 보아라! '그'는 누구인가?"라고 말할 때의 "그"이다.

방금 보았듯이, 필자는 셋째 구와 넷째 구의 "처"覷 자를 사전의 정의 그대로 "힐끗 보다"로 번역했다. 주체는 대상을 향해 가서 완고하게 머무는 경향이 있기 때문에, 일찰나에 현현하는 무량겁의 일을 보기가 무척 어렵다. 이렇게 대상에 완고하게 머무는 주체의 습벽으로부터 비껴 나 있는, 일찰나에 일어났다 사라지는 것을 살짝 보기에, 무문은 "힐끗 보다"란 뜻의 "처"覷 자를 사용한 것 같다.

제48칙 건봉일로乾峰一路

: 주장자로 한 획을 긋다

[본칙]

건봉[219] 화상에게 한 스님이 물었다.

"'시방의 세존들에게 열반의 문으로 가는 한길이 있다'[220]라고 하는데 그 길이 대체 어디에 있습니까?"

화상이 주장자를 들어 올려 한 획을 긋고 대답했다.

"여기에 있다!"

나중에 스님은 운문에게 다시 가르침을 청했다.

운문이 부채를 들고 말했다.

"부채가 팔짝 뛰어 삼십삼천[221]에 올라 제석천[222]의 콧구멍을 찌르

---

219 월주건봉越州乾峰. 당말 조동종曹洞宗의 선승. 동산양개(807~869)의 제자.

220 시방바가범일로열반문十方薄伽梵一路涅槃門.『수능엄경』권5에 나오는 말.

221 삼십삼천三十三天. 욕계欲界 6천天 중 제2 도리천忉利天. 도리천은 "trāyastriṃśa"의 음역. 의 역은 삼십삼천三十三天. 욕계 6천은 ①4왕천王天, ②도리천忉利天, ③야마천夜摩天, ④도솔천 兜率天, ⑤화락천化樂天, ⑥타화자재천他化自在天이다. 욕계 6천 중 4왕천(동방지국천, 남방증 장천, 서방광목천, 북방다문천)은 수미산 허리에 있고 도리천은 수미산 꼭대기에 있으므로 지

고 동해의 잉어를 한 방 때리니, 물동이를 쏟아붓듯 비가 내리는구나."

(乾峰和尙, 因僧問, "十方薄伽梵一路涅槃門. 未審路頭在甚
麼處?" 峰拈起拄杖, 劃一劃云, "在者裏!" 後僧請益雲門. 門拈起扇
子云, "扇子𨁝跳, 上三十三天, 築著帝釋鼻孔, 東海鯉魚打一棒,
雨似盆傾".)

[평창]

　한 사람은 깊디깊은 바다 밑으로 걸어가서 흙을 까붙어 먼지를
말아 올리고, 한 사람은 높디높은 산꼭대기에 서서 흰 물결을 하늘
에 넘쳐흐르게 하고 있다. 파정把定과 방행放行이니, 각각 한쪽 손을
내밀어 종승223을 부축해 세우고 있지만, 흡사 곱사등이 두 사람이
딱 마주친 것과 같으니, 세상에는 분명 꼿꼿이 선 멀쩡한 사람은 없
는가 보다.224 바른 눈으로 보면, 두 분 노장 모두 길이 [어디에] 있는

거천地居天이라 하고, 야마천 이상은 공중에 있으므로 공거천空居天이라 한다. 제석천이 도
리천에서 선한 마음으로 4대주(동쪽의 승신주, 남쪽의 섬부주, 서쪽의 우화주, 북쪽의 구로주)를
내려다보고 있다고 해서 "선견성"善見城이라 부르는데, 이 선견성 외곽 동서남북 사방의 성城
에 각각 8분의 천신이 머물며 도리천을 수호하고 있다. 사방마다 8분의 천신이 있으니 모두
32분이며 여기에 제석천을 포함하므로 33분이다. 그래서 이 천天을 33천天이라 부른다.

222　제석천帝釋天. 제석帝釋. 산스끄리뜨어 "sakro devānāṃ indraḥ(신들의 제왕 인드라)"의 의역-
　　음역 복합어. "제"帝는 산스끄리뜨어 "indra"의 의역, "석"釋은 산스끄리뜨어 "sakra"의 음역.
　　수미산 정상에 있는 도리천의 왕으로, 4천왕天王과 32천天을 통솔하면서 불법佛法을 수호
　　한다.

223　종승宗乘. 종승의 "종"은 선종을 이른다. 소승과 대승의 "승"과 구별하기 위해 선종에서 쓰는
　　용어.

224　김태완 역주, 앞의 책, 239쪽 각주 627 참조.

지 아직 모르는 것이다.

(一人向深深海底行, 簸土揚塵. 一人於高高山頂立, 白浪滔天. 把定放行各出一隻手. 扶豎宗乘. 大似兩箇馳子相撞著, 世上應無直底人. 正眼觀來, 二大老總未識路頭在.)

[송]

아직 발을 들어 올리지 않았는데 이미 도달했고,
아직 혀를 움직이지 않았는데 이미 설해 버렸다.
설사 한 수 한 수 기선機先을 잡더라도
향상向上의 규규窺가 있다는 점을 알아야 한다.

(未擧步時先已到　未動舌時先說了
直饒著著在機先　更須知有向上竅)

한 스님이 "열반의 문으로 가는 한길이 있다는데, 그 길이 대체 어디에 있는가?" 묻자, 건봉은 주장자를 들어 올려 한 획을 긋고는 "여기에 있다!" 하고 대답했다. "여기에 있다"의 "여기"가 어디인가? 우리는 건봉이 한 획을 어떻게 그었는가를 생각해 볼 수 있다. 위에서 아래로 내리그었을까? 왼쪽에서 오른쪽으로? 또는 오른쪽에서 왼쪽으로? 혹은 옆으로 가로 그었을까? 아니면, 위에서 아래로 사선으로 그었을까? 그러나 우리의 시선은 건봉이 구체적인 시공간 속에서 주장자로 한 획을 긋는 행동으로 가지 않는다. 어떻게 긋든 우리의 시선은 "한 획을 긋다"의 "한 획"으로 향하기 때문이다. 그렇다.

각각의 그음이 각각의 의미를 띠고 나타나는 것이 아니다. 그렇다면 우리는 "한 획을 긋다"라는 표현에서 "하나"에 집중하게 된다. 스님이 한 길에 대해 물었으니 건봉은 "이 하나야말로 열반의 문으로 가는 길이다" 하면서 한 획으로 대답한 것이다. 그럴까? 건봉은 하나를 보여 주려고 한 것일까? 한 획이 어떻든 행동과 무관하다면, 한 획의 "하나"는 하나를 지칭하지 않는다. 다시 말해 건봉이 한 획을 긋는 행동은 무-의미의 활구이다.

스님은 건봉의 한 획을 긋는 행동이 무-의미의 행동임을 즉각 파악했어야 하지만, 그 행동에 자꾸 의미를 부여하려 했기에, 의미 파악이 되지 않아, 운문에게 가서 이 이야기에 대해 다시 묻는다. 원문의 "청익"請益이라는 말은 가르침을 받고 나서 다시 가르침을 청한다는 뜻이다. 스님의 경우, 받은 가르침을 다지려 한다거나 새롭게 다시 받으려 한다기보다 의미를 파악하려 해도 아무 의미도 파악하지 못하기에 운문에게 건봉의 한 획을 긋는 행동이 무엇을 의미하는지 묻고자 한 것이다. 이런 점에서 건봉은 스님에게 아무 의미도 파악할 수 없음이라는, 깨달음의 단서를 제공한 셈이다. 그러나 스님은 의미를 생성케 하는 무-의미로 향하지 않고 의미를 단정 지으려 하고 있다.

운문은 부채를 들고, 그 부채가 욕계 6천 중의 하나인 도리천에 올라가 그곳의 군주인 제석천의 콧구멍을 찌르고 동해의 잉어를 한 방 때리니, 물동이를 쏟아붓듯 비가 내린다고 말했다. 운문은 지금 부채를 들고 실재의 세계에 있다. 이 실재의 세계에 있는 운문의 부채가 상상의 세계에 있는 제석천의 콧구멍을 찌른다. 상상의 세계에 있는 부채가 그런 일을 한다면 모를까, 이것은 도대체 현실에서는 일어날 수 없는 일이다. 그런데 이러한 불가능한 일이 실재의 세계와 상상의 세계를 소통하게 한다. 더구나 동해의 잉어를 한 방 때리다니? 잉어는 민물고기라 바다에 살지 않는다. 운문이 구체적인 바다 동해를 말하기 때문에 우리는 순간 동해의 잉어를 자연스럽게 받아들이지만, 동해에는 잉어가 살지 않는다. 동해의 잉어는, 실재하는 부채가 상상 속 제석천의 코를 찌르는 일처럼, "불가능한 대상"the impossible object이다. 부채가 제석천의 코를 찌르는 장면을 상상할 수 있지만, 그렇게 하는 순간 부채는 실재하는 부채를 벗어나 상상 속 부채가 된다. 그러므로 우리는 이 부채를 표상조차 할 수 없다. 제석천의 코를 찌르는 부채가 불가능한 대상이듯 동해의 잉어는 불가능한 대상이다. 마치 둥근 사각형처럼 부조리하다. 운문은 왜 이렇게 부조리한 말을 구사하며 스님에게 대답하는 것일까? 부조리한 말은 논리적 포섭 관계를 의미하는 함의작용signification에서 벗어나 있기 때문이다.[225]

이뿐인가? 운문은 또 부채가 제석천의 코를 찌르고 동해의 잉어를 한 방 때리니 물동이를 쏟아붓듯 비가 내린다고 말하고 있다. 불가능한 대상인, 제석천의 코를 찌르는 부채와 동해의 잉어로 인해

---

225 부조리한 것 혹은 불가능한 대상을 담고 있는 공안에 대해서는 박인성, 『화두』, 261~265쪽, 344~345쪽을 볼 것.

내리는 비 역시 불가능한 대상이다. 부채와 잉어, 비 사이에는 아무런 현실적 인과관계가 성립하지 않는다. 인과관계가 성립한다는 듯 말했기 때문에, 비가 내림은 더욱더 불가능한 대상이 된다. 이렇게 하여 현실적 인과관계는 완전히 해체되었다.

[평창]

　한 사람은 깊디깊은 바다 밑으로 걸어가서 흙을 까불어 먼지를 말아 올리고, 한 사람은 높디높은 산꼭대기에 서서 흰 물결을 하늘에 넘쳐흐르게 하고 있다. 파정과 방행이니, 각각 한쪽 손을 내밀어 종승을 부축해 세우고 있지만, 흡사 곱사등이 두 사람이 딱 마주친 것과 같으니, 세상에는 분명 꼿꼿이 선 멀쩡한 사람은 없는가 보다. 바른 눈으로 보면, 두 분 노장 모두 길이 [어디에] 있는지 아직 모르는 것이다.

　한 사람은 깊디깊은 바다 밑으로 걸어가서 흙을 까불어 먼지를 말아 올리고, 한 사람은 높디높은 산꼭대기에 서서 흰 물결을 하늘에 넘쳐흐르게 하고 있다. 한 사람은 바다에서 땅 일을 하고 또 한 사람은 땅에서 바다 일을 한다. 전자와 후자는 각각 건봉일 수도 있고 운문일 수도 있다. 전자와 후자가 누구를 지칭하는가는 중요하지 않다. 여기서 무문이 말하고자 하는 것은 의미의 엇갈림, 어긋남이다. 만약 운문이 한 사람은 깊디깊은 바다 밑으로 걸어가서 흰 물결을 하늘에 넘쳐흐르게 하고 있고, 한 사람은 높디높은 산꼭대기에

서서 흙을 까불어 먼지를 말아 올리고 있다고 말했다면, 바다에서 바다 일을 하고 땅에서 땅 일을 하므로, 우리는 여기서 아무런 어긋남도, 따라서 아무런 생동하는 것도 발견할 수 없을 것이다.

건봉은 스님의 질문 "열반의 문으로 가는 한길이 대체 어디에 있는가?" 하는 물음에 주장자로 한 획을 긋고 "여기에 있다"고 말해, 질문한 스님을 하나의 의정 속에 완전히 가두어 두어 추상적 단계에 머물게 하는 파정(파주)을 행했고, 반면 운문은 부채가 제석천의 콧구멍을 찌름, 동해의 잉어를 한 방 때림, 물동이로 퍼붓듯 비가 내림 등으로 구체적 단계들로 풀어 나가게 하는 방행을 행했다. 건봉과 운문은 이처럼 각각 질문한 스님을 지도해 가며 종승을 일으켜 세우지만, 이는 흡사 두 명의 꼽추가 서로 맞닥뜨리는 것과 같을 뿐 꼿꼿이 선 사람은 못 된다고 무문은 묘사한다. 이어 무문은 "바른 눈으로 보면, 두 분 노장 모두 길이 [어디에] 있는지 아직 모르는 것이다"라고 말한다. 여기서 길은 열반의 문으로 가는 길이다. 열반의 문으로 가는 길을 건봉은 파정의 말과 행동으로 보여 주고, 운문은 방행의 말과 행동으로 보여 주었건만, 무문은 왜 두 선사가 아직 열반의 문으로 가는 길을 알지 못한다고 했을까? 파정이든 방행이든 의미를 경과해서 무-의미로 들어갔기 때문일 것이다. 무문은 임제의 법손답게 "할"을 생각했을지 모른다. "할"은 조주가 "무"를 말하는 순간 사라지는 것처럼 외치는 순간 사라지지만, 의미를 주고받는 문답 속에서 일어나고 사라지는 조주의 무와는 달리 애초에 문답과 무관하게 일어났다 사라지기 때문이다. 그래서 무문은 건봉과 운문 두

선사가 꼿꼿이 선 사람은 못 된다고 묘사하는 것이다. 문답 속에 있
는 두 선사는 서로 맞닥뜨리는 두 명의 꼽추 같지만, 문답 속에 있지
않을 때 두 선사는 꼿꼿이 선 사람이다. 무문은 이렇게 하여 두 선사
의 파정과 방행조차 "할" 속에서 일어나고 사라지는 일임을 보여 주
고 있다.

　무문의 송으로 넘어가는 길에 오규원의 시 「길」이 있다.

길

　누란으로 가는 길은 둘이다
　陽關을 통해 가는 길과
　玉門關을 통해 가는 길

　모두 모래들이 모여들어 밤까지 반짝이는 길이다.[226]

[송]

아직 발을 들어 올리지 않았는데 이미 도달했고,

아직 혀를 움직이지 않았는데 이미 설해 버렸다.

226　오규원, 「길」 전문, 『길, 골목, 호텔 그리고 강물소리』, 문학과지성사, 1995, 12쪽.

설사 한 수 한 수 기선을 잡더라도
향상의 規窺가 있다는 점을 알아야 한다.

　무문은 첫째 구와 둘째 구에서, 발을 들어 올려 한 걸음 한 걸음 나아가지 않았는데 어떻게 목적지에 도달했다고 하는 것일까? 혀를 움직여 아직 한마디 말도 하지 않았는데 어째서 설해 버렸다고 하는 것일까? 이런 의문을 품는 것은 우리가 가야 할 목적지, 설해야 할 것을 미리 정해 놓았기 때문이다. 가야 할 목적지에 도달했다고 해서, 말해야 할 것을 말했다고 해서 우리는 완전히 목적지에 도달하는가? 중요한 것은, 무엇이 우리로 하여금 목적지로 가게 하고, 무엇이 우리로 하여금 말해야 할 것을 말하게 하는가이다. 그것은 넷째 구에 나오는 "향상의 규"이다.

　그러므로 셋째 구 "한 수 한 수 기선을 잡더라도"는 어떤 목적지를 정해 놓고 가는 모습을, 어떤 말해야 할 것을 말하고 있는 모습을 바둑 두는 모습으로 그려 놓은 것이다. 기선을 잡았다고 하더라도 판국이 어떻게 돌아갈지 모르는 법이고, 설사 계속 기선을 잡는다 하더라도 내가 둔 바둑 한 알의 모습은 목적지에 도달하는 데 있는 것이 아니라, 그 한 알의 모습을 깊게 하는 데 있는 것이다. "향상의 규"는 바로 이 사태를 표현하는 용어이다. "향상"向上은 "향상일로"向上一路의 향상이다. 목적지를 향해 위로 올라가는 모습을 뜻하는 것이 아니라, 출발점도 도착점도 없는 곳으로 부단히 회귀하는 모습을 뜻한다. "규"窺는 구멍이다. 이 구멍은 내가 두는 한 수 한 수에 동시에 놓이면서 한 수 한 수를 그때그때 깊게 하는 구멍이다.

무문의 이 "구멍"은 오규원 시인의 "구멍"이리라.

구멍 하나

구멍이 하나 있다 바닥이 보이지 않는

지나가는 새의 그림자가 들어왔다가

급히 나와 새와 함께 사라지는 구멍이 있다

때로 바람이 와서 이상한 소리를 내다가

둘이 모두 자취를 감추는 구멍이 하나 있다.[227]

227　오규원, 「구멍 하나」 전문, 『두두』, 문학과지성사, 2008, 56쪽.

후기

필자가 본격적으로 선불교를, 특히 화두(공안)를 연구하기 시작한 것은 2017년 4월에 한국프랑스철학회에서 『무문관』에 관한 논문을 발표하고 난 이후이다. 그해 2학기 대학원 수업에서 『무문관』을 강의했으며, 이후 『무문관』 해독서를 꼭 쓰리라 결심하고, 그 준비 작업의 일환으로 『무문관』과 함께 이른바 3대 공안집으로 알려진 『벽암록』 100칙, 『종용록』 100칙을 해독하고 해석하는 연습을 했다. 설두중현의 송과 천동정각의 송, 원오극근의 평창과 만송행수의 평창은 내가 『벽암록』과 『종용록』의 공안들을 해독하고 해석하고자 할 때 공안에 대한 문학적 상상력을 키우는 데에 큰 도움이 되었다. 당시는 들뢰즈 공부도 같이 시작하던 때라 『벽암록』과 『종용록』의 평창과 송에서 얻은 문학적 상상력을 철학적 사유와 조화를 이루게 하고 싶었다. 『벽암록』과 『종용록』의 공안들을 대강 해독하고 나서는, 깊은 철학적 사유를 담고 있는 무문혜개의 평창과 송을 읽으며 『무문관』 공안들을 다시 해독하고 해석했다. 『무문관』의 본칙 제목

48점을 뽑아 출력해 늘 지니고 다니면서 공안 한 점 한 점을 전념해 읽었으니, 필자 역시 나름대로 간화선 수행을 해왔다고 말할 수 있겠다. 무문의 평창과 송을 따라 본칙들을 사색하고 사색하고 또 사색한 덕분인지, 무문은 필자를 『무문관』 공안들만이 아니라 『벽암록』과 『종용록』의 공안들도 올바르게 해독하고 해석할 수 있도록 힘을 주었다. 이 책은 그 결과물이다.

초기·아비달마·중관·유식·인명불교 등 인도불교를 연구해오던 필자를 무엇이 『무문관』으로 이끌었을까? 아마도 그것은 모든 공안집의 공안이 담고 있는, 차이의 언어 활구活句였을 것이다. 인도불교든 선, 화엄, 천태 같은 중국불교든 모든 유형의 불교는 가우따마 붓다의 말씀이 시사하는 차이 그 자체를 전개하는 쪽으로 흘러왔다. 동일성에 기반하는 모든 철학을 타파하기 위해 불교는 테라바다불교든 대승불교든 인도, 티베트, 몽골, 중국, 한국, 일본 등 북방의 나라부터 태국, 미얀마, 라오스, 캄보디아, 베트남, 스리랑카 등 남방의 나라까지 차이 그 자체를 드러내 보이고자 부단히 노력해왔다. 이 모든 나라, 이 모든 불교 중 언어철학의 관점에서 볼 때 유난히 두드러지는 불교가 있으니, 바로 우리가 선禪이라는 이름으로 자주 맞이하는 불교가 그것이다. 모든 유형의 불교가 차이 그 자체를 지향해 왔지만, 일상어에서 차이 그 자체를 추구하고 발견한 불교는 선불교가 유일하다. 선불교의 언어들은 일상어의 사구와 활구로 이루어져 있는데, 이 중 활구는 역설의 언어, 차이의 언어이기 때문이다.

차이의 철학적 성격을 가장 깊이 파악한 철학자는 질 들뢰즈(1925~1995)이다. 동일성에 바탕을 두고 전개된 인류의 정신사에서 20세기에 이르러서야 비로소 우리는 들뢰즈 덕분에 활발발한 차이의 사유를 올바르게 얻게 되었다. 인류는 스스로 불행한 일들을 헤아릴 수 없이 자초해 왔지만 니체, 하이데거 같은 철학자, 들뢰즈 같은 철학자가 등장하면서 사유가 동일성의 감옥에 갇히지 않고 해방되는 길로 나갈 수 있었다. 니체와 하이데거 이후, 차이를 거론하는 데리다를 비롯한 여러 철학자가 있었지만, 차이를 가장 잘 전개하고 어쩌면 완성했다고 말할 수 있는 철학자는 질 들뢰즈라고 말하지 않을 수 없다. 들뢰즈는 수학과 생물학 등의 언어를 빌려다 이를 문학, 미술, 영화, 정치, 경제 등 다양한 부문에 적용하여 새롭게 해석하며 새로운 개념들을 창조한 철학자이다. 들뢰즈가 일구어 낸 차이 개념으로 인해 현대를 살고 있는 동서양의 모든 지성이 풍성하고도 새로운 현상을 맞이하게 되었다. 불교와 들뢰즈를 함께 연구하는 필자 역시 그러한 사람들 중 한 사람이다.

선사들만 깨달음을 구하는 것이 아니다. 시인도, 화가도 깨달음을 구한다. 우리 모두는 깨달음을 구하고, 구한 만큼 말과 행동으로 표현한다. 독자들은 이 책에서 오규원 시인의 시 몇 점을 무문의 평창이나 송이 끝나는 자리에서 읽었을 것이다. 필자는 오규원 시인이야말로 한국 근현대 시사詩史가 낳은, 당대唐代의 조주(조주종심) 선사 같은 위대한 시인이라고 생각한다. 오규원 시인은 자신이 머물던 집을 조주의 집이라 칭하며 시 몇 편을 지을 정도로, 또 조주 선사의 공안을 글 앞에 제시하며 에세이를 쓸 정도로 조주 선사를 좋아했다. 나도 조주 선사를 좋아한다. 그래서일까? 대학교 1학년 그 어릴 때 잠시 만났다가 잊은 시인을, 화두를 공부하며 다시 만났다. 오규원 시인의 「가슴이 붉은 딱새─무릉日記」를 읽을 때 조주 선사의 「12시가」十二時歌가 필자의 마음속에 같이 흐르는 것은 아마 이런 인연 때문일 것이다. 오규원 시인이 조주 선사처럼 오래오래 살았다면 『길, 골목, 호텔 그리고 강물소리』, 『토마토는 붉다 아니 달콤하다』에 이어 최후 시집 『새와 나무와 새똥 그리고 돌멩이』, 유고 시집 『두두』에 확연히 나타나는 선불교의 "두두시도頭頭是道 물물전진物物全眞"이 더 많이 더 멀리 더 깊게 나타났을 것이다.

필자가 『무문관』에 관해 글을 쓰는 동안 종종 떠오르는 분이 있었다. 현재 뉴욕 조계사의 주지로 계시는 도암 스님이다. 13년 전 스님을 처음 뵈었을 때 필자는 한창 화두의 매력에 빠져들고 있을 시기였는데, 나를 그렇게 인도한 이로 질 들뢰즈라는 철학자가 있다고 말씀드렸다. 들뢰즈가 자신의 저서 『의미의 논리』에서 중국으로 건너가 위앙종의 선사가 된 신라 스님 파초혜청의 화두(『무문관』 제44칙)를 언급하고 있다고 말씀드렸다. 도암 스님은 필자의 말에 적극적으로 관심을 보이며, 필자의 연구를 격려해 주셨다. 따뜻한 형님 같은 분이다. 대구 동화사 한 전각에서 가을 햇빛을 받으며 활짝 웃던 스님의 모습이 떠오른다. 이런 행복이 어디에 있는가 하는 말씀에 나는 한 수행자의 아름다운 삶의 모습을 보았다. 그 후 필자의 어떤 사정 때문에 스님을 뵙지 못했지만, 진실한 수행자로 하루하루

힘차게 살아가는 스님의 모습은 늘 든든한 힘이 되었다. 스님께 진심으로 감사드린다.

마음껏 글을 쓸 수 있는 장을 마련해 주신 유재건 대표님, 책이 나오기까지 하나하나 정성스럽게 이끌어 주신 이진희 편집장님, 새삼 우리말의 고움을 느끼게 해 주신 남미은 편집 담당자님을 비롯한 그린비 출판사의 모든 분들에게도 고마움을 전하고 싶다.

2024년 3월

수조산 박인성

참고 문헌

곽철환 편저,『시공 불교사전』, 서울: 시공사, 2003.

나가르주나(龍樹), 박인성 옮김,『중론: 산스끄리뜨본·티베트본·한역본』, 대전: 주
　　민출판사, 2001.

『대정신수대장경』47권.

『대정신수대장경』48권.

대한불교조계종 불학연구소·전국선원수좌회,『간화선』, 서울: 조계종출판사, 2005.

마누엘 데란다, 이정우·김영범 옮김,『강도의 과학과 잠재성의 철학: 잠재성에서 현
　　실성으로』, 서울: 그린비, 2009.

질 들뢰즈, 이정우 옮김,『의미의 논리』, 서울: 한길사, 1999.

＿＿＿, 김상환 옮김,『차이와 반복』, 서울: 민음사, 2004.

존 로페, 박인성 옮김,『질 들뢰즈의 저작 I: 1953~1969』, 서울: 도서출판b, 2023.

무문혜개 편저, 혜원 역해,『한 권으로 읽는 무문관』, 서울: 김영사, 2023.

무문혜개, 김태완 역주,『무문관: 달을 보면 손가락을 잊어라』, 고양: 침묵의향기,
　　2015.

＿＿＿, 정성본 역주,『무문관』, 서울: 한국선문화연구원, 2009.

무비 스님,『임제록 강설』, 서울: 불광출판사, 2005.

박인성, 『법상종 논사들의 유식사분의 해석』, 서울: 도서출판b, 2015.

_____, 『화두』, 서울: 경진출판, 2022.

대니얼 W. 스미스, 박인성 옮김, 『질 들뢰즈의 철학』, 서울: 그린비, 2023.

석지현 역주· 해설, 『선시로 보는 무문관』, 서울: 민족사, 2023.

스티라마띠(安慧), 박인성 역주, 『유식삼십송석: 산스끄리뜨본과 티베트본의 교정· 번역· 주석』, 서울: 민족사, 2001.

안재철· 수암, 『수행자와 중문학자가 함께 풀이한 무문관』, 서울: 운주사, 2014.

오규원, 『두두』, 서울: 문학과지성사, 2008.

_____, 『토마토는 붉다 아니 달콤하다』, 서울: 문학과지성사, 1999.

운허용하, 『불교사전』, 서울: 동국역경원, 1985.

제임스 윌리엄스, 신지영 옮김, 『들뢰즈의 차이와 반복: 해설과 비판』, 서울: 라움, 2010.

월운 감수, 이철교· 일지· 신규탁 편찬, 『선학사전』, 서울: 불지사, 1995.

조 휴즈, 박인성 옮김, 『들뢰즈와 재현의 발생』, 서울: 도서출판b, 2021.

추월용민· 추월진인, 혜원 옮김, 『무문관으로 배우는 선어록 읽는 방법』, 서울: 운주사, 1995.

『한국불교전서』 제5책, 동국대학교 출판부, 1983.

혜심· 각운, 김월운 옮김, 『선문염송· 염송설화 3』, 서울: 동국역경원, 2005.

후카우라 세이분, 박인성 옮김, 『유식삼십송풀이』, 서울: 운주사, 2012, 2018.

Deleuze, Gilles, *Différence et Répétition*, Paris: Presses universitaires de France, 1968.

_____, *Difference and Repetition*, Trans. Paul Patton, London: The Athlone Press, 1994.

_____, *Logique du Sens*, Paris: Les Éditions de Minuit, 1969.

_____, *The Logic of Sense*, Trans. Mark Lester with Charles Stivale, New York: Columbia University Press, 1990.

Hirakawa, Akira, *A Buddhist Chinese-Sanskrit Dictionary*, Tokyo: The Reiyukai, 1997, p. 461.

Hughes, Joe, *Deleuze and the Genesis of Representation*, London: Continuum, 2008.

_____, *Deleuze's Difference and Repetition: A Reader's Guide*, London: Bloomsbury, 2013.

Roffe, Jon, *The Works of Gilles Deleuze I.*, re.press Melbourne, 2020.

Shibayama, Zenkei, *The Gateless Barrier: Zen Comments on the Mumonkan*, Trans. Kudo, Sumiko, Boston: Shambhala, 2000.

Smith, Daniel W., *Essays on Deleuze*, Edinburgh: Edinburgh University Press, 2012.

Williams, James, *Gilles Deleuze's Logic of Sense: A Critical Introduction and Guide*, Edinburgh: Edinburgh University Press, 2009.

Yamada, Kōun, *The Gateless Gate: The Classic Book of Zen Koans*, Trans. Yamada, Kōun, Boston: Wisdom Publications, 2004.

색인

무문관을 사색하다

초판1쇄 펴냄 2024년 3월 21일

지은이 박인성
펴낸이 유재건
펴낸곳 (주)그린비출판사
주소 서울시 마포구 와우산로 180, 4층
대표전화 02-702-2717 | **팩스** 02-703-0272
홈페이지 www.greenbee.co.kr
원고투고 및 문의 editor@greenbee.co.kr

편집 이진희, 구세주, 송예진, 남미은 | **디자인** 이은솔, 박예은
마케팅 육소연 | **물류유통** 류경희 | **경영관리** 이선희

ISBN 978-89-7682-858-3 03220

독자의 학문사변행學問思辨行을 돕는 든든한 가이드 _(주)그린비출판사